财政部规划教材
全国财政职业教育教学指导委员会推荐教材
全国高职高专院校财经类教材

财经职业素养

程淮中　王　丹　主　编

中国财经出版传媒集团
经济科学出版社
Economic Science Press

图书在版编目（CIP）数据

财经职业素养/程淮中，王丹主编 . —北京：经济科学出版社，2020.12（2025.1 重印）
财政部规划教材　全国财政职业教育教学指导委员会推荐教材　全国高职高专院校财经类教材
ISBN 978 - 7 - 5218 - 2306 - 6

Ⅰ. ①财⋯　Ⅱ. ①程⋯ ②王⋯　Ⅲ. ①财经纪律 - 职业道德 - 高等职业教育 - 教材　Ⅳ. ①F233

中国版本图书馆 CIP 数据核字（2021）第 014019 号

责任编辑：刘殿和
责任校对：蒋子明
责任印制：李　鹏　范　艳

财经职业素养
程淮中　王　丹　主　编
经济科学出版社出版、发行　新华书店经销
社址：北京市海淀区阜成路甲 28 号　邮编：100142
总编部电话：010 - 88191217　发行部电话：010 - 88191522
网址：www.esp.com.cn
电子邮箱：esp@esp.com.cn
天猫网店：经济科学出版社旗舰店
网址：http：//jjkxcbs.tmall.com
北京密兴印刷有限公司印装
787×1092　16 开　17 印张　440000 字
2021 年 1 月第 1 版　2025 年 1 月第 3 次印刷
ISBN 978 - 7 - 5218 - 2306 - 6　定价：52.00 元
（图书出现印装问题，本社负责调换。电话：010 - 88191510）
（版权所有　侵权必究　打击盗版　举报热线：010 - 88191661
QQ：2242791300　营销中心电话：010 - 88191537
电子邮箱：dbts@esp.com.cn）

前言

本教材为全国财政职业教育教学指导委员会立项课题研究成果；江苏省省级财经素养训练基地建设阶段性成果。

历史的车轮驶过了 21 世纪的第二个十年，回眸而望，我们最强烈的感受是：近十年高等职业教育的改革与发展取得了丰硕成果，但仍任重道远。高职教育虽然属于专业教育的范畴，但从学生可持续发展来看，素质教育仍应是其重要内核。2014 年教育部印发《关于全面深化课程改革落实立德树人根本任务的意见》，提出"教育部将组织研究提出各学段学生发展核心素养体系，明确学生应具备的适应终身发展和社会发展需要的必备品格和关键能力"，并发布了学生发展核心素养总体框架。党的十八大以来，习近平总书记多次到高校考察并与师生座谈，要求广大青年"不断提高与时代发展和事业要求相适应的素质和能力""自觉树立和践行社会主义核心价值观，带头倡导良好社会风气，始终保持积极的人生态度、良好的道德品质、健康的生活情趣"。2018 年 5 月 2 日，习近平总书记在北大师生座谈会上，对青年学生提出了"爱国""励志""求真""力行"的八字要求，勉励广大青年忠于祖国，忠于人民；立鸿鹄志，做奋斗者；求真学问，练真本领；知行合一，做实干家。培养学生积极、健康、向上的人格精神和良好的职业素养，符合以人为本的科学发展观，也体现了高职教育的人才观。

近年来，高职教育人才培养目标更加贴近经济社会需求，人才培养质量有了显著提高，但仍有一些高职院校片面强调就业导向、技能为王，重结果、轻过程和重分数、轻素养的现象依然司空见惯，教书只"育分"不"育人"的问题依然非常突出。职业素养培养是高职院校培养适应社会需求的高素质技术技能人才的重要内容，是高职教育体现自身特色的关键环节，是高职学生适应岗位要求、与其他类型和层次的高等院校学生错位就业和发展的内在需求。当前很多用人单位在招聘员工时，不仅仅是以职业技能作为标准，他们更多的是注重求职者的职业素养，希望应聘者具有敬业和创业精神，有诚信和责任心，有较强的动手能力和实践能力，在一线工作能独当一面，一专多能。高等职业教育兼有高等教育和职业教育的双重属性。高职教育之"职"，经常被等同于"上岗""就业"，事实上，就业只是对高职教育最基本的要求，高职教育与岗前培训有本质区别，高职教育并不单纯强调专业教育，不是简单的"基本知识＋操作技能"，更不是培养"会干活的工具"。高职教育从培养目标的角度，应包含三个层次的要求：首先是培养人，其次是重点培养会做事的人，最后是培养会创造的人。只有达到第三层次，高职教育的"职业性"才能体现出"高等性"。

　　面对"大数据""人工智能""云时代"的到来，我们会发现，关爱心灵、塑造品质、提升思维、促进成长，才是教育的本质。"中国制造2025"对职业教育人才培养提出新的要求，其中之一就是要实现从"制器"到"造人"目标的转型。现代制造业的智能型、绿色型和高端型等突出特点要求，现代"制造人"不再是任凭别人摆布的"工具"，而是一个充满自主创新意识、聪颖智慧和伦理关照的卓越型人才，作为现代制造业岗位中的职业人，要完全地参与职业世界、适应工作岗位的不断变化，必须具有聪颖的智慧和灵活的创新能力，必须具备生态关照的伦理素养，必须具备高端的技术品格和负责任的职业态度，这就是职业教育所应培养的"制造人"。机械性的"一技之长"可以靠短期的强化式培训获得，但现代制造业所需的创新性、智慧性、伦理性、卓越性等综合职业素质却不是一蹴而就的，现代职业教育体系必须打破常规的职业准备教育的人才培养模式，培养学生良好的劳动习惯、普适的职业态度、健康的职业情感、初步的职业意识，促使他们职业生涯的健康萌发，从而为培养创新型、智慧型、伦理型、卓越型的高素质"技术技能人才"奠定重要基础。

　　基于以上认识，我们对2013年出版的《财经职业素养教育与实践》教材进行了一次全面修订，本次修订在结构上仍然保留了原版的整体结构，分核心素养、职场能力和拓展素养三篇，内容上则尽力做到"与时俱进"，根据《财经职业素养》课程教改的最新成果进行了较大幅度的增删调整，在很多提法上按照近几年相关文件精神采用了最新的表述。希望能够"采他山之石，博众家之长"，为财经类专业开展职业素养教育提供一些范本，更好地体现文化育人的功能。

　　本次修订由江苏财经职业技术学院程淮中教授和王丹副教授担任主编，负责全书的总撰和定稿，王行靳、张科杰、方书论三位老师参与教材的修订工作。在修订过程中，参考了国内外许多作者的研究成果，在此一并表示感谢。

　　伴随着教育部提出的"新文科"建设，《财经职业素养》教材的修订就是一个有益的尝试。尽管我们编写团队付出了努力，但书中不足之处在所难免，敬请广大读者批评指正。

编者

2020年11月8日

目 录

上篇 核心素养

第一章 诚信：人生第一准则 (3)
第一节 筑牢诚信之基 (3)
第二节 用诚信来赢 (5)
第三节 待人坦诚，心无异念 (7)
第四节 不轻易许诺 (9)
第五节 一言既出，驷马难追 (10)
第六节 无诚则有失，无信则招祸 (12)

第二章 责任：管理者花开不败的诺言 (15)
第一节 扛起肩上的担子 (15)
第二节 责任胜于能力，责任提升能力 (16)
第三节 选择了工作等于选择了责任 (18)
第四节 责任点燃热情，让你更勤奋 (20)
第五节 在责任心的天平上，恪守职业道德的准则 (22)
第六节 公司兴亡，我的责任 (24)

第三章 团队：滴水入海方能永恒 (26)
第一节 团队合作的力量 (26)
第二节 积极融入团队 (27)
第三节 让我们一起成长 (30)
第四节 树立大局意识，关注整体利益 (33)
第五节 善于与他人合作 (35)
第六节 十年修得同船渡 (37)

第四章 严谨：慎易以避难，敬细以远大 (39)
第一节 严谨不是科学家的专利 (39)
第二节 专注你的工作 (40)
第三节 细节决定成败 (42)
第四节 养成良好的工作习惯 (44)

第五节 将每件事情做到极致 ………………………………………………… (46)
  第六节 机会更垂青脚踏实地的人 ………………………………………… (48)

第五章 态度：提升做事效率的航标 ……………………………………………… (51)
  第一节 态度改变人生 ……………………………………………………… (51)
  第二节 对工作要尽全力，比别人更用心 ………………………………… (53)
  第三节 爱岗敬业，天道酬勤 ……………………………………………… (55)
  第四节 付出才有回报 ……………………………………………………… (57)
  第五节 拒绝空想，用行动说明一切 ……………………………………… (59)
  第六节 永不轻言放弃 ……………………………………………………… (60)

第六章 博爱：学会感恩 …………………………………………………………… (63)
  第一节 人之相知，贵在知心 ……………………………………………… (63)
  第二节 学会倾听，做一个会倾听的人 …………………………………… (65)
  第三节 让自己沐浴在阳光里 ……………………………………………… (67)
  第四节 换位思考的人生 …………………………………………………… (68)
  第五节 大爱是阳光心态的"孵化剂" ……………………………………… (69)
  第六节 让感恩伴随一生 …………………………………………………… (71)

中篇 职场能力

第七章 学习：竞争力就是学习力 ………………………………………………… (77)
  第一节 学习改变命运 ……………………………………………………… (77)
  第二节 把空杯子装满 ……………………………………………………… (80)
  第三节 蜗牛也能登上金字塔顶 …………………………………………… (83)
  第四节 用学习迎接"开挂"人生 …………………………………………… (86)
  第五节 永不满足现有的一切 ……………………………………………… (88)
  第六节 成功学习，构筑新的学习力 ……………………………………… (91)

第八章 思考：脑袋不是用来戴帽子的 …………………………………………… (94)
  第一节 赢在智慧 …………………………………………………………… (94)
  第二节 我跟随，我超越 …………………………………………………… (96)
  第三节 思路决定出路 ……………………………………………………… (99)
  第四节 走出羊群做自己 …………………………………………………… (101)
  第五节 带着思想去工作 …………………………………………………… (103)
  第六节 逆袭的人生我可以 ………………………………………………… (106)

第九章 规划：凡事预则立 ………………………………………………………… (109)
  第一节 不做"无头苍蝇" …………………………………………………… (109)
  第二节 立足渺小，成就伟大 ……………………………………………… (112)
  第三节 自己的田自己种 …………………………………………………… (115)

第四节　我追梦，我圆梦 ………………………………………………（118）
　　　第五节　选择是道必答题 …………………………………………………（120）
　　　第六节　换个跑道肆意狂奔 ………………………………………………（122）

第十章　沟通：卓越的沟通让人无往不利 …………………………………（127）
　　　第一节　成功从有效沟通开始 ……………………………………………（127）
　　　第二节　越主动越畅通 ……………………………………………………（130）
　　　第三节　说精不说多 ………………………………………………………（132）
　　　第四节　我可以调整自己 …………………………………………………（135）
　　　第五节　艺术也是我的追求 ………………………………………………（138）
　　　第六节　屁股决定脑袋 ……………………………………………………（140）

第十一章　理财：把握财商的命脉 …………………………………………（144）
　　　第一节　量入为出，开源节流 ……………………………………………（144）
　　　第二节　省钱就是赚钱 ……………………………………………………（147）
　　　第三节　涓涓细流汇成大海 ………………………………………………（149）
　　　第四节　你不理财，财不理你 ……………………………………………（152）
　　　第五节　能力挣钱，智慧花钱 ……………………………………………（154）
　　　第六节　缺财商的，过得好吗 ……………………………………………（158）

第十二章　创新：勤勉不懈，追求卓越 ……………………………………（162）
　　　第一节　打开想象力的无限空间 …………………………………………（162）
　　　第二节　世界上没有不能弹奏的曲子 ……………………………………（166）
　　　第三节　"经验"并不永远正确 …………………………………………（169）
　　　第四节　对不起，平庸不是我的选项 ……………………………………（172）
　　　第五节　做好创新准备 ……………………………………………………（174）
　　　第六节　今天，我依然选择创新 …………………………………………（177）

下篇　拓展素养

第十三章　自信：天生的优胜者 ……………………………………………（183）
　　　第一节　自信点亮人生之路 ………………………………………………（183）
　　　第二节　自信源于好心态 …………………………………………………（187）
　　　第三节　克服心底的自卑 …………………………………………………（189）
　　　第四节　用自信面对挫折 …………………………………………………（192）
　　　第五节　相信自己，没有不可能 …………………………………………（194）
　　　第六节　自信＋努力＝成功 ………………………………………………（196）

第十四章　淡定：让人生不再寂寞 …………………………………………（199）
　　　第一节　凡事要看得开 ……………………………………………………（199）
　　　第二节　寻找精神的快乐 …………………………………………………（201）

第三节	安于自己的位置	(203)
第四节	用乐观的心态面对失败	(204)
第五节	大事坚持原则，小事学会变通	(207)
第六节	淡泊明志，宁静致远	(208)

第十五章　自觉：让优秀成为习惯 (211)

第一节	养成读书的习惯	(211)
第二节	轻易别说"我不知道"	(213)
第三节	根治拖延的恶习	(214)
第四节	让自律成为一种习惯	(216)
第五节	比别人先行一步	(218)
第六节	全力以赴做到极致	(220)

第十六章　宽容：和为贵，成就自己 (223)

第一节	宽容是一种力量	(223)
第二节	像宽恕自己一样宽恕别人	(225)
第三节	海纳百川，有容乃大	(226)
第四节	懂得宽容，做事从容	(229)
第五节	宽容是在荆棘中长出来的谷粒	(231)
第六节	宽容失去的只是过去，刻薄失去的却是将来	(233)

第十七章　胆略：用智慧选择成功 (235)

第一节	具备胆略才能成功	(235)
第二节	成功者要有冒险精神	(236)
第三节	有先必争，敢为人先	(238)
第四节	成功大小，在于选择	(240)
第五节	远见卓识，成就未来	(242)
第六节	锲而不舍，金石可镂	(245)

第十八章　创业：让世界为你让路 (248)

第一节	做自己喜欢做的事	(248)
第二节	为成功创业做好准备	(250)
第三节	撑起一片属于自己的天空	(252)
第四节	非凡来自专业	(255)
第五节	彩虹总在风雨后	(257)
第六节	创业永远在路上	(259)

参考文献 (261)

上篇 核心素养

第一章　诚信：人生第一准则

第一节　筑牢诚信之基

《说文解字》云："诚，信也。""信，诚也。"诚信就是诚实无欺，信守诺言，言行相符，表里如一。诚信是做人的基本要求，也是做事的基本准则。

党的十八大提出，倡导富强、民主、文明、和谐，倡导自由、平等、公正、法治，倡导爱国、敬业、诚信、友善，积极培育和践行社会主义核心价值观。社会主义核心价值观将诚信作为公民个人层面的价值准则，掀起了传承中华民族传统美德和人类道德文明的新的时代洪流。

先贤孔子言："人而无信，不知其可也"。诚信是立身处世的根本。在中华民族5 000年的文明史中，诚信故事不胜枚举。孔子"童叟无欺"、晋文公"退避三舍"、商鞅"立木为信"、季布"一诺千金"、关羽"身在曹营心在汉"、曾子杀猪、韩信报恩、宋濂抄书……一个个感人肺腑的诚信故事浸润着中华儿女的心，滋养中华民族的魂。因为诚信，我们敢于担当；因为诚信，我们甘于奉献；因为诚信，我们一身正气。诚信让我们缔造了一个又一个神话，诚信为我们赢得了一个又一个的赞誉，诚信助我们凝聚了一股又一股的力量！

诚信之人，不会因为利益而放弃诺言，不会因为困境而背弃约定，不会因为挫折而改变方向，不会因为时间而淡忘誓言。诚信，金子一般的品质，大浪淘沙，虽经千年而不损丝毫，虽历万难而不减半分。诚信之人，万古流芳。

诚信之德，不仅可以修身齐家，还可以兴业治国；不仅可以正心，还可以立行。诚信是大海中的一座灯塔，指引着航海者的方向。诚信是一双强有力的臂膀，挽着历史朝着正义的方向前进。诚信之德，璀璨夺目。

【行思探理】

诚信是一种俯仰无愧的高贵品质，它需要高度的自持、无畏的勇气和淡泊的心境。

◆ 懂得坚持

诚信不仅是一种品格，更是一种奉献，一种牺牲。人的一生，会遭遇很多——快乐与悲伤、得意与失落、成功与失败、顺境与逆境，无论何时何地，无论做什么事情，无论面对什么人都能坚守诚信，那才是真正的诚信。为了诚信，我们需要经受寂寞、痛苦、困难的考验，需要学会克制与忍耐，需要懂得坚持不懈和迎难而上。诚信是一场关于坚持的较量，唯有永不放弃，才能获得殊荣。

◆ 抵挡住诱惑

诱惑是诚信最大的敌人，名、权、财、色、利都能诱拐我们抛弃诚信，只有当诱惑迎面袭来时仍能恪守本分的人才称得上诚信之人。坚守诚信，需要超越世俗利益，需要高度的自制和自觉，将诚信视为个人的尊严与荣耀，在无人知晓、无人监督的情况下依然坚守，做到"不欺暗室""不愧屋漏""慎独"而忠信。

◆ 勇于担当

诚信之人必定敢于承担责任，敢于为自己的言行负责。"言必信，信必果"，诚信之人不会因危机降临而背弃当初的约定，也会不因困难重重而停下履行诺言的步伐。因为诚信，所以敢于担当。诚信之人在担当的历练中变得高大，变得坚强，变得令人肃然起敬。

【互动空间】

测测你的诚信指数

1. 当你的朋友作出你极不赞成的事时：
A. 你会跟他断绝来往。
B. 你会告诫自己此事与你无关，同他的关系依然如故。
C. 你会把你的感受告诉他，但仍然保持友谊。

2. 你对严重伤害过你的人：
A. 很难原谅他。 B. 可以原谅他。 C. 可以宽恕他，但不会忘记这件事。

3. 你认为：
A. 为了维护道德准则而指责别人是完全有必要的。
B. 在一定程度上指责别人是完全有必要的，如从爱护的角度出发。
C. 不应该指责别人。

4. 你的多数朋友在性格上：
A. 都和你很相像。 B. 与你不同，而且他们之间也不同。 C. 与你大体上相同。

5. 当周围同学的喧闹使你不能集中精力学习时，你会：
A. 对他们发脾气。 B. 另外找一个清净的地方。 C. 感到心烦，在心里抱怨。

6. 若出去旅游时发现那里的卫生条件很差：
A. 你很快就能适应。 B. 你对自己所处的环境不太在乎。 C. 你对这个地方的卫生很不满。

7. 你认为下列哪种品质最重要：
A. 顺从。 B. 仁慈。 C. 诚信。

8. 你与别人（批评性的）议论你的朋友：
A. 经常。 B. 很少。 C. 有时。

9. 如果你所讨厌的人交了好运，你会：
A. 觉得烦恼或嫉妒。 B. 认为此事对他确实是件好事。

C. 不太在乎，但觉得这样的好事要是让你交上该多好。
10. 你属于下列哪种：
A. 尽量使别人按照你的信条看待或对待事物。
B. 别人不主动问你，你便不会主动说出自己的观点。
C. 对不同的事物提出自己的观点或意见，但不会为此与人争论或尽力说服他人。

评分方法：

题号	分 值		
	A	B	C
1	2	0	1
2	2	0	1
3	2	0	2
4	2	0	1
5	2	0	1
6	0	0	2
7	2	0	1
8	2	0	1
9	2	0	1
10	2	0	1

结果分析：

5分以下：你是一位诚信度很高的人，且有很高的涵养，能充分意识到别人面临的困难，理解他们的难处。你可能会遭到别人暂时的不理解，但你仍不会同他们发生争执，你最终会成为许多人喜欢的朋友。

6~10分：你的诚信度还算可以，显得比较有涵养，在许多方面能容得下别人的意见。

11~15分：你的诚信度不算高，也许你还没有意识到这一点，你和朋友的友谊，一般不会维持太久，你在许多没有价值的微小问题上浪费了许多时间。

16~20分：你相当缺乏诚信，且比较专横，易冒犯他人。你不能容忍别人对你做错事，但常为自己的过失找理由。

第二节 用诚信来赢

小胜靠智，大胜靠德。

日本"松下电器"创始人松下幸之助说，信用既是无形的力量，也是无形的财富。

民营企业家牛根生曾说，想赢两三个回合，赢三年五年，有点智商就行；要想一辈子赢，没有"德商"绝对不行。作为"道德之首"的诚信，无疑是制胜的法宝。

"人无忠信，不可立于世"。首先，诚信是一个人在社会上立足的根本。待人坦诚、恪守信义才能得到别人的信任、帮助、支持和认可。人言为"信",若言而无信,也就失去了做人的资格。只有将诚信看作是为人的尊严所在,珍惜"一言之美",一丝不苟地践行诚信之德,才能成功做人。

其次,诚信是兴业之基。商场如战场,硝烟弥漫,危机四伏,只有带上诚信,才能渡过重重危机,只有带上诚信,才能克服道道难关,只有带上诚信,才能攀上事业的顶峰。巧诈欺人虽能得一时之利,但终不能长久,因为,一个企业要永续经营,首先要得到社会的承认、用户的承认。企业只有对用户真诚到永远,才有用户、社会对企业的回报,才能保证企业向前发展。

最后,诚信是治国之策。古往今来的明君圣贤,无不重视诚信,视诚信为"国之宝""民之所庇"。从儒家的"民无信不立"到今天的"诚信社会",几千年来,诚信一直是治国安邦之根本,从秦统一六国,到汉唐的繁荣昌盛,从改革开放的伟大胜利,到和谐社会的打造,诚信都推动了中华民族乃至世界文明一次又一次的跨越腾飞。

【行思探理】

除了事业的成功,诚信还能带给我们快乐、友谊、尊严和美好的未来。

◆ 诚信使人快乐

英国有这样一个谚语:如果想幸福一天,最好上理发店;如果想幸福一星期,就去结婚;如果想幸福一个月,可买匹新马;如果想幸福一年,即盖栋新房子;如果想幸福一辈子,必须当诚实的人。心胸坦荡、光明磊落的诚信之人必定是快乐之人,因为他相信别人也被人相信,他的世界充满真诚与关爱,真实而又美好!而满口谎言的人注定是没有快乐可言的,因为他的世界满是虚伪、奸佞、狡诈和陷阱,一不小心就会掉入万劫不复的深渊。为了谎言不被别人拆穿,为了掩盖其丑恶的灵魂,为了不掉入别人给他挖的陷阱,谎言者整日战战兢兢,如临深渊,如履薄冰。

◆ 诚信赢得友谊与尊重

美国心理学家艾琳·C. 卡瑟拉曾说,诚实是力量的一种象征,它显示着一个人的高度自重和内心的安全感与尊严感。的确,诚信这种力量,可以为我们赢得友谊和尊重。季布重诺,所以周朱二人才愿意冒死相救。"得道者多助,失道者寡助",只有诚实守信才能获得别人的尊重和友谊,只有出于友谊和敬重,别人才能于你危难之时伸出援救之手。反过来,如果因贪图名利或贪享安逸而失信于朋友,表面上得到了"实惠",实际上却毁了自己的声誉。

◆ 诚信成就未来

天赋、运气、机遇、智力等因素对于个人的成功非常重要,但是,如果仅仅有这些条件却没有诚信的品德,是不会成功的,最多只能昙花一现。未来需要我们付出努力,但要成就未来,绝不能没有诚信这块基石。诚信能为我们赢得机遇,能给我们带来合作,能为我们聚集人气、凝结人心,能助我们披荆斩棘,拥有了诚信,就等于掌握了命运的舵、未来的锚,诚信之舟将载着我们向着光明、美好的未来一路勇往直前。

【互动空间】

地雷阵

目标：在活动中建立及加强对伙伴的信任感。

规则：用绳子在一块空地圈出一定范围，撒满各式玩具（如娃娃、球等）作障碍物。学生两人一组，一人指挥，另一人蒙住眼睛，听着同伴的指挥通过地雷阵，过程中只要踩到任何东西就要重新开始。指挥者只能在线外，不能进入地雷阵中，也不能用手扶伙伴。

注意：（1）不可用尖锐或坚硬物作障碍物。（2）不可在湿滑地面进行。（3）需注意两位蒙眼者是否对撞。

讨论：
1. 请问各位在通过地雷阵的时候有什么感觉？
2. 若再有一次机会，我们还可以加强些什么？

第三节　待人坦诚，心无异念

北宋理学家程颐说，以诚感人者，人亦诚而应。

长江实业集团有限公司董事长李嘉诚说，你必须以诚待人，别人才会以诚相报。

尼日利亚作家哈吉·阿布巴尔·伊芒说，人与人之间，只有真诚相待，才是真正的朋友；谁要是算计朋友等于自己欺骗自己。

坦诚意味着不隐瞒，不修饰。"金无足赤，人无完人"，每一个人都有优点和缺点，如果刻意隐瞒缺点，或蓄意夸大优点，就会让人怀疑你的动机，对你产生不信任之感。"路遥知马力，日久见人心"，再完美的修饰和再刻意的隐瞒都经受不住时间的考验，如同"纸包不住火"，真相显露的时候，无论对谁都是一种伤害。所以，感情路上，人生路上，不如坦然面对自己，真实展现自己，让别人看到你那颗诚挚透明的心，为你所感动。

坦诚更意味着不欺骗、不使诈。谎言和欺骗是心灵的腐蚀剂。一个惯于用花言巧语和虚情假意去哄骗别人的人，肯定是活得最累、最痛苦的人，因为"说谎者所受的惩罚，全不在人家不能相信他，而是在于他不能相信任何人"。没有了信任，终日生活在怀疑与被怀疑中，怎能不痛苦！"君子坦荡荡，小人长戚戚"，只有心胸坦荡、坦率真诚的人才能享受真正的快乐。

"不诚则欺心而弃己，与人不诚则丧德而增怨"。与人相交，贵在真诚。

【行思探理】

诚信是友谊的黏合剂，所以，我们要学会抛弃偏见，用真诚来赢得真情。

◆ 拔掉心中的刺

交往中，误会、分歧、争论总是在考验着我们。如果心胸不够宽广，对往事耿耿于怀，心存芥蒂的话，就会冲淡彼此的关系，甚至导致关系的破裂。要想赢得友谊，唯有打开心扉，开放心灵，学会主动拔掉心中的刺——或者让时间冲淡一切，或者摆在台面上说清楚，或者学会理解体谅别人，或者懂得求同存异。心无异念，才能坦诚相见。

◆ 至诚必能感人

早年，尼泊尔的喜马拉雅山南麓很少有外国人涉足。第一天，几位日本摄影师请当地一位少年代买啤酒，这位少年为之跑了3个多小时。第二天，那个少年又自告奋勇地再替他们买啤酒。这次摄影师们给了他很多钱，但直到第三天下午那个少年还没回来。于是，摄影师们议论纷纷，都认为那个少年把钱骗走了。第三天夜里，那个少年却敲开了摄影师的门。原来，他在一个地方只购得4瓶啤酒，于是，他又翻了一座山，蹚过一条河才购得另外6瓶，返回时摔坏了3瓶。他哭着拿着碎玻璃片，向摄影师们交回零钱，在场的人无不动容。这个故事使许多外国人深受感动。后来，到这儿的游客就越来越多。"以诚感人者，人亦诚而应"，少年用他的真诚让鲜为人知的喜马拉雅山南麓走进了视界，走向了世界。

◆ 巧诈不如拙诚

周恩来曾说，自以为聪明的人，往往是没有好下场的，世界上最聪明的人是老实的人，因为只有老实人才能经得起事实和历史的考验。巧诈之人看似聪明、机灵、善于应变，能获得一时之利，但实际却是搬起石头砸自己的脚，因为时间会让一切谎言、诡计不攻自破。而当谎言让人识破、真相被人戳穿时，巧诈者就失去别人对他的信任。拙诚虽然行为举止略显愚直拙笨，但因从不欺人，而能赢得别人对他的信赖，获得长久的友谊。正所谓"大勇若怯，大智若愚"，与朋友交，拙诚才是大智。

【互动空间】

你的坦诚指数有多高？

假如今天你和朋友一同出游，却意外地收到一束漂亮的花朵，回家之后你将会把它放在哪里呢？

A. 铺着花格子桌巾的餐桌上。　　B. 干净的洗手间。
C. 洒满阳光的窗台边。　　　　　D. 门口玄关处。

结果分析：

A：对待朋友的坦率指数99%。你就像桌巾一样，毫不保留地将自己赤裸裸地摊在朋友面前，完全没有隐藏地真诚待人。对于朋友口中的话深信不疑，有什么提议也会立刻赞同，不想先用大脑过滤一下，甚至会被一些七嘴八舌的意见搞得头昏脑涨的。

B：对待朋友的坦率指数20%。洗手间向来是较为私密的空间，也是整个家中最不明显的角落。会选择放在洗手间的你，就有点意味着此时此刻只想将所有的心事隐藏起来，一点也不想让人看出你在想些什么，而洗手间的小灯也只会在使用时才打开，这就表示你只想独享一些私人感受。

C：对待朋友的坦率指数80%。象征着你积极开朗、坦率纯真的一面，这样的动机当然也会直觉反射在你和朋友之间的相处，所以今天的你，绝对不会无聊到想要耍心机、使心眼儿，你散发的和善气氛也将会带动周遭的朋友，对你友好示意。

D：对待朋友的坦率指数60%。玄关向来是一个家中对外的最大出口，是进门看到的第一个地方，也是我们欢迎朋友的入口，有着非常浓厚的社交意味。选择门口，其实就是说明了今天的你，擅长交际，虽然表面上看来亲切友善，不过内心想法可不太踏实，社交敷衍的言辞居多，真心话却少得可怜。

第四节　不轻易许诺

道家创始人老子说，轻诺必寡信，多易必多难。

信用是一个人一生中最大的财富，但"信用是难得易失的，费十年工夫积累的信用，往往由于一时的言行而失掉"。信用如同一汪清水，要保持纯净，就必须把好"源头关"——不轻易许诺。李嘉诚曾语重心长地劝解青年人：与新老朋友相交时，都要诚实可靠，避免说大话；要说到做到，不放空炮，做不到的宁可不说。不草率盲目许诺，才能不损自己的信誉，不伤朋友间的情谊。

倘使轻率地对人许下承诺，之后却又无法如实地兑现自己的诺言，结果不但使自己成为毫无信义可言的失信之人，同时，也给那些与自己相约的人带来伤害。与其最终失信于人，并因而折损自己与朋友之间的情谊，造成无可弥补的裂痕，还不如一开始就明确拒绝对方。

"诺不轻许，故我不负人"，轻诺只会戕害"互信"。

"不轻诺"，不仅是对自己声誉的维护，更是与人相交应有的良善美意。

【行思探理】

遵从内心真实的想法，权衡自己的能力，多加思量，郑重许诺，才不会在不经意间丢失诚信。

◆ 从心而出

如果不爱对方，就不要说"爱他（她）到永远"；如果实在很忙，就不要说"有时间一起聚聚"；如果不爱交际，就不要说"有空常联系"；如果早上起不来，就不要说"六点见面"。承诺不是表面的豪言壮语，它需要你用时间和行动去兑现。所以，许诺时，一定要遵从自己内心的意愿，不自欺，才能不欺人。

◆ 权衡能力

每个人的能力有大小，承诺别人前要先衡量自己的能力，确定所允诺的事是否在自己的能力范围之内，不要碍于面子，承诺一些自己根本做不到的事情。若真是一己之力根本无法负荷之事，又何必像青蛙妈妈那样逞强呢？

◆ 不经意间丢失的

或许你会因为天气恶劣而不去赴约，或许你会因为没有看完最后一章而不按期归还别人的书本，或许你会因为时过境迁而不再把承诺放在心上，那请你看看品格高尚的人是怎么做的吧！魏文侯冒雨赴约，宋濂连夜抄书，季布挂剑，大人物小诚信的故事深刻地启示着我们：勿以善小而不为，勿以事小而不守信。很多时候，恰恰是因为一些小事，不经意间我们成了别人眼中不守信用的人。

◆ 珍惜每一次信用

信用、信任、信心三位一体，信用产生信任，信任带来信心。对一个人的信任往往不是建立在对这个人当下所言是否为实的严格考查上，而是建立在对这个人过去的信用情况的经验与感受上。一次、两次失信，会影响他人对你的信任，多次失信，就让他人对你失去信心。一旦他人对某个人产生不信之心，即使这个人说的是真话，别人也不会再信任他。所以，只有珍惜每一次的信用，才能建立起别人对你长久的信任和信心。

【互动空间】

你有爱情承诺恐惧吗？

如果你搭的飞机不巧正好抛锚了，只好在异国他乡过新年，你觉得迫降在哪一个地点可以勉强接受？

A. 在北极冰雪中的冰屋里。B. 在伊索匹亚的荒原中。C. 在阿拉伯的沙漠中。

结果分析：

A：你有显性的爱情承诺恐惧症，因为说话算话的你，在还没有决定安定之前是绝不轻易给对方承诺的，因为说出口就得兑现。当然，只要你说出口了，你的另外一半就会觉得，他（她）是世界上最幸福的人，因为你会承诺一辈子。

B：你有隐性的爱情承诺恐惧症，因为只相信脚踏实地经营爱情的你，不觉得山盟海誓会成真，但是如果对方施压要你给出承诺的话，你也会勉为其难地认命把承诺说出来。

C：你对爱情没有承诺恐惧症，对于爱情你采取及时行乐的态度，觉得两人世界快乐最重要，如果说说承诺就能让对方开心的话，何乐而不为呢？这类型的人，为了让对方开心什么话都说得出口，管他明天会发生什么事情，两人世界甜甜蜜蜜开开心心你就觉得是最重要的事情。

第五节　一言既出，驷马难追

如果说，这个世界上有什么比黄金更加昂贵，那就是诚信，"得黄金百斤，不如得季布一诺"。

如果说，这个世界上有什么比生命更加宝贵，那就是诚信，"失去了诚信，就等同于敌人毁灭了自己"。

如果说，这个世界上有什么比宝剑更加锋利的，那就是诚信，"唯诚可以破天下之伪，唯实可以破天下之虚"。

诚信是战胜困难最有力的武器，诚信是凝聚力量最强大的磁场，诚信是开创未来最得力的助手。

荀子曾就诚信做过一个精彩的分析，他说人的力气不如牛大，跑得不如马快，但是我们却能够役使牛马，而不是牛马役使我们，这是为什么？是因为人能够合作，而牛马不会合作；人为什么能够合作？因为人有礼义而牛马没有礼义。荀子讲的"礼义"中的一个重要内容就是诚信。没有诚信，人类社会是无法存在的，人类的文明也是无法建立起来的。所以，任何时候任何情况下，每一个人都要像"保卫荣誉一样"遵守自己的诺言，"一言既定，千金不移"。

【行思探理】

一旦说出口，就要全力以赴地兑现诺言，这样才能不损你的诚信之名。

◆ 永远记住自己的诺言

"死生契阔，与子成说。执子之手，与子偕老"，这样的爱情之所以感人，就在于爱人忠于誓言，至死不渝。恩怨可以相忘于江湖，但诺言不可以，不管你身处何地何境，不管历经几时几载，都应该永远记住你的诺言。韩信千金谢漂母，其可贵在于：一是时隔多年，二是身份变换。朋友，请像韩信一样永远记住自己的诺言，不因时过境迁沧海桑田而遗忘；更不因身在高位日理万机而漠视。

◆ 擦亮你的人生名片

诚信是每一个人都可以拥有的金质名片，不管你走到哪里、遇到任何困难，只要你亮出诚信这张名片，就能迎刃而解，柳暗花明。初入职场的人用好这张名片，可以快速建立职业信用，赢得领导和同事的信任；事业步入正轨的人用好这张名片，可以累积信用指数，赢得业界口碑，带来更多机遇；陷入困境或险境的人用好这张名片，可以转危为安，化险为夷，很快从失败中站起来，从逆境中走出来。

诚信是宝贵的人生名片，切不可由灰尘覆盖，更不可将之遗失。

◆ 正直是诚信的孪生兄弟

"正直为吾人最良之品性，且为处世之最良法，与人交接，一以正直为本旨。正直二字，实为信用之基"，正直是一种对人诚恳的坦荡态度，是一种俯仰无愧的坦然气魄。古往今来，很多正直之士彪炳史册，至今为人传颂，如战国时期黔娄因"斜之有余，不若正之不足"的品格而流芳千古。正直和诚实是人格中最重要的组成部分，从一定程度上说，正直即诚实，诚实即正直。正直和诚信是人性中最光辉的品质。任何一个人，想要不受良心的谴责都应该做到正直与诚信，因为，"走正直诚实的生活道路，灵魂才会有一个问心无愧的归宿"。

【互动空间】

你是正直的人吗？

在奇幻的世界中，长了一棵很恐怖的树，因为它有一个血盆大口，可以把人给吞下去。你认为这棵树是利用什么方法来让人接近，进而捕食的：

A. 用美妙的歌声使人心醉。　　B. 模仿对方恋人的声音。
C. 散发迷人的树香。　　　　　D. 利用飞翔在它周围的小鸟使者。
E. 什么都不做，只是静静等待好奇的人走过来。

结果分析：

A：是属于为了讨人喜欢而撒谎的人。若以"日行一善"的精神来看，很多事情你都会"添油加醋"。当然这并不算是什么恶意的谎言，但如果谎言逐渐扩大的话，就容易在众人的面前丢脸；即使你没有说谎，有很多事也会因为过分地夸大而让对方有所误解。所以，你对于任何事情都要谨言慎行。

B：是个撒谎高手。当然，这谎言不管是善意与否，在还没被揭穿之前，很少有人会因此而受伤。之所以这样，是因为一旦这个谎言被识破时，就会让人遭受很重的打击，而这也是这类撒谎高手的特征。所以，为了自己，即使只有千分之一被识破的可能，也绝对不可以撒这个谎，否则你的朋友会越来越少。

C：是属于不会利用谎言去伤人，可称得上是诚实的人。开门见山地说，你是个不善于说谎的人，只要你想说谎就会被别人看穿，你的性格、你的名誉不但不会受损，反而会有很多人认为你这样很可爱。

D：属于撒谎时喜欢找替罪羔羊的人。为了使谎言变得有说服力，你常使用"因为某某说"或是"从某某人那里听来的"等语句。当谎言被识破时，那个人的信用也跟着完蛋了。所以别把别人也卷入你的谎言中，那就太令别人难堪了。

E：属于绝不撒谎的人。忠厚老实的人，最痛恨的就是欺骗别人，也正因如此，即使对方不想听的事实，你也毫不隐瞒地全盘说出，结果通常是伤人很深。在必要时，你也要机灵地学会撒谎。

第六节　无诚则有失，无信则招祸

美国哲学家富兰克林说，失足，你可以马上恢复站立；失信，你也许永难挽回。

事实证明，无论是做事，还是做人，失信就是失败。

"无诚则有失，无信则招祸"，信誉不仅是企业的精神财富和生命所在，对企业的存亡起着决定性的作用，对于个人也同样如此。

《郁离子》中记载了这样一个故事：济阳有个商人过河时船沉了，他抓住一根大麻杆大声呼救。有个渔夫闻声而至。商人急忙喊："我是济阳最大的富翁，你若能救我，给你一百两金子。"待被救上岸后，商人却翻脸不认账了。他只给了渔夫十两金子。渔夫责怪他不守信，出尔反尔。富翁说："你一个打鱼的，一生都挣不了几个钱，突然得十两金子还不满足吗?"渔夫只得怏怏而去。不料想后来那富翁又一次在原地翻船了。有人欲救,那个曾被他骗过的渔夫说:"他就是那个说话不算数的人!"于是商人淹死了。一个不守信的人,如果他处于困境,是没有人愿意出手相救的。所以,失信于人者,一旦遭难,只有坐以待毙。信用是一种现代社会无法或缺的个人无形资产。没有诚信,就会丧失信用,没有信用,失败和灾祸就会不期而至。

【行思探理】

丧失了诚信,不仅丧失了成功的机会,还有可能付出生命的代价。

◆ 谎言的代价

诚信是立业之本、做人之绳。一个人如果谎话连篇,不守信义,就没有谁会相信他。就如小学课本里那个总喊"狼来了"的男孩,终因一再说谎,信誉丢失,无人再信。当狼真的来了,只能被狼吃掉。小男孩因为一个谎言丢了性命,严格地说,吃掉他的不是狼,而是他那不诚信的品质。"无诚则有失,无信则招祸",谎言的代价往往是沉重的,所以任何时候都不要企图用谎言去欺骗别人或蒙蔽自己,因为时间可以揭穿一切。那些平时不以诚信为意的人,也许得利于一时,但终将作茧自缚,自食其果。

◆ 不让承诺成为空头支票

安然公司曾承诺:"我们用坦然和真诚与客户、未来工作在一起,我们说到做到,我们绝不做那些我们承诺不做的事",然而在追求利润的过程中,创业之初的信誓旦旦成了一种华美的装饰与摆设。"说到做到"是最朴素的处世道理,却也是最难能可贵的品质。

为了不让承诺落空,为了能说到做到,请不要为一时的豪情或面子冲昏头脑而轻易诺言,更不要在许下承诺后再以任何理由为借口去推脱责任。先思考,再承诺,后行动,这样你的承诺才不会成为无法兑现的"空头支票"。

【互动空间】

拆穿谎言的八个方法

1. 不符合逻辑。做了30年联邦特工的纽伯瑞询问一位女证人时,女人说她听到枪声后就藏了起来,没有看到任何人。"她的话不符合逻辑。听到枪声怎么可能没留意开枪的人?"于是,纽伯瑞趁她没注意,突然重重地拍了一下桌子,这位女证人立即扭过头去看他。

纽伯瑞说:"你看,一个人听到声音,会本能地朝发出声音的地方看去。也就是说她先看到开枪的人,然后才跑开。"

2. 问对方一个措手不及。约有4%的人说起谎来滴水不漏,但是,人的第一反应很难作假。"我们可以趁他们不注意,提出一个他们事先没有准备好的问题。"纽伯瑞说。

3. 异常举止。旧金山大学心理学教授莫琳·奥沙利文说:"举止变化是不诚实最重要的指示器。有的人通常焦虑不安,说谎时却很平静;有的人通常很平静,骗人时却焦虑不安。"

4. 假笑。奥沙利文说:"大家都会笑,但很多人不会装笑。有些人笑的时机不对,有些人笑的时间太长,而且,假笑时的嘴唇通常比真心实意微笑时咧得小些。"

5. 细微表情。著名的谎言识别专家保罗·埃科曼则认为,通过观察细微表情能识破谎言。细微表情通常只有1/25秒,无论是害怕、愤怒、窃喜还是嫉妒,都可能在脸上一闪而过。

6. 言行矛盾。埃科曼说:"一个人的声音或姿态与言语不符,就证明他在撒谎。例如,有人撒谎时说,'是的',但是说话间他却下意识地摇了摇头。"

7. 不安感。吉尼·伯尔曼博士说:"如果有人不敢和你进行眼神接触,把脸转过去,汗流满面,看起来有些心神不安……这说明他们因为自己的不诚实而焦虑。"

8. 说话琐细。"在你问他之前他便告诉你很多细节,那可能意味着他们精心考虑过如何摆脱这种情境,特地编造一个复杂的谎言。"伯尔曼说。

第二章 责任：管理者花开不败的诺言

第一节 扛起肩上的担子

从范仲淹的"先天下之忧而忧，后天下之乐而乐"，到顾炎武的"天下兴亡，匹夫有责"，古人先贤的嘉言懿行，都生动诠释了中华民族敢于责任担当的内在禀赋。在今天，责任与担当显得尤为重要。

在我们人生过程中，每个人的角色不同，承担的责任也不同：救死扶伤是医护人员的责任，抚养孩子是为人父母的责任，保家卫国是军人的责任，照章纳税是纳税人的责任，为人师表是教师的责任，勤恳工作是员工的责任。不论我们从事何种工作，担任何种职务，都要坚定不移地完成角色赋予我们的使命。坚守责任就是坚守人生最根本的使命。正如梁启超所说，"凡属我应该做的事，而且力量能够做到的，我对于这件事便有了责任。""位卑不敢忘忧国"，今天，在实现中华民族伟大复兴的历史进程中，每个人都应当坚定信念，担当责任，彰显价值，贡献力量。

【行思探理】

一个具有高度责任心的人愿意承担，敢于承担，也坚信自己能够承担。

◆ **我愿意承担**

承担起自己的责任，并且以自己所承担的重任为荣。唯有具备了责任感，唯有承担了比别人更大的责任，才会成为企业的顶梁柱，才会获得更大的成功。不要在关键时刻逃避问题，你的态度和勇气永远都是你成为优秀员工的立足点。面对任何一项工作，你都得认真地对待，并担负起相应的责任，特别是在面对那些既复杂，难度又大，而且充满风险的工作时。你敢于担负重任的精神，会让你的公司和部门信任你、认可你、肯定你，相应地你也就有机会实现更大的自我价值。

◆ **我能够承担**

社会在发展，企业在成长，个人的职责范围也在随之扩大。不要总以这不是我分内的工作为由来逃避责任。当额外的工作降临到自己头上时，我们也不妨视之为一种机遇。一个人应该经常自问：我还能承担什么责任？而不是抱怨"这不是我的工作"。一味地推卸责任和逃避责任将使你成为公司多余的人。只有那些具备强烈责任心的人，才能在工作中充分激发才能，最终获得决定自己命运的机会。

◆ 我敢于承担

工作中，我们经常难免会遇到各种困难。有困难是想方设法去解决困难，还是选择"我不行""我不会"把困难和问题交给别人，这是两种不同的责任态度。一名优秀的员工，必然能够承担和解决工作中可能出现的各种困难和问题。优秀的员工深知，责任就像美国总统杜鲁门的座右铭："责任到此，不能再推"。要将责任根植于内心，让它成为我们工作和生活的最高准则，这种责任心会让我们变得更加优秀和卓越。

【互动空间】

责任心测验

假日到公园里享受悠闲时光，你通常会选择什么地方坐着来消磨时间：
A. 能看到人来人往的小径座椅上。　　B. 柳树垂杨的湖畔边。
C. 可以遮阳的凉亭内。　　D. 枝叶繁茂的大树底下。

结果分析：

A：你时常会把许多大小事情揽在自己身上，有时不该是你责任范围的事，也不知为何全落到你的头上来。如果你是真心想担起责任的话，当然没问题，可是如果你每次都为莫名其妙就身负重任而苦恼不已的话，那你就得学习如何适时拒绝，或者表达出自己的反对意见。

B：你还算是有责任感的人，但是并不会去承担一些有的没有的责任。只要是自己分内的事，或者是自己犯的错误，你会站出来负责到底，找办法补救，但是如果有人希望你多负担点不属于你的责任，可能就要有利益引诱，才能够说动你呢。

C：有点小聪明的你，蛮懂得求救示警，每当有事情发生时，第一个会让你想到的解决之道就是找人帮忙，当然这也算是一种负责任的方式，不过可能会有些人觉得你不能负责，而想推卸给其他人，所以做事的时候，你应该表现出勇于负责的态度，先想办法自己解决，免得被批评。

D：你最怕别人叫你负责，只要是必须肩负重责大任的工作，你总是会考虑再三，能不要就不要，但这并不是说你没有责任感，只是你觉得一旦答应他人，就应该负责到底，因此怕麻烦的你，总是希望能省一事就省一事。

第二节　责任胜于能力，责任提升能力

责任是一种能力，又远胜于能力。

美国总统林肯说，每一个人都应该有这样的信心：人所能负的责任，我必能负；人所不能负的责任，我亦能负。如此，你才能磨炼自己，求得更高的知识而进入更高的境界。

在任何一家公司，只要你勤奋工作，认真、负责地坚守自己的工作岗位，你就会受到尊

重，获得更多的自尊心和自信心。只要你能恪尽职守，毫不吝惜地投入自己的精力和热情，你就会赢得他人的好感和认可。刚刚走进职场的青年人，无论学识、能力、学历的高低，只有以高度负责的态度承担起自己的岗位职责，才能受到尊重、获得认可，才能成长为公司和组织的栋梁。责任首先就是对工作和岗位无限忠诚地投入。在工作中，多一分责任感，就必然会多一分回报。这是因为，高度负责不仅仅是多创造了那么一部分价值的问题，更为重要的是，个人的能力势必会得到不自觉的提升，这也是员工责任的一项隐性价值。如果你有能力承担更多的责任，就不要为只承担一份责任而高兴，你只知道这样会很轻松，但却不知道会为此失去更多的东西。

【行思探理】

在人生职场中，当一个人能够对自己负责时，他就具备了独立的人格和行为能力；当一个人能够为他人负责时，他就具备了价值。

◆ 寻找责任的乐趣

中国近代思想家梁启超认为，人生须知负责任的苦处，才能知道尽责任的乐趣。干一行、爱一行、专一行，不能心猿意马、脚踩两只船，不能这山望着那山高、出工不出力，要认真努力地工作，从工作中找到乐趣。美国著名作家马克·吐温给我们一个很好的建议：每天务必要做一点你所不愿意做的事情，这是一条宝贵的准则，他可以使你养成认真尽责的习惯。与其唉声叹气，成天抱怨，不如在岗位上努力寻求岗位的乐趣，在承担岗位责任的过程中，我们收获的不仅仅是事业上的成功，还有个人能力的提升，自我价值的实现。

◆ 责任成就能力

全球500强企业IBM信奉一个原则：员工能力与责任的提高，是企业成功之源。美国思想家及作家艾尔伯·哈柏德说，责任趋向于有能力担当的人。职场中，我们并不是总能游刃有余、应付自如，时不时就会碰到一些看起来几乎不可能完成的任务。这时你是勇往直前，还是临阵退缩？如果把"不可能完成的任务"，当作学习和提升能力的机会，那么，每一项"不可能完成的任务"中都包含了个人能力提高的机会。职场中并不缺乏解决问题的办法，只要保持一份积极的心态，肯想肯做，那些看似不可能完成的任务终究会得到解决。

◆ 责任开发能力

哈佛大学心理学教授威廉·詹姆士经研究发现：一般的人只用了自己脑力的10%。为什么大多数人都会受到阻碍而不去发掘自己的潜力？人到底能有多大的潜力？这是一个很难作出具体回答的问题，但是有一点是不容置疑的，那就是，立足岗位，善于发掘自己潜力的人，总能比其他人获得更多的成功。如果你的潜能还没有被发掘出来，那么你就要尝试做一些改变。在其位，谋其政，尽其责，成其事，开发你那头脑中潜藏着的90%的才能，并把自己的能力发挥到极致，这样，你很快就会接近成功。

【互动空间】

测测你的责任心

因有大型活动，公厕前排起了长龙。好不容易排到了，等进了厕所里面才发现又脏又臭，你会：

A. 等了这么半天才等到，将就用一下算了。
B. 太脏了，出去再找另一个干净点的吧。
C. 忍着吧，回家再解决。
D. 再排一遍队，或许旁边的坑会好一点。

结果分析：

A：你的责任心不太强，除非对某件事情一定要负责，才会迫不得已去做。如能躲开，一定会置之不理。

B：原则性强，凡事要求十全十美，是个可以信赖的人。

C：处事灵活，头脑机敏，人际关系不错，有时爱推卸责任，找碴为自己开脱。

D：责任心重，性格比较软弱，宁愿自己吃亏，有时会让人觉得有点"傻"。

第三节　选择了工作等于选择了责任

尽职尽责才能缔造完美工作，没有不完美的工作，只有不尽责的员工。

挂在嘴上，不如记在心上；记在心上，不如扛在肩上；它不一定能使你的前程灯火般辉煌，但一定会给你一份厚重的人生礼物。

中国春秋战国时代著名思想家荀子说：良农不为水旱不耕，良贾不为折阅不市，士君子不为贫穷怠乎道。

今天我们已经面对一个全新的市场，自己为自己谋求职业发展前景，竞争激烈已经是不争的事实，无论是就业还是创业都有可能成为我们的职业选择，但是很多同学可能首先做的是选择一个工作作为职业的开始，创业成为职业的延续。无论是选择就业还是选择创业都离不开岗位赋予的责任。美国第25任总统麦金莱曾说，比其他事情更重要的是，你们需要尽职尽责地把一件事情做得尽可能完美；与其他有能力做这件事的人相比，如果你能做得更好，那么，你就永远不会失业。不管你从事什么样的工作，平凡的也好，令人羡慕的也好，都应该抱着尽心尽责的态度，全身心地投入工作，最后你获得的不仅是完美的工作，还会有人格上的自我完善。

【行思探理】

开始一份工作就是开启一份责任，工作岗位就是责任所在。在社会快速流动和职业迅速变动的社会，有太多的不确定制约着个人的职业发展，但是，梦想照进现实需要责任的承担，职业的成功从承担责任开始。

第二章　责任：管理者花开不败的诺言

◆ 责任是成功的基本保障

选择一份工作并按照要求完成工作从低层次讲是为了对公司和组织有一个交代，从高一个层次讲，那就是把工作当成自己的责任。如果在你的工作中没有了责任，你的生活就会变得毫无意义。一个成功的经营者说："如果你能全力以赴地制好一枚别针，应该比你制造出粗陋的蒸汽机赚到的钱更多。"工作不仅仅是一个谋生的工具和手段，还是展现个人价值的平台。尊敬并重视自己的职业，把工作当成自己的责任，对此付出全身心的努力，即使付出再多的代价也心甘情愿，并能够克服各种困难做到善始善终。如果一个人能如此敬业，那么无论他所从事的是何种行业，其前途都必将是一片光明。

◆ 塑造负责任的习惯

任何一个人的成功都不是偶然的，成功与否主要在于他是不是做什么都力求做到最好。成功者无论从事什么工作，都绝对不会轻率疏忽。要做一个负责任的人很简单，就是不论做什么事，只要与你有关，就要勇敢地承担起你那部分的责任，以更高的标准要求自己。能够做到最好，就必须做到最好，能够完成100％，就绝不只做99％。只要你把工作做得比别人更完美、更快、更准确、更专注，就能引起他人的关注，实现你心中的愿望。如果你自认为负责任的精神不够，那就应趁年轻的时候强迫自己对每一份工作负责——以认真负责的态度做事，经过一段时间后，负责任就会变成一种习惯性的职业态度。

◆ 敢于承担责任风险

不敢承担责任就是职业中最大的风险。那些获得成功的人，正是由于他们用行动证明了自己敢于承担责任而备受信赖。美国西点军校有这样一条校训：没有责任感的军官不是合格的军官，没有责任感的学员不是优秀的学员。要想获得成功，你就必须敢于对自己的行为负责，没有人会给你成功的动力，同样也没有人可以阻挠你实现成功的愿望。所以，成功者一定是那些对自己和他人都负责任的人。在今天这个充满机遇和挑战的社会里，要想让自己在竞争之中脱颖而出，就必须付出比其他人更多的奋斗和努力，比别人更负责任。

【互动空间】

机会的选择

请按照自己的真实想法回答下面的问题。

上班第一天，主任找你谈话，让你带领一个10多人组成的团队做一个项目，给你3个月时间，作为锻炼。你将面临三种情况的选择：

A. 为了薪水，答应领导的提议。
B. 委婉地拒绝领导的提议，等以后有了能力再说。
C. 接受，因为这是一个很好的锻炼机会。

结果分析：

A：你要端正自己的心态了，因为这种想法是错误的。如果你仅仅因为薪水这个理由答应领导的提议，这种对于金钱的过度追求是不利于你的职业发展的。建议你先暂时抛开金钱对你的诱惑，仔细考虑一下领导的建议，如果你接受了，会面临哪些困难，完成工作会给你带来什么，以及你自身的发展。想清楚以后再做决定，争取做一个勇于承担责任的优秀员工。

B：说明你是在仔细考虑后作出的决定，而且相对于你的现实情况而言，这一答案更为稳妥。不过既然领导这么信任你，肯定是在仔细分析过你的情况和考察了你的表现之后才交给你这一任务的，所以为了你在将来的职业发展道路上获得更广阔的空间，不妨大胆一点，承担起这份责任。

C：说明你是一个勇于承担责任的人。但是在接受新的挑战之前，你还需要静下心来对自己的工作进行一个客观的评估。如果看到一个好机会，就不假思索地欣然接受，那么最后你可能还要承担工作做不好的后果。所以，在接受机会的同时你必须冷静地进行分析。如果你想到了自己的劣势，并且在今后的工作中努力完善自己，相信你一定会拥有一个美好的未来。

第四节　责任点燃热情，让你更勤奋

托尔斯泰说，一个人若没有热情，他将一事无成，而热情的基点正是责任心。

一个没有工作热情的员工，不可能高质量地完成自己的工作。保持工作热情，会让我们有意想不到的收获。美国思想家爱默生也曾说过，没有热情就创造不出伟绩。热情可以弥补缺陷，可以消除疑惑，可以促人向上。热情地对待工作，可以获得尊重，赢得成功。热情地对待工作，可以得到智慧的启迪、意外的惊喜以及更加美好的事业与未来。不管是什么样的事业，要想获得成功，首先需要的就是工作热情。同样一份工作，有热情和没有热情，勤奋不勤奋，结果是截然不同的。前者让你有活力，能够创造出辉煌的业绩，使自己的职业前景一片光明。而后者，使你变得懒散，做一天和尚撞一天钟，即使在其位，也不可能谋好其政。

20世纪最伟大的心灵导师卡耐基曾经说：热忱不只是外在的表现，它发自于内心；热忱来自你对自己正在做的某件工作的真心喜爱。培养工作热情，首先要改变对工作的看法。要把事业和成功与现阶段的工作紧密联系起来，培养高度的使命感和责任感。如果只是为了谋生或薪水而工作，就不可能在工作中投入自己全部的热情，只会机械地完成任务，而不会创造性地、负责任地工作。"湿柴点不着火"，只有唤起责任感，才能满腔热情地投入工作。

【行思探理】

美国经济学家罗宾斯说，一个优秀的员工，最重要的素质不是能力，而是对工作的热情，没有热情，工作就像一潭死水；人的价值＝人力资本×工作热情×工作能力。热情是实现愿望最有效的工作方式，只有那些对自己的愿望有真正热情的人，才能有可能把自己的愿望变成美好的现实，才能实现自己在工作中的价值。

第二章 责任：管理者花开不败的诺言

◆ **热情和勤奋是责任的动力**

美国著名作家爱默生说，缺乏热诚，难以成大事。任何一个在职场的人都不想让公司炒了自己的鱿鱼。但是现实中，总有5%～10%的人会遭到解职，伤心地离开公司。一项调查显示，43%的经理认为工作态度不好最容易被解雇。一个员工连基本的工作态度——热爱本职工作、积极主动、有责任心、干事不拖拉都没有的话，对于发个指令、撬动按钮，才会动一动的"电脑"员工，没有人会欣赏，更没有公司愿意接受，等待他的只能够是被炒鱿鱼。当一个人对自己的工作充满热情和勤奋的时候，他便会全身心地投入到自己的工作之中。这时候，他的自发性、创造性、专注精神等对自己工作有利的条件便会在工作的过程中表现出来，他就能够把工作做到最好。

◆ **热情和勤奋是责任的延续**

世界最早的成功学大师拿破仑·希尔说，一个人成功的因素很多，而居于这些因素之首的就是热情；没有热情，不论你有什么能力，都发挥不出来。有些人并非缺少才华，他们在某一领域里的丰富知识甚至令其他人望尘莫及，但他们的事业并不见得有什么起色。有些人不一定具备渊博的专业知识，但由于充满了热情，刻苦勤奋，反而创造出了显著的业绩。热情和勤奋带给你的是宝贵的知识、技能、经验和成长发展的机会，当然随着职业空间拓展的还有财富。实际上，在热情和勤奋中你与公司获得了双赢。

◆ **让自己热情和勤奋起来**

美国微软公司的董事长比尔·盖茨认为，一个优秀的员工具有的两大优良品质——老人一样的经验和小孩一样的好奇心。热情和勤奋工作不仅是要尽善尽美地完成工作，还必须用眼睛去发现问题，用耳朵去倾听建议，用大脑去思考问题，用心去总结经验。成功的时候不要忘记过去，失败的时候不要忘记还有未来。很多人在凭着热情和勤奋实现自己的价值以后，就觉得应该放松一下，结果又回到原来的那种好逸恶劳、不求上进的生活状态中去了。其实我们每个人都会拥有热情，所不同的是，有的人的热情能够维持30分钟，有的人能够保持30天，但是一个成功的人却能够让热情持续30年。

【互动空间】

测测你的热情指数

如果有一天，你独自一人去海边看夕阳，当太阳下山后，接下来你会：
A. 坐在海边继续看海。 B. 去寻觅吃东西的地方。 C. 参加露天篝火晚会。 D. 搭车回家。
结果分析：

A：你的热情指数只有20%，甚至有一点冷血。你对任何的人、事、物总能冷静以对，时常以旁观者的态度，来看待周遭所发生的一切，这让人觉得你像是个理性的分析师。

B：你的热情指数有70%，是个热力十足的活跃者，对很多事情总是满腔热血，对人更是一头热，特别是对你喜欢的人，时常让对方难以招架，所以你该学习如何让自己的情感收放自如。

C：你的热情指数有40%，在你的观念里，有些值得投入热情的事，你就会给予极高的关注，但是如果是对于必须慢工出细活或不会立即有成效的事，你则显得兴趣缺乏，没啥热情。

D：你的热情指数有60%，要不要投入热情就要看你的心情而定，如果是面对自己熟悉或感兴趣的人、事、物，那当然二话不说你就会投以热情，可是如果是面对自己不熟悉的人、事、物，你就不会那么率性地表露出自己的热情。

第五节　在责任心的天平上，恪守职业道德的准则

国有国法，行有行规，职场也有职场游戏规则。

"君子爱财，取之以道"。爱财无可厚非，但是这个道就是职业道德。

"小赢靠智，大赢靠德"。

恪守职业道德准则是牢记行业的道德要求，并以此作为自己的做事标准，不该说的话不说，不该做的事不做。北宋著名政治家司马光在《资治通鉴》中，就强调道德具有核心作用，他讲过"四种人"的用人观：第一种人，道德高、才能也高，是圣人，要重用；第二种人，品德高、才能低，是君子，可以用；第三种人，品德低、才能高，是小人，坚决不用；第四种人，品德低、才能也低，是愚人，若在小人和愚人中择一，只好用愚人。

英国哲学家培根说过：金钱是品德的行李，是走向美德的一大障碍；因财富之于品德，正如军队与辎重一样，没有它不行，有了它又妨碍前进，有时甚至因为照顾它反而丧失了胜利。假酒、假烟、假药、假奶粉之类的假冒伪劣产品和做假账、说假话之类的弄虚作假，苏丹红、瘦肉精、地沟油事件等，不断拷问着国人的职业道德。恪守职业道德，重提职业道德建设，不是提多了，而是提少了。维也纳古典乐派代表人贝多芬开出的药方值得我们思考：把"德性"教给你们的孩子：使人幸福的是德性而非金钱，这是我的经验之谈；在患难中支持我的是道德，使我不曾自杀的，除了艺术以外也是道德。

【行思探理】

不损人利己，不见利忘义，办事公道，讲究公德，是职场基本操守，越过了这一操守就是逾越了职场底线，不仅违背道德，甚至可能违反法律。

◆ 恪守职业道德

职业道德状况是社会风气的晴雨表，行风的好坏，不仅反映着本行业的自身形象和整体素质，而且对社会风气的改善产生巨大的影响。一个行业赖以生存和发展的基础应是规范的基本职业道德的遵守。企业"信誉"靠质量、工期和服务态度，靠员工良好的职业道德。不少年轻人刚工作时充满理想和激情，但在利益面前经不住诱惑，故而变质，这对自己的职业发展非常不利，行业口碑一旦被自己弄砸了，就会被淘汰出局。职场中，只要恪守职业道德准则，在哪里干都可以做一番事业。

◆ 坚守职业道德底线

德国著名哲学家康德说，有两样东西，我思索的回数愈多，时间愈久，它们充溢我以愈见刻刻常新、刻刻常增的惊异和严肃之感，那便是我头上的星空和心中的道德律。职业就是对服务和工作的对象负责，坚守职业道德底线就是不犯自己职业领域不该犯的错误。一名合格的职业人，不仅要具备与职业地位相符的专业技能，还要具备与职业地位相关的职业道德准则。中国当代著名学者周国平对德和才进行了准确的分析：有德无才者，其善多为小善，谓之平庸；无德无才者，其恶多为小恶，谓之猥琐；有才有德者，其善多为大善，谓之高尚；有才无德者，其恶多为大恶，谓之邪恶。坚守职业道德底线是企业与员工成功的强大动力之一，它不仅关系着个人的名誉和形象，还与公司、企业乃至整个行业的声望和利益密切相关。

◆ 为职业道德增值

俄国著名教育家乌申斯基说，良好的习惯乃是人在其神经系统中存放的道德资本，这个资本不断地增值，而人在其整个一生中就享受着它的利息。不管从事哪项职业都必须用一定的规范即"内心立法"来自制自律，善于"慎独"，自觉地调节自己的行为。要用职业道德的力量，抑恶扬善，并以善恶、美丑、是非、正义与邪恶、诚实与虚伪等道德标准来评判自己的行为。岗位为我们提供职业发展前景，但是职业的发展又是由不同的职业片段组成的，以"做一天和尚撞一天钟"对待工作的结果就是最后没有钟可撞。在现实世界中，我们改变不了世界，但是也不能"让世界改变了你和我"。

【互动空间】

朗读：希波克拉底誓言

医神阿波罗、埃斯克雷彼斯及天地诸神作证，我——希波克拉底发誓：

我愿以自身判断力所及，遵守这一誓约。凡教给我医术的人，我应像尊敬自己的父母一样，尊敬他。作为终身尊重的对象及朋友，授给我医术的恩师一旦发生危急情况，我一定接济他。把恩师的儿女当成我希波克拉底的兄弟姐妹；如果恩师的儿女愿意从医，我一定无条件地传授，更不收取任何费用。对于我所拥有的医术，无论是能以口头表达的还是可书写的，都要传授给我的儿女，传授给恩师的儿女和发誓遵守本誓言的学生；除此三种情况外，不再传给别人。

我愿在我的判断力所及的范围内，尽我的能力，遵守为病人谋利益的道德原则，并杜绝一切堕落及害人的行为。我不得将有害的药品给予他人，也不指导他人服用有害药品，更不答应他人使用有害药物的请求。尤其不施行给妇女堕胎的手术。我志愿以纯洁与神圣的精神终身行医。因我没有治疗结石病的专长，不宜承担此项手术，有需要治疗的，我就将他介绍给治疗结石的专家。

无论到了什么地方，也无论需诊治的病人是男是女、是自由民是奴婢，对他们我一视同仁，为他们谋幸福是我唯一的目的。我要检点自己的行为举止，不做各种害人的劣行，尤其不做诱奸女病人或病人眷属的缺德事。在治病过程中，凡我所见所闻，不论与行医业务有否直接关系，凡我认为要保密的事项坚决不予泄露。

我遵守以上誓言，目的在于让医神阿波罗、埃斯克雷彼斯及天地诸神赐给我生命与医术上的无上光荣；一旦我违背了自己的誓言，请求天地诸神给我最严厉的惩罚！

——摘自豆瓣网豆瓣小组编译（中文）。

第六节 公司兴亡，我的责任

纽约最著名的纺织品公司费特曼公司将自己的企业比作一条冰海里的船，在这个公司，无论是在办公室，还是在会议室，还是生产车间的墙壁上，到处都可以看到这样一幅招贴画，画面上是一条即将撞上冰山的轮船，在画面下面写着一行十分醒目的字："只有你，才能挽救这条船。"当你选择一个公司并成为它的员工的时候，就意味着你踏上了一艘船，从此这艘船的命运就和你的命运牢牢地联系在一起。公司是船，你就是水手，让船乘风破浪，安全前行，是你不可推卸的责任。一旦遭遇风暴、暗礁等种种风险，我们无法逃避，更不能逃避，唯一的抉择是风雨同舟、共渡难关。

个人和公司是"一荣俱荣、一损俱损"的关系。优秀的公司不仅给了你优厚的待遇和展示自己的舞台，而且培养了你的自信、实现了你的价值。同样，一个失败的公司虽然给了你失败的痛苦，但也教会了你反思自己，正视挫折，重新开始。或许我们个人改变不了公司的命运，但是，由个人聚成的群体一定可以让公司发展壮大起来。公司的发展对我们每个人都有利，与公司共命运是我们任何时候都应该作出的正确选择。所以，不管你身处何职，都要能够做到"公司兴亡，我的责任"，这种责任意识将使你永远领先于别人。

【行思探理】

◆ 公司的事——就是自己的事

任何时候，"公司的事就是我的事"都不是一句简单的口号，而是有责任感员工的自我意识。

美国塞文机器公司前董事长保罗·查莱普说过：我警告过我们公司的每一个人，假如有谁说，那不是我的错，那是其他同事的责任，如果被我听到的话，我一定会开除他，因为这么说话的人明显对我们公司没有足够的兴趣。不管是否是你的责任，只要关系到公司的利益，你都应该毫不犹豫地去维护。

热爱公司不只是一种想法，一种观念，更是一种行动。当你把公司仅仅作为谋生的场所，那不仅是对你公司的伤害，更是对你自己心灵的一种伤害。那种时刻看到的只是自己所消耗的时间能得到多少金钱的补偿，而从来没有想过自己为公司作出了多少贡献，那么工作就只是一种负担而不是一种责任。这样的人在生活中总见不到阳光，却充满了焦躁、厌倦、懒惰，成功只能是他们梦中的一种专利。

◆ 公司的命运——就是你的命运

美国海军优秀士兵价值准则规定：把我所服务的组织视为"这是我们的船。"现在新型的经济组织，老总和员工的关系，实际上就是包括劳动者、建设者之间的一种融洽的关系，一种共荣的关系；企业就像在一个大海中航行的船，舵手、船长和船员之间是生死与共的关系，老总和员工是一个利益共同体。一个公司的成功不仅意味着老总个人的成功，同时也意味着每个员工的成功。老总和员工的关系应该是"唇齿相依、荣辱与共"。

每个员工都应该明白这样的道理，只有公司成功了，你才能够成功。公司和你的关系就是："一荣俱荣，一损俱损。"只有认识到这一点，你才能在工作中赢得老板的赏识和尊重。

◆ **忠诚于你的公司——就是忠诚于自己**

忠诚就是对公司永不背叛。在市场竞争日趋激烈的今天，商业秘密对一个企业来说至关重要。法律和职业道德要求，作为公司的每一名员工，对公司要永不背叛，永远忠诚于你的公司。不为个人利益所驱使，不损害公司的合法权益，不泄露、不出卖公司商业秘密，在各种商业活动中，做到信守自重。背叛公司，无异于背叛自己，就永远也不会得到人们的信任和尊重。忠诚于你的公司，就是忠诚于你自己，就是忠诚于你自己的未来。

【互动空间】

身体模仿秀

规则：
1. 主持人事先准备好纸条，上面分别写上1~9的数字；
2. 主持人请5~6位参与者上场，并通过抽签决定表演顺序；
3. 主持人按照抽签顺序，让每个表演者用身体将自己抽取的数字表现出来；
4. 现场观众投票选出最佳表演者。

第三章 团队：滴水入海方能永恒

第一节 团队合作的力量

团结就是力量。

元末明初杰出的军事家、政治家及文学家刘基说，万夫一力，天下无敌。

中国共产党、中国人民解放军和中华人民共和国的主要缔造者和领袖毛泽东："团结一致，同心同德，任何强大的敌人，任何困难的环境，都会向我们投降。"

被誉为"美国学术和教育之父"的诺亚·韦伯斯特认为：人们在一起可以作出单独一个人所不能作出的事业；智慧、双手、力量结合在一起，几乎是万能的。

看过中央电视台《动物世界》的人都知道：在非洲大草原上，如果见到羚羊在奔逃，那一定是狮子来了；如果见到狮子在逃避，那一定是象群发怒了；如果见到狮群和大象集体迁移逃命的情景，那就是蚂蚁军团来了！蚂蚁是何等渺小微弱，但是团结起来的蚂蚁军团竟然让兽中之王退避三舍，可见团结的力量是多么强大！动物界弱肉强食的竞争法则告诉我们，个体的弱小没有关系，只要能够团结起来、精诚合作，就能够形成强大的合力，战胜一切困难！动物尚且如此，更何况我们人类呢？中国古代谚语中有很多关于团队合作的力量的表述："三个臭皮匠，顶个诸葛亮""人心齐，泰山移""事成于和睦，力生于团结""凝聚产生力量，团结诞生希望""篝火能把严寒驱散，团结能把困难赶跑"……我们从中可以得知一个浅显的道理，即团队合作的力量将成为制胜的法宝。

【行思探理】

1994 年，斯蒂芬·罗宾斯首次提出了"团队"的概念：为了实现某一目标而由相互协作的个体所组成的正式群体。一个人如果没有团队精神将难成大事，一个企业如果没有团队精神将成为一盘散沙，只有发扬团队精神，才能创造辉煌。

◆ 企业目标的实现需要团队合作

建设一支有凝聚力的卓越团队，已是现代企业生存和发展的一个基本条件。其实公司就是一个大团队，其中又包括若干个小团队，如果公司的每一个员工都乐于互相支持、彼此帮助、共同成长，那么这个公司的整体凝聚力和竞争力就会大大增强。在企业中每一个员工都被视为大家庭的一分子，每个员工都能够发表自己独特的观点，但是，又强调员工之间要像在一个家庭中生活一样互相配合、协调。公司的每一位员工由于受到了充分的尊重，所以才华得到了充分的发挥。最后,公司得到了员工们同等的回报——积极工作并对公司忠诚,企业才能实现目标,获得巨大的、可持续的事业成功。

◆ 制度创新需要团队合作

谈及团队精神,我们往往只认识到团队精神所体现凝聚力对企业制度、企业文化的影响力,然而在全球知识经济和中国加入WTO直接融入国际市场的背景下,我们尤其要认识到团队精神对企业制度创新的巨大意义。人是各种资源中唯一具有能动性的,企业的发展必须合理配置人、财、物,而调动人的积极性和创造性是资源配置的核心,团队精神就是将人的智慧、力量、经验等资源进行合理的调动,使之产生最大的规模效益,用经济学的公式表述即为:$1+1>2$模式。

◆ 谋求发展需要团队合作

据科学研究发现,雁阵飞行的速度是单只大雁飞行的1.71倍,团队协作的力量远远超出任何一只大雁单飞的极限。每个人都有自己的长处,同时也有自己的短处,取人之长,补己之短,才能共同发展,取得最大的效益。时代的列车行驶到21世纪,世界舞台上少了战场上的硝烟,多了商场上的竞争,这是一个追求个人价值实现的时代,更是一个追求个人价值实现与团队绩效双赢的时代。团队合作的力量远远大于个人能力之和,只有团结合作,才能使个人和组织达到双赢。

【互动空间】

五人绑腿跑活动

"五人绑腿跑"活动是一项集智力、体力、协作精神于一体的团队活动;这项比赛就是参赛者五人并排,相邻队员的两腿(具体地说是踝部)用布条捆绑起来,站在起跑线后,然后用最短时间通过规定距离者为胜。

规则:

1. 每队5人,人员顺序不限,距离30米。

2. 发令前,每队按横排立于起点线后,分别将相邻队员的左右腿绑在一起。所有队员以站立方式起跑,同时走向或跑向终点,以最后一名队员后脚通过终点线为计时终止。

3. 行进中所有相邻队员两腿自始至终要用绑腿绳绑在一起,如遇脱落,需要在原地重新系好后才可以继续进行,否则成绩无效。如有途中队员摔倒,待整理好后可继续行进。

4. 用时少者名次列前。

第二节 积极融入团队

高尔基曾经说过,一个人如果单靠自己,如果置身于集体的关系之外,置身于任何团结民众的伟大思想的范围之外,就会变成怠惰的、保守的、与生活发展相敌对的人。

俄国作家列夫·托尔斯泰说,个人离开社会不可能得到幸福,正如植物离开土地而被扔到荒漠不可能生存一样。

雷锋说，一滴水只有放进大海里才永远不会干涸，一个人只有当他把自己和集体事业融合在一起的时候才能最有力量。

美国著名的管理大师彼得圣吉说，不管你个人多么强大，你的成就多么辉煌，你只有保持与他人之间的合作关系，这一切才会有现实意义。

著名心理学家荣格有个公式：1 + We = Fully I（我 + 我们 = 完整的我）。这个公式的意思就是，一个人只有把自己融入到集体中，才能最大限度地实现个人价值，完善自己的人生。

在现如今充满挑战的商业社会里，人们很容易陷入个人思想的旋涡中。然而，单干的时代已经过去，没有一个单一的公司或个人能够拥有他所需要的全部资源并完成所有的事情。成功青睐与那些懂得如何将人们团结起来的人，团队合作早已成为一种艺术。没有人能依靠一己之力获得某项事业的成功，唯有依靠团队的力量，依靠他人的智慧，才能使自己立于不败之地。"有志者事竟成"，这句话千真万确，但"众人拾柴火焰高"也同样在理，它将使你更容易达成目标。无论从公司的发展还是从个人的发展角度考虑，团队合作都是必需的，只有融入团队，养成良好的合作习惯，才能更好地完善自己、发展自己。

【行思探理】

每一个员工的成绩都是在团队的共同合作中创建的，离开了团队就好像鱼儿离开了大海。企业的成败，关键是团队的力量，因此在完成任何一项重要工作或任务前，都应摒弃争功透过的想法，与团队的合作伙伴共同分享荣耀、承担责任，真正使每一个成员参与到团队工作中，风险共担、利益共享、相互配合，完成团队工作目标。

◆ 热爱自己的团队

如果想融入团队，并在事业上有所发展，必须时刻做到这一点——热爱自己的团队。热爱团队不只是一种想法、一种观念，更是一种行动。如果你讨厌你的公司，或者仅仅把公司当作你谋生的场所，那是不会取得好的业绩的。其实，除了在家，每个人在公司的时间是最多的，所以应该像爱自己的家一样热爱公司，努力为公司多做一些，不放过任何参与公司管理的机会，努力培养自己的主人翁意识，一切从全局出发，使整个团队更有活力。

◆ 建立团队归属感

归属感可以让你对团队产生各种积极的情感。这些积极的情感将会在你的职场生涯中产生巨大的威力：它让你的工作卓有成效，让你能和善地对待周围的人，让你进入到快乐的工作状态。归属感的形成是一个由浅入深、渐进互动的过程，从对团队的认知到对团队的认可，最后到对团队精神的认同。通过与团队成员的积极沟通，促进与团队成员彼此之间思维的碰撞、感情的升华。归属感形成后，不仅能进一步加深对企业的认同，还能形成自我约束并产生强烈的责任感，体现为个体的主人翁精神，并充分自觉地发挥个体主观能动性，最终为团队创造出巨大的价值。

◆ 与团队荣辱与共

　　一个人要实现自己的理想，体现自己人生价值，除了树立科学的人生观和世界观，更需要为之奋斗和奉献。在奋斗的过程中，人不可以脱离社会而孤立存在。一滴水很快就会干枯，它只有投入大海的怀抱，才能永久的存在。同样的道理，个体只有和团队结为一体，才能获得无穷的力量。在一个团队中，任何一位成员的利益都是和团队捆绑在一起的，帮助团队就是强大自己。与团队共荣辱，首先要清楚地认识到自己和群体的目标，把团队目标作为自己个人目标的载体，逐渐培养全局意识，自觉地通过实现团队目标的方式实现自己的目标；其次要善于与他人相处，相互尊重。"金无足赤，人无完人"，在一个团队中，每个人的阅历、性格、知识、能力等各不相同，只有加深彼此的了解，在相互尊重中增进团结，才能更好地融入团队，与团队荣辱与共。

【互动空间】

你是否有团队精神

1. 你和你的同学关系怎样？
   A. 大都关系很好。B. 大都关系不好。C. 介于两者之间。
2. 如果你摸索出了一种提高学习效率的方法，你会与你的同学们分享吗？
   A. 会。B. 只会与个别关系好的同学分享。
   C. 会与大部分人分享，关系特别不好的不会。
3. 在会议上，你会踊跃发言吗？
   A. 会。B. 不会。C. 对熟悉的议题会，否则不会。
4. 你遇到难题时，通常会怎么做？
   A. 靠自己解决。B. 找朋友商量。C. 万不得已时才找朋友帮忙。
5. 如果你的朋友和你恶作剧（开玩笑），你会怎么做？
   A. 和大家一起大笑。
   B. 根据自己当时的情绪和精神状态，可能会笑，也可能会恼。
   C. 感到愤怒，并表现出自己的不满。
6. 一辆公共汽车出了故障，需要车上的乘客下来推车才能重新发动。如果你恰巧乘坐这辆车，你会和众人一起用力推车吗？
   A. 肯定用尽全力。B. 表示一下"推"的意思就行了。C. 如果人很多，就不用尽全力。
7. 当你看到自己的舍友或同学为一些琐事而发生争吵时，你会怎么做？
   A. 予以劝解。B. 任由事态发展。C. 视情况而定。
8. 在学校组织的游玩活动中，你会有怎样的感觉？
   A. 感觉和大伙儿在一起才够热闹。
   B. 视心情、视环境而定。
   C. 一个人遛单，并感到孤独。
9. 你有没有在背后说过同学们的坏话？
   A. 偶尔。B. 没有。C. 有，特别是那些人品不好的。

10. 尽管有的同学一向与你意见不合，但你仍然主动团结他们。你是这样的吗？
   A. 不一定。B. 不是。C. 是的。

评分方法：

题号	分 值		
	A	B	C
1	5	1	3
2	5	1	3
3	5	1	3
4	1	5	3
5	5	3	1
6	5	1	3
7	5	1	3
8	5	3	1
9	3	5	1
10	3	1	5

结果分析：

39~50分：你具有很强的团队精神，做事很有大局观，协作意识强，能够担当重任。

19~38分：你的团队精神一般，尚需加强。

10~18分：你是一个团队意识很差的人，在很多事情上只顾个人安危，头脑里没有"团队"的概念，不能够很好地与他人协作共事。

第三节 让我们一起成长

著名作家巴金说，每个人应该遵守生之法则，把个人的命运联系在民族的命运上，将个人的生存放在群体的生存里。

共产主义革命导师马克思说，只有在集体中，个人才能获得全面发展其才能的手段，也就是说，只有在集体中才可能有个人自由。

《礼记》有云："独学而无友，则孤陋而寡闻"。没有人能依靠一己之力获得某项事业的成功，唯有依靠团队的力量，依靠他人的智慧，才能使自己立于不败之地。分享工作中的失败与成功的经验，把个人独立思考的成果转化为团队共有的成果，在分享中，可以同时以群体智慧来解决个别的问题，以群体智慧来探讨工作、学习、生活上遇到的困难和问题，这样既培养了团队成员之间相互协作的精神，又促进了大家共同的学习和进步。

心理学家罗杰斯认为，每一个人都生活在一个以自我为中心而又不时变动的经验世界里。一个人只有保持对自己的经验开放，不断跟其他人进行碰撞，他的自我才会变得无限丰富。在当今社会里完成任何一个稍具规模的任务，都需要和众多的人员、资源打交道，这时，秉性各异、资源不同的伙伴正好能形成优势互补，带领彼此走得更快、更远。奥巴马说："每个人都发挥自己所长，就会形成一个无坚不摧的团体。当然，在这个过程中，不要忘记取别人的长补自己的短。"在一个团队中，成员之间相互坦诚、相互学习、取长补短，就能共同成长、共同进步，筑起共同的新高度。

【行思探理】

在我们人生的大道上，会遇到许许多多的困难。团结协作可以让大家一起成长！

◆ 真诚待人

在团队中，真诚的态度是团队成员之间沟通、交往的最坚实的桥梁。有谁愿意跟虚情假意、笑里藏刀的人交往呢？表面的现象只能蒙蔽一时，虚伪的面纱终将剥落。大仲马说，一两重的真诚，等于一吨重的聪明。人与人之间的合作，真诚非常重要，不诚实、虚情假意换不来对方真诚的回应。我们应该把合作看成是互相帮助，而不是互相利用。作为一个团队的战友，荣辱与共，休戚相关，在团队合作完成任务的过程中，成员之间坦诚相见，同心同德，全心投入，才能共同克服困难，取得胜利，同时也使自己获得成长。

◆ 善于求助

几乎所有人都认为独立完成工作会让人觉得更有能力。事实上在这个日益提倡团队精神和资源共享的时代，求助于其他团队成员，是有些问题最便捷的解决方式，不寻求同事的帮助其实是种资源浪费。很多时候，我们知道谁可以帮助我们，可是却羞于开口。因为我们觉得求人似乎是可耻的事情，证明了自己不够强大。其实，偶尔向别人寻求帮助，是一种明智的选择，因为这表明你能清晰地分辨自己能掌控和不能掌控的事情，并且懂得事先进行合理安排。学会适时地向别人求助还能扩大自己的社会交往，当你愿意放下架子，承认自己的不足时，别人会乐于给你帮助，你也会在其中学到你所不擅长的东西，取得进步。

◆ 乐于分享

要想拥有一个通力合作的团队，实现团队成员的一起成长，分享是必不可少的。团队中的每一个人都要学会与大家分享自己的经验、教训、信息、心得……在这个信息时代，每一个成功者的辉煌背后都凝聚着一个精诚合作的团队。无论在竞争激烈的生意场上，还是在紧张忙碌的办公室里，我们的工作和生活都越来越多地倚重于每个参与者的经验分享与智慧贡献。信息时代使任何一项工作的专业度和复杂度都极大地提升，一个人单纯依靠自己所拥有的有限知识已难以取得成功，唯有与周围人群建立交流、分享和协作的伙伴关系，才能达到成功的彼岸。一个乐于分享的人也一定能够得到别人的帮助和经验的传授，在一个团队中，大家相互依赖、相互支持才能实现目标最大化。

【互动空间】

你是一个善于合作的人吗？

1. 与人初次会面，经过一番交谈，你能否对他（她）的举止谈吐、知识能力等方面作出积极、准确的评价？

A. 能。B. 很难说。C. 我想可以。

2. 你和别人告别时，下次相会的时间地点是：

A. 对方提出。B. 谁也没有提这事。C. 我提议的。

3. 当你第一次见到某个人，你的表情是：

A. 热情诚恳、自然大方。B. 大大咧咧、漫不经心。C. 紧张局促、羞怯不安。

4. 你是否在寒暄之后很快就能找到双方共同兴趣的话题？

A. 是的，对此我很敏感。B. 我觉得很难。C. 必须经过较长一段时间才能找到。

5. 你与人谈话时的坐姿通常是：

A. 两膝靠拢。B. 两腿岔开。C. 翘起"二郎腿"。

6. 你同他（她）谈话时，眼睛：

A. 直视对方眼睛。B. 看着其他东西或人。

C. 盯着自己的纽扣，不停地玩弄。

7. 你选择的交谈话题是：

A. 两人都喜欢的。B. 对方所感兴趣的。C. 自己所热衷的。

8. 通过第一次交谈，你们分别占用的时间是：

A. 差不多。B. 他多我少。C. 我多于他。

9. 会面时你的说话音量总是：

A. 很低，以致别人听的困难。B. 柔和而低沉。C. 声音高亢热情。

10. 你说话时的姿态是：

A. 偶尔做些手势。B. 从不指手画脚。C. 我常用姿态补充语言表达。

11. 你讲话的速度：

A. 频率相当高。B. 十分缓慢。C. 节律适中。

12. 假如别人谈了你兴趣索然的话题，你将：

A. 打断别人，另起话题。B. 闲得沉闷、忍耐。C. 仍然认真听，从中寻找乐趣。

评分方法：

题号	分 值		
	A	B	C
1	3	4	5
2	3	4	5
3	5	4	3

续表

题号	分值 A	B	C
4	5	4	3
5	5	4	3
6	5	4	3
7	4	5	3
8	4	5	3
9	3	4	5
10	3	4	5
11	3	4	5
12	3	4	5

结果分析：

36~41分：合作能力较差。也许你感到吃惊，因为很可能你只是依着自己的习惯行事而已。在与人交往的过程中，你的不经心或缺乏体贴，无形中却为他人作出关于你的错误的勾勒。必须记住合作的前提是互相认可，只有让对方感受到你的诚意，别人才愿意与你合作。

42~47分：合作能力一般。你的表现中存在着某些令人愉快的成分，但同时又偶有不够精彩之处；这使得别人不会对你印象恶劣，却也不会产生很强的吸引力。如果你希望提高自己的合作能力，首先必须心理上重视，努力在"交锋"的第一回合显示出最佳态度。

48~60分：善于合作。你适度、温和、合作，给第一次见到你的人留下了深刻的印象。无论对方是你工作范围抑或私人生活中的接触者，无疑他们都有与你进一步接触的愿望。

第四节 树立大局意识，关注整体利益

党的十八届六中全会强调，全党必须牢固树立政治意识、大局意识、核心意识、看齐意识。大局意识就是自觉从大局看问题，把工作放到大局中去思考、定位、摆布。大局意识不仅是一种政治素养，也是一种职业素养，是为人处世的气度，是团队精神的体现。

在一个团体中，个人利益、部分利益与整体利益交杂，当个人利益、部分利益与整体利益冲突时，拥有团队精神、大局意识的人会在关键时刻选择"为了大我，牺牲小我"。在这一点上，蚂蚁最令我们敬佩。在野火烧起的时候，为了逃生，蚂蚁迅速聚拢，抱成一团，然后像滚雪球一样飞速滚动，逃离火海。最外层的蚂蚁用自己的躯体为同伴开拓求生之路，自己却葬身火海。在洪水暴虐的时候，蚂蚁迅速抱成团，随波漂流。蚁球靠岸了，岸边的水中留下了一团英勇牺牲者。什么是团队精神？团队精神就是一群人所共有的一种价值取向和心理状态。强调团队作战，而不是单打独斗或个人英雄主义，所有个人的行为都要让位或服

从、服务于团队整体的利益。蚂蚁"为了大我，牺牲小我"的无畏精神令人感动。大局意识能让我们心往一处想、劲往一处使，有了这种精神，蚍蜉就可以撼树，螳臂就能够当车！

【行思探理】

◆ 摒弃自私

自私自利的人只会顾及自身利益、局部利益，这样的人因为心胸狭隘，目光短浅，所以永远无法真正与他人合作，也永远无法融入团队。他们或为利益相争，或为荣誉互斗。袁绍集团本可以在攻克洛阳之后，一举歼灭董卓，可是因为私心，强大的联盟很快就因为一个传国玉玺而土崩瓦解。自私自利、目光短浅与团队精神背道而驰，是团队合作的大忌。无论是组建团队的核心人物，还是团队中的普通一员，只有树立大局意识，共同关注整体利益才能确保团队的发展壮大。

◆ 坦荡为人

利益共享、风险共担是团队的生存法则。要确保团队中每一个成员都能自觉谨守这一法则，就需要每一个成员都具有坦荡磊落、豁达大度的高贵品质。高尚的道德、开朗的胸襟才能促进合作。心怀叵测、口蜜腹剑、心胸狭隘的小人之间只会有利益的纷争；即使因一时之需建立了合作关系，也是各自打着小算盘，有利往前冲，无利不起早，这样的团队就是一盘散沙，多半要散伙的；即使侥幸取得了成功，也定会在利益划分中撕破脸皮、丑态毕现。

◆ 帮助别人就是帮助自己

在团队中，自己与他人是一个利益共同体、生命共同体。马与驴子的寓言故事告诉我们，在团队中，帮助别人就是帮助自己。在一个团队中，有各自的分工，有能力强者，也有相对弱者，彼此之间唯有相互帮助，共同合作，各自才能更好地生存！不然只能像那匹不愿意帮驴子分担货物的马一样，最后不仅要驮着主人，还背上所有的货物和驴子皮，趔趔趄趄前行，追悔不已。

【互动空间】

你能为公司做什么？

请思考并回答下列问题：
1. 你热爱自己的公司吗？
2. 你勇于承担责任吗？
3. 你能认真做好本职工作吗？
4. 你善于维护公司的形象吗？
5. 你忠诚于公司吗？
6. 你会自动自发去工作吗？
7. 你能每天多做一点点吗？

第五节　善于与他人合作

哲学家叔本华说，单个的人是软弱无力的，就像漂流的鲁滨孙一样，只有同别人在一起，他才能完成许多事业。

苏联作家奥斯特洛夫斯基说，不管一个人多么有才能，但是集体常常比他更聪明和更有力。

美国科学家泽林斯基说，如果你一个人工作，即使你有非凡的能力，你也不能在科学上作出巨大的发现，而你的同事将始终是你的思想的扩音器和放大器，正如你自己——集体中的一员——也是别人的思想的扩音器和放大器一样。

山火来时，没有利齿却有强壮的四肢的蛩蛩把前腿如鼠、后腿如兔的蟨蹶负于背上，共同逃难。为了生存而取长补短是生存的法则，也是我们获取成功的不二法门。李白有诗云："大鹏一日同风起，扶摇直上九万里。"大鹏之所以能"扶摇直上九万里"，是因为借助风力的缘故。现代社会分工越来越细，企业的经营也越来越复杂。日本知名企业家松下幸之助说："经营企业，是许多环节的共同运作，差一个念头，就决定整个失败。"一个人光靠自己是很难获得成长、取得成功的，要善于和他人协作，取长补短，资源共享。协作可以加长你的手臂，放大你的资源。在工作中，同事之间相互协作配合，这本身就是个相互学习、提高的过程，如果你善于合作，取人之长，补己之短，你的能力将会不断提高。那么，你也将会作出更了不起的业绩，脱颖而出，获得上司的赏识。

【行思探理】

杰克·韦尔奇曾说过这样一段话：你手上有一个苹果，我手上有一个苹果，两个苹果交换后每人还是一个苹果。如果你有一种能力，我有一种能力，两种能力交换后就不再是一种能力了。成功青睐于那些懂得如何将人们团结起来，利用创造性和多样化思维创造奇迹的人。

◆ 懂得谦虚

谦虚的人，是懂得收敛锋芒，懂得把鲜花和掌声让给别人的人。王阳明说，今人病痛，大抵只是傲。千罪百恶，皆从傲上来。自以为是，锋芒毕露不仅会妨碍个人才能的最大限度发挥，还会招来妒忌和排斥。人真正的谦虚不是表面的恭敬，外貌的卑逊，而是发自内心的谦和。自我克制，明进退，虚心接受别人批评，自反自省。谦虚做人，谦虚处事，能有效地避免来自各方面的不满和嫉妒，赢得别人的尊敬。遇到问题时，别人也会愿意助你一臂之力，助你成功。

◆ 学会尊重

在团队中，不仅要尊重能力比自己高的人，尊重与自己见解一致的人，还要学会尊重比自己能力低的人，尊重与自己见解不同的人。这样做，并不是纯粹从团结的角度出发。就算是那些比自己能力低的人也总有值得自己学习和借鉴的地方，至于与自己见解不同的，就更应该予以重视。越是意见不同，越能扩展自己的视野，拓宽自己的思路，往往会得到意想不到的有益启发。尊重他人，注意向他人学习，发挥他人的优势，别人也会投桃报李，在你需要的时候给你帮助，助你提高。

◆ 追求双赢

为自己着想不忘他人利益，谋求两全其美之策，这种关系自然令人满意，乐于合作。追求双赢可使双方互相学习、互相影响及共谋其利。要达到互利双赢的境界必须具备足够的勇气及与人为善的胸襟，要有积极主动的精神。有勇气表达自己的感情和信念，又能体谅他人的感受与想法；有勇气追求利润，也顾及他人的利益。在前进的道路上，搬开别人脚下的绊脚石，有时恰恰是在为自己铺路。

【互动空间】

赞美别人的方法

每一个人身上都有值得学习的闪光点，寻找和发现身边人的闪光点，并给予真诚赞美，能让你迅速与之建立和谐的人际关系，为你在工作中获得协助奠定基础。下面来了解几种常见的赞美方法。

1. 直言夸奖法。直言表白自己对他人的羡慕，这是人们用得最多的方法。老朋友见面说："啊！你今天精神真好啊！"年轻的妻子边帮丈夫打领带边说："你今天看上去气色好多了。"一句平常的体贴话，一句出自内心的由衷赞美，会让人一天精神愉悦，信心倍增。

2. 肯定赞美法。人人都有渴望赞美的心理需求，在特定的场合更是如此。例如，在报上发表了文章，成功地完成了论文，苦心钻研多年的项目通过了鉴定等，对这些，人们都希望得到别人的肯定。这时，不失时机给予真诚的赞美会使被赞美者高兴万分。

张海迪曾应日本友人之邀，赴日本参加特意为她举行的演讲音乐会。在台上，她第一次用自学的日语做了自我介绍，并唱了几首她自己创作的歌。讲完之后，她是多么希望得到别人的赞许、鼓励和褒扬啊！这时，日本著名作家和翻译家秋山先生，上台来紧紧抱住她，说："讲得太好了，我们全都听懂了！"这简短的赞扬深深地打动了她，使她对自己有了一个清楚的认识，增强了自信心。

3. 意外赞美法。出乎意料的赞美，会令人惊喜。因为赞美的内容出乎对方意料，会大大引起对方的好感。卡耐基在《人性的弱点》一书中写了一个他曾经历过的故事。

一天，卡耐基去邮局寄挂号信，办事员服务质量很差，很不耐烦。当卡耐基把信件递给他称重时，说："真希望我也有你这样美丽的头发。"闻听此言，办事员惊讶地看了看卡耐基，接着脸上露出微笑，服务变得热情多了。

4. 反向赞美法。指责与挑剔，每个人都难以接受。把指责变成赞美是难以想象的，能真正做到更是不易。但世界著名企业家洛克菲勒做到了。

一次，公司职员艾德华·贝佛处置工作失当，在南非做错一宗买卖，损失了 100 万美元。洛克菲勒知道后并没有指责贝佛，他认为事情已经发生了，指责又有何用。于是找了些他可以称赞的事，恭贺贝佛幸而保全了他所投金额的60%。贝佛感动万分，从此更努力地为公司效力。

5. 目标赞美法。赞美别人时，为他树立一个目标，往往能让他坚定信念，为这一目标而奋斗。

足球教练文斯·伦巴迪是一位富有传奇色彩的人物。在训练队伍时，他发现一个叫杰里·克雷默的小伙子思维敏捷，球路较多，他非常看好这个小伙子。一天，他轻轻地拍了拍杰里·克雷默的肩膀说："有一天，你会成为国家足球队的最佳后卫。"克雷默后来真的成了足球队主力。他后来回忆说："伦巴迪鼓励我的那句话对我的一生产生了巨大影响。"

第六节　十年修得同船渡

革命导师马克思说，我们知道个人是微弱的，但是我们也知道整体就是力量。

孙中山说，本互助博爱之精神，谋团体永久之巩固。

著名教育家谢觉哉说，活着，为的是替整体做点事，滴水是有沾润作用，但滴水必加入河海，才能成为波涛。

当你加入一个公司，你就与公司建立一种不可分割的链接——你登上了一艘航船，你的命运将与这艘航船紧紧联系在一起。俗话说，十年才能修得同船渡。身为公司的一员，我们应该珍惜同行的这段路程，珍惜来之不易的相聚，携手并进，不论是在乘风破浪的顺利坦途，还是在雷电交加的逆行时刻。马克·吐温告诫我们：让我们珍惜拥有的，用眼睛好好看世界，用生命努力创造这世界。市场经济变化莫测，公司发展必然面临各种挑战，身为公司的员工，我们不仅要能在公司运转顺利时全身心投入，更要在公司出现危机时团结协作，这样才能顺利抵达彼岸。

【行思探理】

企业和员工是一个利益共同体、风险共同体、命运共同体，企业的成长，要依靠员工的成长来实现；员工的成长，又要依靠企业这个平台。企业兴，员工兴；企业衰，员工衰。

◆ **以企业利益为重**

作为一名员工，应该清楚地认识到，公司利益是实现个人利益的基础，公司利益与员工利益紧密相连、相辅相成。在工作中，要知道公司利益是最关键的，公司能否实现持续发展，直接关系到员工利益能否实现，只有公司的利益得到了保障，个人利益才有可能得到相应的保障，只有公司发展了，个人才有发展。因此，员工需要以公司利益为重，当自己的个人利益与公司利益相冲突的时候，甚至要以牺牲个人利益来维护公司的利益。精明能干的员工固然是好员工，但再有能力的员工，不以公司利益为重仍然不能算是一名优秀的员工。

◆ 与企业一起成长

在当今的职场上,很多企业把"让员工和公司一起成长"作为自己在竞争中赢得优势的重要手段。员工是企业的未来,公司的成长需要所有的员工都和公司朝着同一个方向迈进。当员工在为企业贡献才智的同时,自己也汲取了力量获得了成长。当所有员工都同心协力地为公司的事业奋斗拼搏时,公司的成长就会势如破竹、激流勇进,与此同时每一位员工也都实现了自身的价值。

◆ 与企业共渡难关

和公司同舟共济,意味着你不但可以和老板分享成功的喜悦,更主要的是要在困难时,能够替老板分忧。当公司面临种种艰难的考验时,身为其中的一员,也都在接受各种不同的考验,能够在危机时刻与公司并肩奋斗,与公司携手共进,这样你的思想素质,你的业务水平都会得到很大的提高。在公司面临困难的时候,你的付出会得到更大的回报,在今后的发展中,你将成为公司不可或缺的一员。

【互动空间】

与公司风雨同舟

与公司风雨同舟是职场自古不变的黄金原则,也是员工的神圣职责。作为职场人士,应该认识到以下几点。

- 公司的命运就是自己的命运。公司与员工的命运有着千丝万缕的联系,公司的发展不仅有利于老板,也有利于自己。那些从破产的公司里出来的求职者总是很难受到别人的欢迎,而优秀公司的职员却常常成为猎头的对象。
- 与公司同舟共济。公司是船,你就是水手,让船乘风破浪,安全前行,是你不可推卸的责任。公司的命运就是你的命运,你时刻代表着公司的形象,是公司的主人。
- 无论遇到什么,都不能后退。公司遇到危机就辞职不干的人,是很难获得成功的。越是困难的时候,越可以考验一个人的道德观和价值观。一个能够时刻与公司共命运的人才能获得长远的发展,假如你与公司同生死、共命运,公司会给你最大的回报。

第四章 严谨：慎易以避难，敬细以远大

第一节 严谨不是科学家的专利

行谨则能坚其志，言谨则能崇其德。——宋·胡宏《胡子知言·文王》

人之持身立事，常成于慎，而败于纵。——明·方孝孺

一事不谨，即贻四海之忧；一念不慎，即贻百年之患。——清·玄烨

谨慎比其余任何智能使用得更频繁。——［英］塞·约翰逊

没有谨慎的态度，智慧再多也无济于事。——德国谚语

谨慎纯粹是一种心的质性，它是凭感觉而不是凭理智进行的，它所能达到的限度是相应地更广阔、更崇高的，使它能够觉察和避免根本不存在的任何危险。——［美］马克·吐温

……

古今中外，无数的箴言名句都在告诫我们要养成严谨的态度。法国杰出的雕塑家罗丹晚年时曾为大文豪巴尔扎克塑像。为了做到惟妙惟肖，得其精髓，他仔细阅读了巴翁的著作，收集到许多照片，甚至跑遍了巴黎的衣店，只为获得巴翁的身形数据。历经七年的精雕细作，这座震惊世界的雕像终于问世，并流传千古，成为艺术天幕中最璀璨的明星之一。罗丹正是顺着严谨精细的阶梯，终于一步步走入成功的殿堂。生活中，有时片刻的疏漏则可能将轻视严谨的人打入无底深渊。正所谓细节决定成败，失之毫厘谬以千里，丢掉了严谨，你就会功败垂成，抱憾终身。

【行思探理】

◆ **细节的力量**

古英格兰有一首民谣：少了一枚蹄钉，掉了一只马掌；掉了一只马掌，丢了一匹战马；丢了一匹战马，败了一场战役；败了一场战役，丢了一个国家。因为一颗蹄钉没有钉好，最终导致了一个国家的灭亡。由此可见，细节的力量。细节差之毫厘，结果就会谬之千里。2000年10月10日，美国"发现者"号还有几小时就要发射升空了，可是工作人员在对它进行例行检查时，突然发现一枚别针掉进了"发现者"号主体与它的燃料水槽之间。为了防止事故的发生，美国国家宇航局决定推迟"发现者"号的发射日期。试想，如果没有发射前的仔细检查，后果将会怎样？又试想，如果不是工作人员不谨慎，别针又怎会掉进去呢？一个错误的数据，可以导致整个报告成为一堆废纸；一个标点的错误，可以使几个通宵

的心血白费；一个烟头的失误，可以导致一生的努力付诸东流，一生的命运彻底改变。这就是细节的重要，这就是细节的力量。

◆ 像蜜蜂那样严谨工作

蜂巢是世界上最精致完美的艺术品，可是你可曾知道每一个精致完美的蜂巢都是由数以万计的蜜蜂在认真严谨的态度下完成的。严谨认真是必备的职业素养。任何一项工作都是由一个一个环节、一点一滴的细节构成，需要从事者处处留意，时时留心，时刻保持高度的警觉。如果企业每一个员工都能像蜜蜂那样严谨工作，那么最终就能合力筑成完美的"蜂巢"。"泰山不拒细壤，故能成其高；江河不择细流，故能成其深。"只有严谨细致的工作态度，才能成就辉煌的事业。

◆ 持之以恒，形成习惯

这个世界上，细节无处不在，它微小而细致，存在于每天的生活中，存在于每个人的身上。它从来不会叱咤风云，也不会立竿见影地改变某些东西，但细节的作用，却如春风化雨润物无声。细节的东西，大家都能做到，就看你愿不愿意去做和愿不愿意坚持去做，当你做每一件事情都能够严谨细致，一丝不苟，就像鲁迅先生校对他的书籍那样，"决不苟且，决不马虎放过，决不肯有半点放松"，慢慢地、无形中严谨也就成了你的习惯。

【互动空间】

怎样做一个严谨的人？

严谨不是心理上的问题，而是行为习惯上的问题。做一个做事严谨的人，要注意以下几点：

第一，在做任何事之前，一定要制订一个计划，并且这个计划要尽量考虑到一些细节问题，多想几个方案，多做几手准备。

第二，要克服困难，持之以恒。在做事的过程中，肯定会出来一些意想不到的东西，遇到一些困难。当这些情况发生时，决不能气馁，要靠顽强的意志，想方设法把困难解决，不能半途而废。

第三，有意识地训练自己随机应变的能力。在很多情况下，事情并不像人们所期望的那样，这时，我们就必须学会随着情况的改变而调整自己的计划，这样才能把事情办好。

注意到了以上几点，慢慢地你就可以成为一个做事严谨的人了。

第二节　专注你的工作

专注才能更专业。

专注是对于专业精益求精的追求。

正是由于专注，才成就了托马斯·爱迪生这个美国历史上最伟大的发明家。

正是由于专注，才诞生了沃尔特·迪士尼这位享誉世界的动画片之父。

第四章 严谨：慎易以避难，敬细以远大

正是由于专注，才让大家认识了美国灵魂乐教父詹姆斯·布朗。

美国著名半导体公司得州仪器公司的口号是：拥有两个以上的目标就等于没有目标。

阿里巴巴创始人马云这样描述通向梦想的路：在通往财富梦想的道路上，最有效的策略是专注，全身心地投资，并坚持到最后的胜利。成大事之人不在于力量之大小，而在于是否专注，专注的程度有多少。年幼的董仲舒经常一整天在屋内学习，背诵诗作，丝毫不受花园里同龄人的嬉笑声的影响，高度的专注最终造就了一代儒学大师！学习如此，工作亦是如此。只有养成专注工作的好习惯，工作才会变得更有效率，你也更能乐于工作，而且更容易取得成功。

【行思探理】

做事是否专注已成为衡量一个人职业品质的标准之一。在工作中能够做到专注，全身心地投入，是务实、敬业最基本、最实在的体现。

◆ 像老板一样专注

作为一个一流的员工，不要只是停留在"为了工作而工作、单纯为了赚钱而工作"层面上，而应该站在老板的立场上，用老板的标准来要求自己。德国大众汽车公司认为："没有人能够想当然地'保有'一份好工作，而要靠自己的责任感去争取一份好工作。"显然，那些具有强烈责任感的员工才能在职场中具备更强的竞争力，像老板那样去专注工作，才能实现自己的职场梦想与远大抱负。

◆ 迅速适应环境

在就业形势越来越严峻、竞争越来越激烈的当今社会，不能够迅速去适应环境已经成了个人素质中的一块短板，这也是无法顺利工作的一种表现。压力是工作中的一种常态，对待压力，不可回避，要以积极的态度去疏导、去化解，并将压力转化为自己前进的动力。人们最出色的工作往往是在高压的情况下作出的，思想上的压力，甚至肉体上的痛苦都可能成为取得巨大成就的兴奋剂。只要你学会迅速适应环境，专注地对待工作，就能化解压力，获得成功。

◆ 明确目标专注过程

坚定而明确的目标是专注工作的一个重要原则。每一份富有成效的工作，都需要明确的目标去指引。缺乏明确目标的人，其工作必将庸庸碌碌。

时间对每一个职场人士都是公平的，要想在职场中具备不凡的竞争能力，应该先将自己培养成一个时间管理高手，全身心投入工作，你将一次比一次稳健，你将一次比一次优秀。

【互动空间】

舒尔特方格

舒尔特方格是在一张方形卡片上画上 1 厘米 × 1 厘米的 25 个方格，格子内任意填写上

阿拉伯数字 1~25。训练时，要求被测者用手指按 1~25 的顺序依次指出其位置，同时诵读出声，施测者一旁记录所用时间。数完 25 个数字所用时间越短，注意力水平越高。

舒尔特表的原理：通过动态的练习锻炼视神经末梢。可以用来培养注意力集中、分配、控制能力，拓展视幅，加快视频，提高视觉的稳定性、辨别力、定向搜索能力。

每表按字符顺序，迅速找全所有的字符，平均 1 个字符用 1 秒钟成绩为优良，即 9 格用 9 秒、16 格用 16 秒、25 格用 25 秒。

练习方法：（1）眼睛距表 30~35 厘米，视点自然放在表的中心；（2）在所有字符全部清晰入目的前提下，按顺序找全所有字符，注意不要顾此失彼，因找一个字符而对其他字符视而不见；（3）每看完一个表，眼睛稍做休息，或闭目，或做眼保健操，不要过分疲劳；（4）练习初期不考虑记忆因素，每天看 10 个表。

为了避免反复用相同的表产生记忆，你可以自己动手制作不同难度、不同排序的舒尔特表，规格大致为边长 20 厘米的正方形，1 套制作 10 张表。刚开始，应该从 9 格开始练起。感觉熟练或比较轻松达到要求之后，再逐渐增加难度。视野较宽、注意力参数较高的读者，可以从 25 格开始练习。如果有兴趣继续提高练习的难度，还可以自己制作 36 格、49 格、64 格、81 格的表。

11	18	24	12	5
23	4	8	22	16
17	6	13	3	9
10	15	25	7	1
21	2	19	14	20

25 方格示例

第三节　细节决定成败

惠普公司前主席兼 CEO 戴维·帕卡德说，小事成就大事，细节成就完美。

海尔总裁张瑞敏说，人的每一步都会对未来产生深远的影响，细节往往是决定一个人成败的关键因素，关注细节才能成就大事；把每一件简单的事做好就是不简单，把每一件平凡的事做好就是不平凡。

不积跬步无以至千里，不积小流无以成江海。要成就一番大事业，要有所作为，要获得硕大的胜利果实，就要从我们身边的小事做起，把一个个小的胜利果实聚集起来，才能获得更大的胜利果实。如果不注重细节的积累，想一蹴而就，那实在是白日做梦。

海尔的崛起是因为一柄大锤，它砸碎的不仅仅是一台台次品，而是一个个不端正的心。

麦当劳的作业手册有 560 页，其中对如何烤一个牛肉饼就写了 20 多页，一个牛肉饼烤出 20 分钟内没有卖出就扔掉。

在如今的手机市场上，苹果大行其道的背后，有一个人不得不引起我们的注意，他就是苹果公司前 CEO——乔布斯。有人曾评价乔布斯：他是一个注重细节，追求极致完美的疯子。但正是他对细节的注重，对完美的追求，才有了苹果公司商业上的奇迹，铸就了他"苹果教父"的美誉。

【行思探理】

做事就好比烧开水，99℃就是99℃，如果不再持续加温，是永远不能成为滚烫的开水的。所以我们只有烧好每一个平凡的1℃，在细节上精益求精，才能真正达到沸腾的效果。

◆ 脚踏实地，打好基础

世界上想做大事的人很多，但愿意把小事做细的人很少。我们不缺少雄韬伟略的战略家，缺少的是精益求精的执行者；不缺少各类规章制度，缺少的是对规章制度不折不扣的执行者；不缺少天马行空的创意，缺少的是愿意将创意变成现实的行动者。因此，我们提倡行动，更提倡在行动的基础上注重细节。"泰山不让土壤，故能成其大；河海不择细流，故能就其深"。在通往成功的路上，没有什么是小事，细节一经全局审视，往往会凸显它的关键地位，就像"一发"对人来说，本是微不足道，但当"牵一发而动全身"时，谁又敢说"一发"不是"全身"？

◆ 用心做事，尽职尽责

"点石成金，滴水成河。"只有认真对待自己所做的一切事情，才能克服万难，取得成功。看不到细节，或者不把细节当回事的人，对工作缺乏认真的态度，对事情只能是敷衍了事。倾注全部热情对待每件小事，不去计较它是多么的"微不足道"，你就会发现，原来每天平凡的生活竟是如此的充实而又美好。以积极主动的心态对待你的工作，你就会充满活力与创造性地完成工作，你就会成为一个值得信赖的人、一个领导乐于雇用的人、一个拥有自己事业的人。

◆ 相信自己，正视开端

长江实业集团有限公司董事局主席李嘉诚曾经说过："一切伟大的行动和思想，都有一个微不足道的开始。"没有做不到的事，只有不肯做的人。困难不会是成功的障碍，只有你自己，才可能是一个最大的绊脚石。如果一味地追求过高远的目标，丧失了眼前可以成功的机会，就会成为高远目标的牺牲品。"罗马不是一天建成的"，脚踏实地，做好基础工作，一步一个脚印才能走上成功之路。

【互动空间】

细节关注能力测试

测试导语：在这个讲求精细化的时代，细节往往反映你的专业水准，突出你内在的素质。"细节决定成败"，可见细节的重要性，那么，你是个注重细节的人吗？做完下面的题目就知道了,请选择合适的答案。

1. 你总是觉得公司的制度有很多的缺陷?
   A. 是。B. 否。
2. 当你进入别人的办公室时,与你办公室的不同之处你能很容易发现吗?
   A. 是。B. 否。
3. 你会去研究同行作品中有些看起来很无所谓的部分吗?
   A. 是。B. 否。
4. 你经常为使作品更完美,而造成未按时完成任务?
   A. 是。B. 否。
5. 你爱好艺术吗?
   A. 是。B. 否。
6. 与人交谈时,除了听之外,你还会注意别的吗?如领带的颜色?
   A. 是。B. 否。
7. 你会研究别人说出的话与其心理是否一致吗?
   A. 是。B. 否。
8. 你会反复检查你的工作吗?
   A. 是。B. 否。
9. 你是否为了掌握事物的变化规律而花掉大量的时间?
   A. 是。B. 否。
10. 为了一件事,你会想出三种甚至更多的解决方法吗?
    A. 是。B. 否。

评析方法:
选择 A 得 2 分,选择 B 不得分。然后将各题所得的分数相加。

结果分析:

16~20 分。是个注重细节的人,一丝不苟地做事是你的特点,细节观察能力很强,很适合做一个艺术家。需要提醒的是切忌为了完美而忘记一切,有时要讲究效率。

8~15 分。是个较注重细节的人,只是有时不太认真,往往因情绪不稳定而忽略细节。

7 分以下。你根本不注重细节,做什么都粗枝大叶,敷衍了事,给别人一种不负责任的印象。你要加强注重细节的训练,否则,很少有人会把工作交给你。

第四节　养成良好的工作习惯

近代唯物主义哲学家、思想家和科学家弗朗西斯·培根说,习惯真是一种顽强而巨大的力量,它可以主宰人的一生。

现代西方经济学最有影响的经济学家之一约翰·梅纳德·凯恩斯说,习惯形成性格,性格决定命运。

欧洲文艺复兴时期人文主义文学的集大成者威廉·莎士比亚说,不良的习惯会随时阻碍你走向成名、获利和享乐的路上去。

第四章 严谨：慎易以避难，敬细以远大

美国散文作家、思想家、诗人爱默生说，习惯不是最好的仆人，便是最坏的主人。可见，习惯有好有坏。"播种一个行动，你会收获一个习惯；播种一个习惯，你会收获一个个性；播种一个个性，你会收获一个命运。"好的习惯不仅能促使一个人成功，而且能改变一个人的命运。坏的习惯会导致一个人的失败，甚至会给他带来厄运。好的习惯可以使你受用一生，而坏的习惯足以让你痛苦一世。好习惯养成得越多，驾驭自己的能力就越强。坏习惯养成得越多，则越容易使自己放纵。"起先是我们造成习惯，后来是习惯造成我们。"在工作中，也如同在生活中一样，从一开始就要养成良好的工作习惯：认真、细致、严谨、负责。

【行思探理】

一个人一天的行为中，大约只有5%是属于非习惯性的，而剩下的95%的行为都是习惯性的，即便是打破常规的创新，最终可以演变成为习惯性的创新。换言之，良好的习惯可以大大地提高我们生活和工作的效率。坏习惯则会像铁索一样紧紧地束缚住你，只有通过痛苦地、仔细地、精心地反复从事正确的行为，并用无比坚定的意志力来控制才能加以纠正不良习惯。

◆ 良好工作习惯"八宜"

一宜积极思维。面对具体的工作和任务时，要善于运用大脑，发现问题，剖析并解决。二宜高效工作。要想成功，就一定要养成高效率的工作习惯。三宜敬业乐业。英特尔总裁葛洛夫认为"只有偏执狂才能生存"，一个不敬业的人很难在他所从事的工作中作出成绩。四宜谦虚自制。谦虚不仅是一种美德，更是一种人生的智慧。同样，任何一个成功者都有着非凡的自制力。五宜注重细节。对细节给予必要的重视是一个人有无敬业精神和责任感的表现，若能从细节中发现新的思路，开辟新的领域，更能表现出一个人的创新意识和创新能力。六宜开拓创新。如果你满足于现状，你就丧失了发展的能力。七宜终生学习。面临日新月异的知识经济时代，不管是作为企业的员工还是个人来说，都应该有着"活到老、学到老"的习惯。八宜经营健康。不会管理自己身体的人亦无资格管理他人，不会经营自己健康的人就不会经营自己的事业。

◆ 良好工作习惯"八忌"

一忌经常迟到。迟到传达出的信息：你是一个只考虑自己、缺乏合作精神的人。二忌拖延苟且。拖延与苟且会使你丧失掉主动的进取心。三忌傲慢无礼。任何人都不会容忍别人瞧不起自己，傲慢无礼的人难以交到朋友。四忌出尔反尔。无法兑现承诺的人难以担当重任。五忌传播流言。世上没有不透风的墙，你今天传播的流言，早晚会被当事人知道。所以，流言止于智者。六忌求全责备。当工作中出现问题时，应该协助去解决，而不应该一味求全责备。七忌怨天尤人。一个想要成功的人在遇到挫折时，应该冷静地对待自己所面临的问题，分析失败的原因，进而找到解决问题的突破口。八忌随波逐流。没有主见的人是不会成功的。

资料来源：根据曹新芳博客整理，http://cxf660515.blog.163.com/blog/static/1285695292010217588630。

【互动空间】

一切从实践中来

　　大家都知道：一个人要走向成功的条件有许多，其中有一点就是要养成好的习惯。为什么我们很多人在工作的时候总是抱怨无聊？就是因为没有养成良好的工作习惯。古人云：天下大事，必作于细。在工作中的许多行为常常是习惯使然，习惯看似微不足道，却是一个人思想与行为的真正领导者。良好的工作习惯能极大地提高工作效率，而坏的工作习惯则常常拖后腿，成为工作中的障碍。该工作的时候不工作，一到单位，就打开电脑，但不是工作，而是浏览花边新闻，或是和网友聊天。而一旦你养成了良好的工作习惯，你的工作就会开展得很顺利，你的效率也会大大提高，更重要的是你的心情将会非常愉快。拥有一个愉快的心情，你就不会总是向你的朋友抱怨工作不快乐了。

　　对照"八宜"和"八忌"，你做到了吗？

第五节　将每件事情做到极致

　　将小小的汉堡做到世界各国的人都爱吃，是McDonald和KFC。
　　将一瓶汽水卖到世界各地去，是Coca-Cola和Pepsi。
　　将英语培训班做到美国纽约证券交易所上市企业，是新东方。
　　易中天教授对《三国演义》研究了20年，结果写出《品三国》，发行了200万册。
　　世界上没有不劳而获的东西，要想成功，就必须经过不懈的努力。
　　成功需要将每件事情做到极致。
　　美国发明家、企业家、苹果公司联合创办人史蒂夫·乔布斯曾经说过，人生可做的事不多，所以每件事都要做到极致。带着这样的追求，乔布斯把苹果推上了一个又一个顶峰，创造着一个又一个的神话，它早已成了时尚的代名词，它早已引领了消费电子的潮流，2010年市值甚至一度超过微软，成为世界上最大的科技公司。
　　只要始终保持爱岗敬业的工作态度，干一行爱一行，持之以恒地把每件事情做到极致，我们一定能在自己的岗位上发光发热，作出应有的贡献。短短6年，胡筱从一名大学毕业生成长为国企高级工程设计师，她用自己的亲身经历告诉我们，成长和成功需要我们持之以恒地把每件事情做到极致。

【行思探理】

　　所谓极致，就是一件工作结果被交付时，无限接近了性价比最高的那个点。一切伟大的事情往往就孕育在简单之中。所以，只要我们善于把简单的事情做到极致，成功永远都会在你的面前向你微笑。

第四章 严谨：慎易以避难，敬细以远大

◆ 把简单的事情做到极致，是一种态度和心境

事情有简单和复杂、具体和抽象、浅显和深奥之分。如果以简单的态度和心境来看待某些问题，这些问题就会随之简单，如果用复杂的态度和心境来对待事物，那么你所面对的事物往往也变得复杂起来，甚至会变得一筹莫展。如果把简单的问题做到极致，那么在你的眼里就没有复杂问题，一切便会游刃有余。把简单的事情做到极致，从态度和心境上来说，就是看待事物要从表层到深入，从现象到本质，从具体到抽象，化深奥为明了，化模糊为清晰，化困难为条件。任何事情只有把握方向和思路，运用正确的方法和途径，付诸努力和辛勤，才会获得理想的效果，享受酣畅的快乐。

◆ 把简单的事情做到极致，是一种能力和方法

它不是一句口号，要求人们做任何事情，都要立足于现实，立足于点滴，立足于身边，从我做起，从身边做起，从现实环境做起，从一切可以做的事情做起。这种能力和方法，涵盖自我挑战的气概，是一种大无畏的精神，一种面对现实、理清思路、身体力行、走向成功的勇气，同时也是包含着遗憾和缺憾甚至归宿为失败的境地。体育竞技中的举重、跳高诸多项目，都有运动员的临界点、制高点，他们每一次对临界点的突破，必然包含无数次的失败，一次次的失败，构筑着新的临界点，成就着人生自我挑战、自我突破的亮丽的风景线。

◆ 把简单的事情做到极致，有蓦然回首的惊喜

这里的追求和惊喜，也是一个层次的转化和递进。当刚刚走上工作岗位的时候，就有"独上高楼，望尽天涯路"的茫然与无助，接着便是"衣带渐宽终不悔，为伊消得人憔悴"的执着，但当我们全身心投入到为之奋斗的事业中，理出自己工作实践的特色和长处，建立属于自己的一套体系，从而形成自己的风格，此时就会有一种"蓦然回首，那人却在灯火阑珊处"的欣慰。人生富有诗意的过程，也是化平凡为神奇、化简单为极致的过程，人生的壮丽也在于把毕生的精力奉献给为之奋斗的事业。

【互动空间】

你有"极致"意识吗？

为什么同一家公司的同事，工作能力和学历相差不多，有的人却能渐渐脱颖而出，成为领导眼中的好员工和"办公室的明星"？

有调查表明，把事情做到极致是这些脱颖而出者的最主要特质之一。这种特质来自他们内心的自我驱动——不是把每个任务当工作，而是把每个任务当机会，通过每一次的机会来锤炼和提升自己的能力。这种特质的表现，就是他们能在开始动手之前先想一想，用什么方法可以做得更快、更好。在完成工作的时候，不急着收工，而是再审视一遍——还能不能让结果再有点滴的提升？哲学上有"从量变到质变"的说法，工作也一样，每次高出的这么一小步，既是对自己能力的提升，也是个人品牌的一次累积，到最后将汇聚成为超越他人的一大步。

1. 始终具有精品意识。成功的人绝对不会以平庸的表现自满,而且他们不管做什么事情,必然都会全力以赴、追求完美。所以,在觉得工作索然无味的时候,在觉得无所突破的时候,你就该问问自己,还能不能做得更好?你会发现,总有再提升的空间。

2. 养成重视细节的习惯。细节是最能看出一个人是否有追求极致精神的地方。因此,不要忽视细节,在每个细节上都比别人做得好,综合起来你完成的就是一个卓尔不群、比别人好很多的东西。就像水一样,99℃是水,加1℃就成了气。

3. 扼杀得过且过的心理。把一件事情做到极致,就要把一件事情做到最好,做到独一无二,做到人无我有、人有我优。不要抱怨资源太少,不要抱怨条件不够,要问问自己:我们把一件事情做到极致了吗?做到极致,就是成功。

第六节　机会更垂青脚踏实地的人

英国军事理论家托·富勒说,一个明智的人总是抓住机遇,把它变成美好的未来。

美国机能主义心理学派创始人之一威廉·詹姆斯说,不管你知道多少金玉良言,不管你具备多好的条件,在机会降临时,你若不具体的运用,就不会有进步;自己有好的构想,而不贡献出来,人生就不会改善。

美国钢铁大王安德鲁·卡内基说过,机会是自己努力造成的,任何人都有机会,只是有些人善于创造机会罢了。

机遇,很神秘,很神奇。对于有着智慧大脑和敏锐眼睛的人,机遇总是存在,无时无刻都有;而对于只是等待着它的人,它却总是迟迟不肯露面。

事实上,机遇对每一个人都是公平的,每个人的一生都会和若干机遇不期而遇,有些人能够及时发现机遇并及时用有力的双手牢牢地把握住它,铸造了夺目的人生辉煌;有些人发现了机遇却由于实力不济、准备不足,眼睁睁看着机遇溜走;还有些人,当机遇扑面而来的时候,缺乏智慧的眼光,浑然不知机遇已悄然和自己擦肩而过。在我们今天这样一个充满了机遇的时代,每一个机遇都是一笔巨大的财富,就看我们能不能抓住它。我们要细心地发现机会,不要轻视那些看来是不起眼的普通机会,要努力将它变成成功。

【行思探理】

在漫漫的人生旅途中,一个人从未与机遇碰过面,那几乎是不可能的。但是,你若不能及时地抓住它,它就会转瞬即逝。如果你抓住了机遇,就可以把稍纵即逝的机遇变成美好灿烂的未来。

◆ **能否善于抓住机遇,是一个人成功与否的重要条件**

机遇往往是偶然的,稍纵即逝。因此,要抓住机遇,就必须有一个精明的头脑,详细地研究,细心地观察,捕捉机会。世界酒店大王希尔顿,早年追随掘金热潮到丹麦掘金,他没有别人幸运,没有掘出一块金子,当他失望地准备回家时,他发现了一个珍贵的商机——由于无数冒险家的涌入,锡斯科小镇的旅馆人满为患,而"莫布利"酒店的老板因经营不善正打算出售酒店，希尔顿当机立断，买下了酒店。当别人都忙于掘金之时，他已经成了有钱人。机会往往隐藏在琐碎小事里，从最基本的小事做起，打好坚实的基础，才会有机会受到机遇的垂青。不能脚踏实地把身边的事情做好，再大的人生理想都只能是空中楼阁。

◆ 机遇不会从天而降，获得的机遇与个人的努力和实力密切相关

每一次机遇的来临，对于奋斗者来说，都是一次严峻的挑战。它不仅需要你有扎实的专业功底和知识储备，更需要你在看到机遇时，果断勇敢地去抓住它。许多人之所以让机遇白白溜走，就是因为在紧要关头，他们没有勇气或能力去抓住机遇。恰恰由于思维、实力等的充分准备，才会给自己创造一个个的机遇。当苹果落地的时候，一般人是不会去思考其中奥秘的，牛顿的头脑有准备，抓住了，发现了万有引力。在黑暗中看见物质闪光的不仅居里夫人一人，但居里夫人抓住了，发现了镭。处于人生关键时期的大学生，更应该刻苦努力地钻研，尽可能多地掌握知识和才能。这样，当真正走上社会，面对就业竞争以及事业挑战，就会发现、创造和把握住一个又一个机遇，实现一个又一个的成功。

◆ 机遇往往和困难与风险相伴，勇于挑战风险和克服困难的人更容易抓住机遇

因为不怕风险和困难，我们能够发现掩藏在风险和困难之下的机遇；因为勇敢和毅力，我们可以在前进的道路上征服所遇到的每一个挑战，在遭遇风浪时绝不畏缩。也只有这样，我们才能够把握住每一个可能的机会。甚至，有的时候我们见到的表面只是失败、困难、风险，却不知机遇恰恰就在这层可怕的外衣下隐藏着。有数字为证，很能说明问题。国内网络行业的高级管理和技术人才，平均年龄是 34.5 岁，这中间，硕士以上学位的占到 90% 以上。这样的例子在今天还有很多，他们抓住机遇的关键，就是实力。

【互动空间】

抓住机遇的"秘诀"

20 世纪最伟大的心灵导师和成功学大师戴尔·卡耐基认为："我们多数人的毛病是，当机会朝我们冲奔而来时，我们兀自闭着眼睛，很少人能够去追寻自己的机会，甚至在绊倒时，还不能见着它。"在现实生活中，如何才能准确地把握时机，抓住机遇呢？

1. 增强意识决心。要有随时迎接机遇到来的信心，准确把握住机遇的意识和决心。实践反复证明，机遇是可遇而不可求的。生活中到处存在着机遇，只要你留心它，就会发现机遇，抓住机遇。然而当机遇发现你并不准备接待它的时候，它就会从你的眼皮底下滑过。

2. 做好行动准备。要坚持不懈地努力学习和工作，积累经验和增强实力，以便当机遇来临的时候能够及时发现和把握住机遇。所谓"一分耕耘一分收获"，不愿付出艰巨的劳动，机遇即使来到你身边，也会擦肩而过。

3. 讲究方法策略。一个优秀的足球运动员在球场上激烈争夺中，能巧妙地将球踢入球门，不仅仅靠他的勇猛和技术水平，还要靠选定的最佳角度，准确把握战机。踢球如此，搞事业也是这样。哪次机遇最佳、能发挥自己的优势、成功的把握最大，就选择哪次，这样方能事半功倍，避免无效劳动。

4. 善于抓住机遇。每一次机遇的到来，对于任何人来说，都是一次严峻的考验。它不仅需要我们有坚实的功底和知识储备，更需要我们在看到机遇的时候，能拿出拼搏和应战的勇气来。翻开人类奋斗的史册，我们可以看到，有的人因为抓住机遇而"柳暗花明又一村"，正摘取着成功的桂冠；也有的人因为与机遇擦肩而过，还在"山穷水尽疑无路"，甚至为错过机会而抱憾终生。所以说抓住机遇也是一种能力，它会帮助你在人生道路上，苦苦跋涉时来一次转折性的飞跃，让你绽放成功的微笑。

第五章　态度：提升做事效率的航标

第一节　态度改变人生

英国政治家皮尔说，成功是一种态度。

美国心理学家吉格斯说，态度决定成败，无论情况好坏，都要抱着积极的态度，莫让沮丧取代热心；生命可以价值极高，也可以一无是处，随你怎么去选择。

古罗马哲学家西尼加认为，差不多任何一种处境——无论是好是坏——都受到我们对待处境的态度的影响。

美国作家塞得利缪尔说，世界如一面镜子：皱眉视之，它也皱眉看你；笑着对它，它也笑着看你。

社会心理学认为，个人的态度对他的行为具有指导性的或动力性的影响。为什么态度如此重要？著名的心理学家马斯洛论述了态度与人生的关系：心态若改变，态度跟着改变；态度改变，习惯跟着改变；习惯改变，性格跟着改变；性格改变，人生就跟着改变。可见，良好的态度可以改变人生，而面对人生采取什么样的态度是由每一个人自己去选择的。弗兰克说，我可以拿走人的任何东西，但有一样东西不行，这就是在特定环境下选择自己的生活态度的自由。积极的态度虽然不能改变你的出身，却能帮你超越出身的局限。通过积极的学习开阔你的眼界，改善你的技能，能够有效提升你的个人生活水平和职业生涯。

【行思探理】

态度影响我们所做的每一件事，当你面对艰难的挑战时，要努力保持积极的态度。记住，你经历的挫败，可以转化为更大的机遇。要洞悉态度的力量，通过与自己天赋能力的对弈，保持人生比赛的正常进行，避免被淘汰出局。

◆ **积极行动带来积极心态**

许多人总是等到自己有了一种积极的感受再去付诸行动，这些人在本末倒置。积极行动会导致积极思维，而积极思维会导致积极的人生心态。心态是紧跟行动的，如果一个人从一种消极的心态开始，等待着感觉把自己带向行动，那他就永远成不了他想做的积极心态者。所以，要想有积极心态，言行举止要像你希望成为的人，行动起来，才能有心态的转变。

◆ **持续保持积极心态**

美国亿万富翁、工业家卡耐基说过，一个对自己的内心有完全支配能力的人，对他自己有权获得的任何其他东西也会有支配能力。当我们开始运用积极的心态并把自己看成成功者时，我们就开始成功了。谁想收获成功的人生，谁就要当个好农民。我们决不能仅仅播下几粒积极乐观的种子，然后指望不劳而获，我们必须不断给这些种子浇水，给幼苗培土施肥。要是疏忽这些，消极心态的野草就会丛生，夺去土壤的养分，直至庄稼枯死。积极心态要持续保持，才能避免消极心态的滋生。

◆ **用美好的感觉、信心与目标去影响别人**

随着你的行动与心态日渐积极，你就会慢慢获得一种美满人生的感觉，信心日增，人生中的目标感也越来越强烈。紧接着，别人会被你吸引，因为人们总是喜欢跟积极乐观者在一起。运用别人的这种积极响应来发展积极的关系，同时帮助别人获得这种积极态度。

【互动空间】

如何改善态度

大多数人的态度不能一直都是100%的积极或消极，即使是最积极的人也有情绪的低谷，即使是最消极的人也有阳光灿烂的时候。改善态度并无必要作出180度的大转弯。你可以通过运动来锻炼强健的体魄，那需要付出辛苦和努力；你也可以通过心智方面的锻炼来培养积极的态度，这同样需要付出辛苦和努力。你做好改善态度的准备了吗？让我们看一下你必须学着去做的四件事情。

1. 专心应对压力。感受到的压力越小，就越有精力去锻炼积极思考的力量。尽管消除生活中的所有压力是一件不可能达成的目标，但你仍然可以通过更为平衡的生活来提升自己的活力水平。如果你的工作充满压力，要设法去平衡工作与休闲的时间。有些人的休闲时间可能用来读书或看电视，另一些人则可能做针线活、修指甲、钓鱼、盖小木屋，或者慢跑10英里。唯一重要的是，要选择真正让你放松和快乐的事情。

2. 认清自己的负面、消极想法。我永远无法完成这项计划；我做得还不够好，因此无法要求晋升。一旦有这种悲观的想法冒出来，就要马上用下列事实来反驳：时间有限，我需要复印整理材料，如果我开口求助的话，珍妮会帮助我。如果进度落后，而我们又需要更多的帮助，我可以找琼斯先生……他们要求有5年的管理经验，而我只有3年半，不过，我的学历和电脑知识超出他们的要求。我将会成功！不要松懈对负面想法的反击，你越是用事实和理性与其作战，就越能汇聚起积极的力量。你最好让这个过程变成自然而然的习惯。

3. 把你的感受告诉支持者。将感受闷在心里只会更加痛苦，你也可能会离群索居。许多研究显示，离群索居严重危害身体健康。如果你想申请某个职位，但又摆脱不了自我怀疑，最好去找一个可以依赖的朋友分担心事。来自朋友的鼓励与支持，会给你带来抵抗消极想法的支援力量。

4. 采取行动解决问题。如果你因与同事冲突而深感压力重重，那么，请直面现实，处理问题："我知道，我们对如何完成计划有不同意见，不过，你愿意和我一起解决这个问题吗？"如果某个朋友的言行伤害了你的感情，你也要告诉他。

资料来源：摘自［美］哈瑞尔. 态度决定一切［M］. 李胜利，译. 北京：中华工商联出版社，2012.

第二节　对工作要尽全力，比别人更用心

奥地利精神医学家维克多·弗兰克认为：每个人都被生命询问，而他只有用自己的生命才能回答此问题；只有以"负责"来答复生命。因此，"能够负责"是人类存在最重要的本质。

美国前总统林肯说，每一个人都应该有这样的信心：人所能负的责任，我必能负；人所不能负的责任，我亦能负。如此，你才能磨炼自己，求得更高的知识而进入更高的境界。

几乎所有的成功人士都是这样的人：具有高度的责任心，工作态度表里如一，做事情比别人更用心，一丝不苟，尽职尽责。

中国近代启蒙思想家梁启超曾说，凡是我应该做的事，而且力量能够做到的，我对于这件事便有了责任，凡属于我自己打主意要做的一件事，便是现在的自己和将来的自己立了一种契约，便是自己对于自己加一层责任。其实，责任心就是把自己的事做好的心。做任何事情首先就要考虑自己该负的责任，从责任的角度入手，对自己将要从事的工作有一个清醒的认识，只有这样，才能找到自己一切努力的意义所在、快乐所在，才能充满热情地投入到这份工作中去，才能不畏艰险，竭尽全力，顽强地面对各种困难，积极地尝试解决问题。

【行思探理】

责任能够让一个人具有最佳的精神状态，精力旺盛地投入工作，并将自己的潜能发挥到极致。对工作有强烈的责任心，做事才能用心尽全力，才能更好地体现自己在工作和生命中的价值。

◆ 工作就是一种责任

美国前教育部部长威廉·贝内特曾说，工作是需要我们用生命去做的事。对于工作，我们又怎能去懈怠它、轻视它、践踏它呢？我们需要尽职尽责地去把它们做好。对于一名公司的员工来说，责任就是自己所负使命的忠诚和坚守，责任就是对自己工作出色的完成，责任就是做好公司赋予你的任何有意义的事情。工作就是一种责任，任何时候你都不能放弃自己肩上的责任。不管从事什么工作，你都需要尽职尽责。工作中，如果每个人都充满责任感，就能够排除万难，甚至可能把"不可能完成"的任务完成得相当出色。

◆ 主动负责，全心投入

每个人都应当时常问自己："我还能承担什么责任？"而非因循守旧地重复着没有挑战性的工作。多考虑一下，除了做好手中的工作外，自己还能为企业做些什么，就算每天多做一点点，工作也会得到改观，整个计划也会得到促进。一个人担负的责任越大，其付出也就会越多。唯有具备了责任感，才能愿意承担更大的责任，付出更多的时间和精力。主动承担

起自己的责任，并以自己所承担的重任为荣，对工作尽全力，比别人更用心，才能成为企业的顶梁柱，才能获得更大的成功。

◆ 把责任化为动力

有的人面对工作中的具体责任，会感到强大的压力，心理上无法承受，因为害怕犯错误而选择唯唯诺诺、逃避责任。其实，懒惰、逃避、沉溺在不负责任的所谓"舒适感"中，就会导致你的思想区域僵化，走向保守，使你看不到办法，只看到困难。责任的意义，绝不是让你活得很累，内心充满沉重的负担，思想中充满了焦虑，不能稍做喘息。相反，责任使你健康向上，使你有一个阳光的心态，把你潜藏已久的力量激活，让你看到原来自己有这么强大。把责任转化为动力，就能让你的大脑处于积极的状态，你就不难打开思路，拓宽眼界，增强工作的预见性和主动性，前进路上的一切问题就会迎刃而解。

【互动空间】

你做事用心吗？

1. 你是否信守这样的诺言——"值得做的事就做得好"？
  A. 是的。B. 不能确定。C. 不是。
2. 你是否喜欢顺其自然地生活？
  A. 是的。B. 不能确定。C. 不是。
3. 你是否经常把事情留到非做不可的时候才做？
  A. 是的。B. 不能确定。C. 不是。
4. 你是否很难做那种需要持续集中注意力的工作？
  A. 是的。B. 不能确定。C. 不是。
5. 你是否常常丢三落四？
  A. 是的。B. 不能确定。C. 不是。
6. 如果你说出来要做某事，你是否从不食言，尽管做此事可能很困难？
  A. 是的。B. 不能确定。C. 不是。
7. 在工作中你是否有时草率粗心？
  A. 是的。B. 不能确定。C. 不是。
8. 你是否总是奉行这样的准则："劳于先而后享乐？"
  A. 是的。B. 不能确定。C. 不是。
9. 你在做事时，外面的嘈杂之声是否会影响你？
  A. 是的。B. 不能确定。C. 不是。
10. 一般来讲，你对未来不大关心吗？
  A. 是的。B. 不能确定。C. 不是。

评分方法：

题号	分 值		
	A	B	C
1	0	1	3
2	0	1	3
3	0	1	3
4	0	1	3
5	0	1	3
6	3	1	0
7	0	1	3
8	3	1	0
9	3	1	0
10	0	1	3

结果分析：

15 分以上：认真谨慎，稳重可行，做事用心，值得依赖。

15 分以下：平时随随便便，漫不经心，不拘礼仪，做事粗心，多少缺乏社会责任感。

第三节 爱岗敬业，天道酬勤

从戴圣在《礼记·学记》中提出"一年视离经辨志，三年视敬业乐群"，到社会主义核心价值观将"敬业"作为个人层面的价值准则，"敬业"一直被视为最重要的职业素养，也是走向成功的第一步。

工作从来都不只是求生的工具，一个富有智慧的人应该认识到工作是实现人生价值的平台。工作带给你的回报，除了薪水以外，还有尊重与成就感。德国思想家马克思·韦伯认为，有的人之所以愿意为工作献身，是因为他们有一种"天职感"，他们相信自己所从事的工作是神圣事业的一部分，即使再平凡的工作，他们也会从中获得某种人生价值，发现自己生存的意义，感受到幸福和自我满足。在我们短暂的人生中，能给我最好报答的就是工作。正如提奥多·马丁所说，工作是生命的真正的精髓所在，最忙碌的人正是最快活的人。

一个人的工作态度折射着他的人生态度，而人生态度又决定着一个人一生的成就。敬业的人总是热爱自己的工作，把工作看成自己人生的荣耀和使命，并竭尽全力把它做好。敬业的心态会促使一个人在工作时忠于职守、尽职尽责、勤勤恳恳、一丝不苟、善始善终，是每个人成就事业的重要前提。

【互动空间】

十四个很准的心理暗示

1. 相信定律。当你对某件事情抱着百分之一万的相信,它最后就会变成事实。

2. 期望定律。期望定律告诉我们,当我们怀着对某件事情非常强烈期望的时候,我们所期望的事物就会出现。

3. 情绪定律。情绪定律告诉我们,人百分之百是情绪化的。即使有人说某人很理性,其实当这个人很有"理性"地思考问题的时候,也是受到他当时情绪状态的影响,"理性地思考"本身也是一种情绪状态。所以人百分之百是情绪化的动物,而且任何时候的决定都是情绪化的决定。

4. 因果定律。任何事情的发生,都有其必然的原因,有因才有果。换句话说,当你看到任何现象的时候,你不用觉得不可理解或者奇怪,因为任何事情的发生都必有其原因。你今天的现状结果是你过去种下的因导致的。

5. 吸引定律。当你的思想专注在某一领域的时候,跟这个领域相关的人、事、物就会被你吸引而来。

6. 重复定律。任何的行为和思维,只要你不断地重复就会得到不断的加强。在你的潜意识当中,只要你能够不断地重复一些人、事、物,它们都会在潜意识里变成事实。

7. 累积定律。很多年轻人都曾梦想做一番大事业,其实天下并没有什么大事可做,有的只是小事。一件一件小事累积起来就形成了大事。任何大成就或者大灾难都是累积的结果。

8. 辐射定律。当你做一件事情的时候,影响的并不只是这件事情的本身,它还会辐射到相关的其他领域。任何事情都有辐射作用。

9. 相关定律。相关定律告诉我们:这个世界上的每一件事情之间都有一定的联系,没有一件事情是完全独立的。要解决某个难题最好从其他相关的某个地方入手,而不只是专注在一个困难点上。

10. 专精定律。专精定律告诉我们,只有专精在一个领域,这个领域才能有所发展。所以无论你做任何的行业都要把做该行业的最顶尖为目标,只有当你能够专精的时候,你所做的领域才会出类拔萃地成长。

11. 替换定律。替换定律就是说,当我们有一项不想要的记忆或者是负面的习惯,我们是无法完全去除掉,只能用一种新的记忆或新的习惯去替换他。

12. 惯性定律。任何事情只要你能够持续不断去加强它,它终究会变成一种习惯。

13. 显现定律。显现定律就是说,当我们持续寻找、追问答案的时候,它们最终都必将显现。

14. 需求定律。任何人做任何事情都是带有一种需求。尊重并满足对方的需求,别人才会尊重我们的需求。

第四节　付出才有回报

英国海军上将佩恩说,没有播种,何来收获;没有辛劳,何来成功;没有磨难,何来荣耀;没有挫折,何来辉煌。

美国前总统奥巴马说,伟大不是凭空而来的,而是赢得的;在我们的历程中,从来没有捷径和退而求其次。

美国作家霍兰顿说,天赐食于鸟,而不投食于巢。鸟儿可以通过自己的努力寻找到食物,却不能不劳而获,指望上天直接把食物放到它的巢中。对于人来说也是如此。"天下没有免费的午餐",要想获得,就需要先付出。

那些看起来很有希望成功的人,但他们最终并没有成功,原因何在?主要就是因为他们没有付出与成功相应的努力。他们希望达到辉煌的顶峰,却不愿意经历艰难的道路。他们渴望取得胜利,却不愿意作出牺牲。糊弄工作、投机取巧成了一种普遍的社会心态,而成功者的秘诀就在于他们能够摈弃这种心态。

人不可能做到自己所希望做到的一切,但却应当做到自己能够做到的一切。居里夫人说:"我们应该不虚度一生,应该能够说,我已经做了我能做的事。"凡成功皆有付出,凡付出总有回报,世事皆如此。

【行思探理】

敬业和作出业绩,说起来不容易,做得到更不容易,每个收获的背后都有动人的故事。职场上对个人评价的最高境界是:这个组织因你而改善,这个岗位因你而优异。也许你付出了不一定有回报,但有回报一定是因为你付出了。

◆ 不要期待不劳而获

有些毕业生希望一踏上社会就能找到一个条件好、工资高、轻松舒适的工作,有些人甚至幻想能不需要辛苦劳动就可以赚很多钱,所以当找到的工作没有达到自己的期望值时,就会失去工作热情,满腹抱怨。在竞争激烈的当代社会,工作机会得来不易,找一份称心如意的好工作更是难上加难。有了工作就必须要端正自己的工作态度,努力工作,去创造自身价值,用心做事,学会真正地享受做事的过程。不用付出就有收获,那样的美梦即使是在童话世界里也不可能实现。

◆ 敷衍工作就是敷衍自己

职场中是容不得半点敷衍的,作为一名员工,自己分内的事情一定要保质保量地完成。不要以为自己不负责任不会被人发现,不会对企业有什么影响,无论在什么地方,那些糊弄工作的人往往会成为裁员的"热门人选",如果你在工作中总是糊弄了事,即使侥幸占过那么一两次小便宜,但是长此以往必然害了自己。

◆ 耕耘越多，收获越多

"一分耕耘，一分收获"，事实上你想得到"一分收获"，你可能需要耕耘两分、三分，甚至更多。而你多付出的这些，换来的是经验、智慧、机会等附加值，以确保你以后的路走得更顺畅，日子过得更美好。提升自己的"性价比"，让自己的劳动成果成为老板眼中最棒的，他才会给你提供更好的发展空间。在这个空间里，你所有的努力都会成为你能力和经验的增加、个人成长的智慧。

【互动空间】

测测你的工作态度

1. 你认为自己可信吗？
   A. 是。 B. 否。
2. 你约会一般很准时吗？
   A. 是。 B. 否。
3. 你会为了将来打算储存一笔钱吗？
   A. 是。 B. 否。
4. 一旦发现自己的朋友做了违法之事，你会向警方告发吗？
   A. 是。 B. 否。
5. 你是否不乱扔垃圾在街上，而将其带回家里？
   A. 是。 B. 否。
6. 你是否经常锻炼身体，以保持健康？
   A. 是。 B. 否。
7. 你是否不愿吃一些肥肉、油炸类等对健康无益的食物？
   A. 是。 B. 否。
8. 你是否总是工作第一，娱乐第二？
   A. 是。 B. 否。
9. 你关心选举吗？
   A. 是。 B. 否。
10. 你是否会及时回复邮件？
    A. 是。 B. 否。
11. 你相信"值得做的事情便值得好好做"这样的话吗？
    A. 是。 B. 否。
12. 在身体不适的情况下，你会对约会守信吗？
    A. 是。 B. 否。
13. 你常与警方发生纠纷吗？
    A. 是。 B. 否。
14. 你在学校读书当过班长吗？
    A. 是。 B. 否。

15. 你小时候帮大人做家务吗？

A. 是。B. 否。

评分方法：

第 1～12 题和第 14～15 题，选"是"得 1 分，选"否"得 0 分；第 13 题，选"是"得 0 分，选"否"得 1 分。

结果分析：

10～15 分：你极为负责和敏感，并且细心、谦和、可信，也许还有诚实。

3～9 分：你是负责的，但在你生命的长河中，有一股较强无责任感的逆流。

0～2 分：也许你经常招致批评，难以保持职业的稳定，并且常常缺钱花。

第五节　拒绝空想，用行动说明一切

德国著名思想家、作家歌德说，只有投入，思想才能燃烧。一旦开始，完成在即。

中国美学家朱光潜说，此身应当做而且能够做的事，就此身担当起，不推诿别人；此时应当做而且能够做的事，就在此时做，不拖延到未来。

只有空想而没有行动的人，只能靠做梦来收获所得。所有的工作都离不开完美的执行，没有行动就只能是纸上谈兵。我们经常会听到这样的说法，"假如我当初也这么做了的话，肯定不比他差""假如我当年好好努力，现在已经是……"工作中没有假如，只有行动；工作中不需要假如，只需要踏实地执行。

执行力是一种保质保量完成工作任务的能力，它不仅代表着一个人的工作能力，还显示出一个人的工作态度。工作中空有想法是不够的，要想做到高效工作，就要善于把自己在工作中的想法化成现实。有很多人虽然有好的想法，但却毫无所得，其原因就在于他们在有想法的时候没有行动。拿破仑说，想得好是聪明，计划得好更聪明，做得好是最聪明又是最好。不要因为害怕出错而不敢实施计划，应用立即行动的态度去工作，"千里之行，始于足下。"任何成就都源于行动，如果你不能将计划变为实际行动，那么你就没有业绩，也没有利益。有必要做的事情，不如现在就做，要知道，你现在不做，就等于永远不做。

【行思探理】

梦想是美好的，但梦想没有行动支撑就成为空想。空想只能导致你一事无成，要拒绝空想，行动起来，养成行动大于言论的习惯，那么即使很艰难、很巨大的目标也能够实现。

◆ 心动不如行动

经常听到有人说，心想事成，其实只是"心想"是不能"事成"的，"心想"之后还要去做，去行动。"心想"是一个思考的过程，天天想，时时想，刻刻想，用心想，想透彻了，琢磨透了，关键还在于行动上付诸实践，这样才能成功，心里想的才能实现。心动不如行动，心动了更要行动，如果只把想法停留在空想阶段，不落实到具体行动中，只能是

"竹篮打水一场空""心想"而"事不成"了。如果你不想成为一个空想家，更不想一事无成，一定要记住：100次心动不如一次行动。

◆ **不要畏惧行动**

畏惧是妨碍行动的一大绊脚石，很多人也许在心中有了行动的目标，但常常前怕狼后怕虎，不敢开始行动。其实，最坏的结果，绝不会比你想象的更可怕。每当你发现自己总在回避你害怕做的事时，你可以问问自己："如果我去做了，最坏的结果是怎样的呢？"有时候，需要冲破的只是你内心的障碍。我们要有勇气去面对生活中的一切，勇于尝试，敢于创新，大胆地突破固有的束缚，不要让自己的行动败给了思维，不要让自己的想象束缚了自己的行动。不真正去做，你就不知道自己能不能成功。

◆ **行动请从今日起**

聪明的人办事总是雷厉风行，而糊涂的人却总是拖拖拉拉。无论什么事，都应该尽早去做，否则就会贻误时机。马上去做，亲自去做，是现代成功人士的做事理念。不要期待把事情留到明天，不要期待万事准备齐全再开始行动，很多时候，你若是能够立即进入工作的主题，将会惊讶地发现，如果拿浪费在一味等待"万事俱备"上的时间和精力，去处理现有的工作，往往会事半功倍。而且，许多事情你如果立即动手去做，还会感到非常快乐、有趣，加大成功的概率。所以，行动请从今日起，行动请从此时起，只有抱有立即行动的态度，才能在行动中一步一步走向成功。

【互动空间】

测一测你的行动力

你有机会去朋友开的一个农场度假几天，农场里有很多可爱的小动物，你觉得你进入农场后，以下哪种动物会最先亲近你？

A. 猫。B. 狗。C. 猴子。

结果分析：

A. 选择猫的你，有像猫的特质，性格有些懒惰，在工作上不太进取，所以行动力不足。

B. 选择狗的你，性格比较踏实认真，尽忠职守，行动力强，工作勤奋。你的实力会在你的行动中得到证明。

C. 选择猴子的你，脑子比较灵活，平时比较爱玩，心思都不在工作和学习上。行动力会受到情绪的影响，做事易冲动，工作忽冷忽热。如果在工作上愿意多花一些时间，还是可以轻松驾驭工作的。

第六节 永不轻言放弃

在通往成功的路上，总会面临各种困难和挫折，遇到重重障碍与阻力。这时候，你选择迎难而上、坚持不懈还是选择放弃就显得非常重要。

儒家学派代表人之一荀子说，锲而不舍，金石可镂。

古希腊哲学家比阿斯说，要从容地着手去做一件事，但一旦开始，就要坚持到底。

美国前总统约翰逊说，伟大的作品不是靠力量，而是靠坚持来完成的。

科学家钱学森说，不要失去信心，只要坚持不懈，就终会有成果的。

古今中外的智者和成功者已经给了我们答案——永不轻言放弃。

戏剧家萧伯纳说过，人们总是把成败归因于环境，事实上，功成名就者总是努力寻求他们需要的环境，如果找不到，他们就创造它。

有些人把选择放弃归因为环境的不许可，如果你让环境牵着鼻子走，面对困难的处境时，你就会自我否定，进而态度消极，一蹶不振。其实走进任何一家企业，你都会发现，既有对未来充满恐惧的人，也有对未来激动万分的人，事实上他们的处境完全一样。每个人都可能面临失业的困境，但有些人把它视为挫败或死胡同，有些人则把它视为机遇。你所经历的一切不会永远伴随着你。即便是再糟糕不过的环境，都可以转化为实现目标的基石。身处困境者，到底会暴露出自己最差的一面，还是会激发出自己最好的一面，都取决于我们所选择的态度。马克思说："生活就像海洋，只有意志坚强的人，才能到达彼岸。"无论遇到什么都不轻言放弃，坚持到底，就会获得成功。

【行思探理】

◆ 正确面对挫折

在职场中遭遇困难和挫折是很正常的事，升职加薪的压力对每个人来说都是一样的。切莫因一点挫折就丧失了自信，更不能因为一点困难就想要放弃。遇到挫折时，首先要给自己积极的心理暗示，经常提醒自己、暗示自己，让自己拥有一种良好的"心理环境"，重新树立起战胜困难的信心和勇气；其次要根据实际情况，设定一个新目标，把精力投入到新的工作中，打起精神，重新开始；最后要及时调整自己的心态，改变自己的状态，好的心态才会有好的状态，好的状态会给自己带来好运。

◆ 要有不屈不挠的精神

许多人被拒在成功门外，并不是成功遥不可及，而是他们不能坚信自己，因而主动放弃。职场拼搏如同马拉松比赛，最后胜利者通常是坚持到底的那个人，而不是一开始就跑得飞快的人。成功之路充满艰难险阻，懦弱的人望而却步，或在半途中轻言放弃；而坚忍的人，却为了自己的目标风雨无阻，不管命运如何捉弄他们，不管他们被逼到什么样的境地，他们依旧不屈不挠，勇往直前，最终登上成功的巅峰。不屈不挠的精神会使你从容面对各种危机和挑战，助你冲破重重障碍，走向辉煌。

◆ 勇于向不可能挑战

美国著名的钢铁大王安德鲁·卡内基在描述他心目中的优秀员工时说，我们所急需的人才，不是那些有着多么高贵的血统或者多么高学历的人，而是那些有着钢铁般的坚定意志、勇于向工作中的"不可能"挑战的人。勇于向"不可能"挑战的精神、信心和勇气，是一个人事业成功的主要砝码。我们每个人的身上都蕴含着极大的能量，遇到困难和挫折，遇到看似"不可能"完成的任务，不要轻易放弃，勇敢地打破心灵中的自我限制，充分发挥出自我的潜能，就会战胜困难，脱颖而出。

【互动空间】

你是怎样等电梯的

等电梯的时候，你常做什么？玩手机，发呆，盯着楼层……不同的表现可能透露你内心的秘密，测测看吧。

在你准备进电梯时，它刚好升了上去，你只差那么一小步。没办法，只好等下一趟了。在等待的过程中，你通常会：

A. 一直盯着电梯的按钮，并且按了好几次。
B. 双脚踏来踏去，不停地发出声响。
C. 朝上看，或是看周围的告示板。
D. 向下看。
E. 一直盯着显示层数的灯，心想：只要一开门，就立刻冲进去。

结果分析：

A：属于一想到什么就去做的行动派。这样的人比较有幽默感，而且人缘很好。如果从事的是与人接触的工作，则更容易发挥潜力。

B：这样的人感觉敏锐，甚至有些神经质，能够凭直觉来判断事情。他们中的大部分人适合从事艺术方面的工作。

C：是知识丰富、内心优雅的人。由于不喜欢别人看到自己的缺点，总会在别人和自己之间筑一道墙，看上去会比较冷淡。这类人比较适合在理工科方面施展能力。

D：有点消极，内心所想的事没办法坦率地表达出来。但是，这类人也非常老实，容易上当受骗。

E：非常谨慎，很少会从事冒险工作。这类人比较理性，因此深受别人的信赖。

第六章 博爱：学会感恩

第一节 人之相知，贵在知心

交友贵相知。

中国唐代最伟大的浪漫主义诗人李白诗云：人生贵相知，何必金与钱。

黎巴嫩阿拉伯诗人、作家、画家纪伯伦认为，友谊永远是一个甜柔的责任，从来不是一种机会。

古希腊最伟大的哲学家、科学家和教育家亚里士多德说，友情最重要的不是接收爱，而是奉献爱。

英国近代唯物主义哲学家、思想家、科学家弗朗西斯·培根说，没有真挚朋友的人，是真正孤独的人。

美籍德国犹太裔人、相对论的创立者、现代物理学奠基人阿尔伯特·爱因斯坦认为，世间最美好的东西，莫过于有几个头脑和心地都很正直的、严正的朋友。

友谊，是我们与朋友间情感的纽带。当我们忧郁时，朋友会用大海般的胸怀感染我们；当我们痛苦时，朋友会用蓝天般的情怀开导我们；当我们自卑时，朋友会用阳光般的真挚鼓励我们。朋友如打开的窗户，友谊如照射进来的阳光。让我们彼此打开心灵之窗，携手并进，共享青春，走向成熟。

真正的友谊是超越地位、不论收入、不分背景的，好比一坛纯洁的清水，清爽无味，但是令人"淡泊以亲"；如果强调以金钱为基础的交往，好比一壶浓烈的甜酒，喝的时候甜美无比，酒醒过后，往往却是"甘甜以绝"。真正高尚的人不会是"以利相交"，而只是"以德相交""以志相往"。正所谓"人之相知，贵在知心"。

【行思探理】

汉朝悲情名将李陵在《答苏武书》曰："嗟夫子卿，人之相知，贵相知心。"这种"相知"，就是人生选择上的志同道合，品德上的相互砥砺，思想上的相互信任，学习上的相互促进，事业上的相互帮助。

◆ 交友需慎重

孔子曰："益者三友，损者三友。友直，友谅，友多闻，益矣；友便辟，友善柔，友便佞，损矣。"意指有益的朋友有三种：跟正直的人交朋友，跟诚信的人交朋友，跟博学多闻的人交朋友，就有益处。有害的朋友有三种：跟逢迎谄媚的人交朋友，跟阿谀奉承的人交朋友，跟花言巧语的人交朋友，就有害处。因此，交友要：择其善者而交之，视其不善而远之。

◆ **朋友要交心**

交往容易交心难，真的朋友不是用金钱、用物质、用利益来结交的，而是用心来交流。心与心的交流，乃是交流的最高层次，遇喜同喜，遇悲同悲，心与心相连；有成绩赞扬鼓励，不吝美言，有缺点直言相劝，心地可鉴。把真正的朋友当作几近另一个自我，这就是朋友交往的最高境界了吧！

◆ **相处讲艺术**

人与人相处是一门最简单而又最复杂的事情，因为人的思想时时都在变化。朋友之间，从感情上讲，是同于兄弟的关系，从相处上说，是一种相互理解、包容、退让、妥协的关系，只不过这种关系应该更加用心地去呵护。一是要尊重对方，尊重朋友的思想行为，尊重朋友的性格习惯，尊重朋友的处事方式，尊重朋友的选择，尊重朋友的朋友；二是要彼此平等，做到内心平等，表现形式上也平等，无论职位高低，贫富贵贱；三是要相互信任，人与人长期交往中，总是难免会遇到误会、误解，或者是意见不同，或者是沟通不够，都是正常的，但只要彼此信任，这些都会随着时间的流逝而过去，留下来的是深厚的、天长地久的友谊。

【互动空间】

测测你的交友指数

1. 朋友们打算出去吃晚饭，最后一刻才打电话给你，你会：
A. 丢开一切，马上前往。B. 要求考虑考虑。C. 断然推掉——先前怎么没想到我。
2. 和朋友们一起，你爱聊别人的闲事吗？
A. 是的，这使我兴趣盎然。B. 如果内容无害，讲讲又何妨。
C. 我从不喜欢别人说三道四。
3. 你觉得自己在异性眼中是怎样一种形象？
A. 很有魅力。B. 使人觉得有趣，但不迷人。C. 讨厌。D. 他们觉得我对异性不感兴趣。
4. 你觉得自己的少年时代：
A. 暗淡无光。B. 忙碌、充满生机和乐趣。C. 平淡如水。
5. 朋友向你寻求帮助，你总是：
A. 真心帮助他们。B. 并不全力以赴，只是给一些指导和劝告。
C. 同情地倾听，但不伸出援助之手。D. 希望他们另找他人。
6. 在你衣冠不整的时候，朋友忽然不速而至，你：
A. 依然热情接待。B. 希望他们对此不要介意，态度友好。
C. 尽快揖客出门。D. 对门铃置之不理。
7. 你的朋友经常来探望你吗？

A. 是的，常常不请自来。B. 如被邀请，有时会来。C. 即使邀请也很少会来。

8. 回首童年时光，那时你有：

A. 一个特别的朋友。B. 一大帮朋友。C. 一个幻想中的朋友。

9. 假日里你喜欢和谁出去？

A. 最知心的人。B. 一人出去结识新朋友。C. 只我一人独行。

10. 你认为自己是：

A. 十分健谈的人。B. 很好的倾听者。C. 一个不善言谈又不爱听人讲的人。

计分方法：

A. 5分　B. 3分　C. 1分　D. 0分

结果分析：

30分以上：你是一个得到大家认可，与朋友相处极佳的人。你乐观开朗，乐于助人，宽容随和，并且懂得尊重别人，所以很容易取得朋友的信任；你的交友原则是互利互助、彼此独立，这使得朋友们感到与你在一起既愉快又轻松，你会受到大家的欢迎。

15～29分：一般来说，你与朋友相处得较好。也许你不是那么外露，故朋友与你相交初期，难以很快达到融洽的地步。不过，随着时间的推移，你的品质和为人会赢得大家的信任。你不妨做一些人为的推进工作，更多地敞开自己。

8～14分：你也许是个温和、善良的人，可是你缺乏足够的独立自主，遇事难得有主见，也不能给处在困难中的朋友以有效的建议和帮助，因此难以使人产生可以信赖的感觉。请试着使自己"立"起来，要明白与朋友交往是要展示人格自由与健康的，过度的依赖或过分的感情需求，只会使你理应担当的角色趋于失败。

7分以下：处友障碍。是不是被这个结果吓了一跳？你从主观上就拒绝与他人沟通交流。你认为自己一个人就能构成一个完整的世界，与人交往不仅无法使你愉快，反而会成为一种令你厌烦的负担，你以为自己很独立、很潇洒。这样的心理状态，当然很难有什么朋友。不过，如果你就喜欢品味孤独，也不必刻意改变自己。

第二节　学会倾听，做一个会倾听的人

学会倾听，才是成熟的人最基本的素质。

学会倾听就是学会一种美德，一种修养，一种气度。

松下幸之助用一句话概括自己的经营哲学：首先要细心倾听他人的意见。

在跋涉的道路上，跌倒时希望有人扶持，忧虑时希望有人分忧，寂寞时希望有人陪伴，失败时希望有人鼓励——这都需要倾听陪伴。

倾听是心灵之花。倾听能折射出纯洁而热情的光芒。倾听是一缕清风，它能吹散笼罩在人们心头的阴霾；倾听是划破漆黑夜幕的流星，能给人们带来希望；倾听是一朵开不败的花，它能绽放出生命之蕊，换取人们的欣赏和信任。

20世纪最伟大的心灵导师和成功学大师戴尔·卡耐基（在其著作《成功学全书》中）指出，如果希望成为一个善于谈话的人，那就先做一个致意倾听的人。倾听长者的教诲，就如同读一本好书，实乃受益匪浅。倾听朋友的诉说，与朋友共同分享快乐，分担痛苦，让朋

友感觉自己不再孤单。倾听他人的牢骚，让他人感到舒畅、满足和轻松。闲暇之际，独步山间树林，倾听大自然的声音：鸟儿的歌唱，昆虫的啼叫，小泉的欢笑，山风的呼啸……让人寻找到属于自己的那片热土，让人寻回内心深处最美丽的真实。

【行思探理】

倾听意味着理解、尊重，意味着接纳、期待，意味着分担痛苦、分享快乐。

◆ 在倾听中释放善意

美国领导学专家史蒂芬·柯维博士在其著作《高效能人士的七个习惯》中认为，我们每个人都需要呼吸，这是身体的需要，可是我们还有一种呼吸是心灵的呼吸。那如何让一个人得到心灵的呼吸呢？当你倾听一个人谈话的时候，分享他内心情感的时候，你就在给他的心灵注入新鲜的氧气。你能说这不是一种爱吗？不管爱的定义有多少种，它都是以对方的需求、存在、立场、价值为出发点的，而不是以"我"的需要为出发点。如何做到这一点呢，有一个技巧就是倾听别人。

◆ 在倾听中洞察内心

现如今我们的通信工具越来越精巧，可是我们的朋友越来越少；信息传播的途径越来越多，可是真正有效的交流太少，真正倾心交流的朋友太少。在商业社会中，每个人的信息发出大多是利我趋向，而不是利他的。而要真正做到有效倾听，首先要有一种利他的心态，比如你接到一个朋友的电话，她很不开心，想跟你聊聊，两个人于是相约在饭店边吃边聊，那顿饭的工夫你意识到"我需要把注意力放在她身上"。

◆ 在倾听中了解真相

如果说，说话是一门艺术，那么听话就是一种水平，学会倾听，有时候更能打动人心。会倾听的人会给人一种亲切感，对方也会对你产生一种信赖感。只要我们能通过认真的倾听抓住对方的心，那么你的付出一定会有回报的。在你倾听别人讲话的时候，流露出你真实的感情，让对方能够感受到你释放的情感，以此形成良好的互动。

【互动空间】

倾听障碍的倾向自检

如果你不知道自己是不是有倾听障碍的倾向，请对照以下各条自我测试。
1. 是不是有和别人抢话的习惯。
2. 是不是要和别人说一件事时，不管什么情况自己话没说完就特难受。
3. 是不是每次和人争论都要自己争论胜利才舒服。
4. 是不是不太接受别人的建议，就是说，别人的建议你总能找到不足之处。
5. 是不是特别在意自己在别人心目中的形象。
6. 是不是自己想做的事就一定要做成。

7. 是不是人群中自己表态最积极。
8. 是不是有以貌取人的心理倾向。
9. 是不是无论大事小情都要追求完美。
10. 是不是朋友不够多。
11. 是不是容易跟人急。
12. 是不是有点自恋情结。

以上各条如果过半了，就可能存在倾听障碍的倾向。

第三节　让自己沐浴在阳光里

阳光是笑容、是温暖、是灿烂。我们喜欢阳光，喜欢它春的和煦，喜欢它夏的流火，喜欢它秋的娴静，也喜欢它冬的温情。我们在阳光下，让放飞的心绪轻舞飞扬，让放纵的情感驰骋胸怀，让斑驳的灵魂接受洗礼，让岁月的履痕四季变迁……

阳光能驱赶黑暗和潮湿，给人们带来温暖和光明。"阳光心态"则是一种积极向上的、乐观豁达的精神状态，是一种人生智慧的体现，是一种宽泛的、渊博的、领先的知识状态。一旦你拥有了"阳光心态"，就能享有快乐的空间、成就幸福美美丽的人生！

中国杰出的文学大师、当代文坛的巨匠巴金说，理想不抛弃苦心的人，只要不停止追求，你就会沐浴在理想的光辉之中。

人在漫长的旅途中，难免会遇到崎岖和坎坷，但只要有厄运打不垮的信念，希望之光就会普照心间。

一个人最不能跨越的坎就是自己，超越自我，改善自我，及时调适自己，我们就会拥有靓丽人生！关心自己，关爱生命，保持愉悦的心情，永葆青春的魅力，才能更快乐地生活。经常给自己一个会心的微笑，快乐的心情会感染每一个人。心理的调适会比灵丹妙药要好很多倍，也是快乐生活的最好良方。心理的健康才能保证身心的健康，才是真正的健康！

每天都让自己沐浴在阳光里的人才是最聪明的人。沐浴在阳光里，看云卷云舒；沐浴在阳光里，听潮起潮落；沐浴在阳光里，数春去秋回；沐浴在阳光里，我们满怀信心地奔向——更美好的明天。

【行思探理】

我们常常听到一些人总有这样、那样的抱怨，进而由抱怨生出烦恼和痛苦。是否一个人的长相、体形、身高、性格、学习成绩和家庭出身的某些不足就一定给他带来烦恼和痛苦呢？引起他痛苦的究竟是什么呢？这个问题值得我们深思。

◆ 积极悦纳自我

不能正确认识自我、悦纳自我的原因：第一，内心有一种高期望值或追求完美，当达不到时，就否定自己；第二，总是把自己与别人相比较，往往拿自己的不足和别人的优势相比；第三，经常得不到别人的肯定和欣赏，活在消极的评价中，别人的评价影响了自己对自己的认识，于是就否定自我。其实，我们每个人都有自己的特长和优势，也有自己的不足和劣势。仅仅看到他人的长处，却看不到自己的优点而贬低自己、否定自己是不合理的，只会阻止自我的进步与发展。只有心平气和地接纳和宽容自己，才能给自己进步的机会和希望。

◆ **积极补偿发展自我**

每个人都不可能是完美的，其实缺陷也是一种美。正因为有了缺陷，才使我们有了努力的空间，才鼓舞我们去努力完善自己。在完善自己的过程中，充满了机遇、坎坷和乐趣，如果我们是一个完美的人，我们或许没有想象的那样快乐和充实。我们要容忍自己和他人有一定的缺点和不足。珍惜自己拥有的一切，喜欢自己。我们每个人都是世界上独一无二的个体，所以，改变自己对自己的看法，增加自己对自己的接受程度。因为，只有"我"的感受才能决定"我"的心境；只有"我"的行动才能改变"我"的处境；只有"我"能够对"我"的行动负责。学会用欣赏的眼光看待自我，关注自己的优势和生活中的美好事物，让自己沐浴在阳光里。

【互动空间】

与不合理信念辩驳

认识自己信念的荒谬与不合情理，与不合理信念进行理性辩论，以合理的信念取代非理性信念。具体为：A指诱发事件，B指面对A而产生的信念或认识，C指情绪与行为反应，D指对自己不合理信念的反驳，E指辩论后的情绪与行为变化。先找出A和C，然后再找B，进而自己做D，对自己的不合理信念——进行质疑和辩论，最后填写E，通过与自己不合理信念辩论产生了什么情绪和行为的效果，比较是否与以前有不同，从而体会合理认知对人的情绪和行为的积极影响，最终改变对自我的消极态度，愉悦地接纳自己。

第四节　换位思考的人生

什么是换位思考？换位思考就是：站在别人的角度考虑问题，设身处地地为他人着想，体谅别人的难处，理解别人的辛苦。

德国著名思想家歌德说，凡是能站在别人的角度为他人着想，这个就是慈悲。站在别人的立场上去思考问题，就会多一些理解和宽容，少一些指责与埋怨。

我们每一个人都有自己的处境和难处、缺点和不足，如果一味以自己的处境来评判别人的行为，以自己的长处来判断别人的得失，则很容易陷入主观和片面。马克思说，我们每个人都是平等的，你只有用爱来交换爱，用信任来交换信任。爱与信任是友谊建立的基础，而它们又都源于将心比心的换位思考。人际交往的白金法则告诉我们：你想别人怎么对待你，你就得怎么对待别人。"责人之心责己，恕己之心恕人。"尊重别人就是尊重自己，善待别人就是善待自己。生活是一种回声，只有换位思考，将心比心，设身处地，处处考虑对方的感受，才能创造良好的人际关系。

【互动空间】

快乐大转盘

人数与时间：

16 人以上为佳。时间控制在 15 分钟以内。

规则：

1. 所有学员围成一个同心圆，内外两个圈的人面对面站立。
2. 有三种选择：微笑、握手和拥抱。有三种不同的手势代替：微笑——伸出一个手指高举过肩膀；握手——伸出两个手指高举过肩膀；拥抱——伸出三个手指高举过肩膀。
3. 用同样的代替手势表达之后，两人同时做一遍实际动作：微笑、握手或拥抱。
4. 一轮结束后，外圈不动，内圈向左移一步，对面换一个学员重复以上动作，以此类推，直至与第一个搭档重逢。

第五节 大爱是阳光心态的"孵化剂"

在爱与爱的抉择中，有一种爱叫作"人间大爱"。

大爱把个人的爱撒播到每一个人的心中，用他们高尚的爱，让人们感受到人间的真情与真爱，让我们生活的世界变得更美好。他们的爱，博大而深沉，让我们崇敬，让我们敬仰。

"大爱"的实现不是一个简单的过程，她需要怀着一颗爱心、信心和恒心来做好身边的一件件小事，解决一个个难题，托起一个个希望。我们虽然没有碰到生与死的考验，但在日常工作和生活中却有公与私、义与利等各种考验，同样需要用这种大爱作出正确的选择。

现在我们的财富不断增加，但是快乐却越来越少；我们的沟通工具越来越多，但是心灵的沟通越来越少；我们认识的人越来越多，真正的朋友却越来越少；其实这一切很大程度上是因为我们的心态出了问题！

阳光心态是一种积极、宽容、感恩、乐观和自信的心智模式。能让人学会调整、改变和驾驭自己的心态，避开心理误区，以积极的心态应对人生的一切艰难险阻，成为真正主宰自己命运的主人。拥有了"阳光心态"，就能享有快乐的空间、成就幸福美丽的人生！

【行思探理】

墨子以"兴天下之利"为己任，主张行"大义"、弘"大爱"、谋"大利"，构建了以"义"为核心的功利价值体系。同儒家核心价值体系建立在"家天下"的基础上不同，墨家的核心价值体系是建立在"天下为公"的基础上，这就注定其不能为统治者认同，并成为社会主流价值观，但其所昭示的具有现代意义的价值取向，无疑是我国现代化进程中不可或缺的精神资源。

◆ 大爱是一种精神

爱含有爱护、爱惜、珍爱、敬爱、慈爱之意，是指人的一种意识表达和行为趋向，既是人的心理的一种状态，也是人的一种行为方式。从心理上说，爱是一种精神，即爱心和责任感；从行为上说，爱是奉献和履行责任。爱的精神和爱的行为是对立的统一：爱的精神是爱的实践的心理基础和内在驱动力；爱的实践是爱的精神的物质基础和实现途径。[①]

◆ 社会需要大爱

大爱是对人的生命、价值、前途、命运的关爱与呵护，人类的任何一个生命都需要大爱；大爱是人类生存与发展的本质要求，没有大爱就没有人类的繁衍生息和文明进步，这是人类社会反复证明并将持续不断地证明的真理性认识。正因此，生活在任何一个社会的人们，都会自觉不自觉地渴望大爱，崇尚大爱精神，礼赞大爱行为，敬仰大爱仁人。当前我国社会生活中，"爱心"一词已经越来越明确地指代关爱生命、帮困扶贫、无私奉献的高尚品德和精神；"爱心奉献"也越来越成为社会主义和谐社会的呼唤与期待。伴随着我国伟大复兴的历史进程，社会主义的大爱精神也必将不断发扬光大。

◆ 关注大学之大爱

大学之大爱立足于"人"，关心大学中人的解放、人的完善、人的发展。特别是当社会处于激变之中，万花筒般瞬息万变的风尚、时潮汹涌而至，人类精神和恒久价值有被淹没之虞时，大学之大爱把尊重人作为一种物质与精神存在的价值，不但强调人之理性，也强调人之超越性，这为大学追求卓越提供了深层的思想基础和土壤。唯有关注大学之大爱，当官本位、金钱崇拜渗透到大学校园，庸俗的道德观、功利主义、虚无主义影响着大学人的思想时，大学才不会在浮躁社会中"失魂落魄"，而能坚定地成为"思想和精神在任何风浪中都可以依靠的停泊处，是人类宝贵的价值原则可以得到小心保存的诺亚方舟。"

【互动空间】

一道终身受益的招聘测试题

你开着一辆车。
在一个暴风雨的晚上。
你经过一个车站。
有三个人正在焦急地等公共汽车。
一个是快要死去的老人，他需要马上去医院。
一个是医生，他曾救过你的命，你做梦都想报答他。
还有一个女人/男人，她/他是你做梦都想嫁/娶的人，也许错过就没有了。
但你的车只能再坐下一个人，你会如何选择？

[①] 王少安. 论"大爱精神"的内涵和时代意蕴 [J]. 学校党建与思想教育，2008（5）：4-6.

在200个应聘者中,只有一个人的答案符合总裁的要求,他被雇用了。他并没有解释自己的理由,他只是说了以下的话:"把车钥匙给医生,让他带着老人去医院,我留下来陪伴一见钟情的人等候公共汽车。"

如果是你,你怎么回答?

第六节　让感恩伴随一生

英国哲学家约翰·洛克说,感恩是精神上的一种宝藏。

法国启蒙思想家让·雅克·卢梭说,没有感恩就没有真正的美德。

感恩是一种美德,感恩更是一则芬芳的誓言;感恩是一种幸福,感恩更是一个永恒的支点。

草木为了感激春的到来而吐露新芽,鲜花为了感激夏的到来竞相开放,硕果为了感激秋的到来挂满枝头,雪花为了感激冬的到来把大地母亲银装素裹。自然界尚且如此感恩,人更应该具有感恩之心。

感恩,是一盏使人们对生活充满理想与希望的导航灯,它为我们指明了前进的道路;感恩,是两支摆动的船桨,它将我们在汹涌的波浪中一次次争渡过来;感恩,还是一把精神钥匙,它让我们在艰难过后开启生命真谛的大门!拥有一颗感恩的心,能让你的生命变得无比珍贵,更能让你的精神变得无比崇高。

感恩是每一位不忘他人恩情的人萦绕心间的情感,它是不可磨灭的良知,是人们与生俱来的本性,是深藏于我们内心的优秀品质。生命的个体之间是相互依存的,每一样事物都依赖其他事物而存在;无论是父母的养育,师长的教诲,还是朋友的关爱,大自然的慷慨赐予……我们无时无刻都沉浸在恩惠的海洋之中。感恩,是一个人的内心独白,是一片肺腑之言,是一份铭心之谢……所以感恩之心应该年年、月月、时时、刻刻存在——学会感恩:人生的必修课。

【行思探理】

"感恩"是中国传统社会基本的伦理规范与道德意识。我国自古就有"谁言寸草心,报得三春晖""施惠勿念,受恩莫忘""鸦有反哺之义,羊有跪乳之恩""大恩大德,永世不忘""滴水之恩,当涌泉相报"等诸多表达感恩意思的诗句。

◆ 学会感恩:让感恩成为一种习惯

感恩是一种歌唱生活的方式,它来自对生活的热爱与希望。如果在我们的心中培植一种感恩的思想,则可以沉淀许多的浮躁、不安,消融许多的不满与不幸。让我们每个人都学会感恩吧。我们要感恩父母,是他们养育了我们;我们要感恩师长,是他们让我们成长成才;我们要感恩领导,是他们给我们提供展示的舞台;我们要感恩同事,那是我们的亲密战友;我们要感恩下属,那是我们的绩效伙伴;我们要感恩社会,自觉增强责任意识,奋发努力,报效祖国,奉献社会,做一个有益于社会、有益于人民的人。

◆ 懂得感恩：让工作成为一种乐趣

工作是我们每个人生存的物质之源，它解决了我们衣、食、住、行等生存所需，为我们的生活提供了有力的保障。或许每一份工作都无法尽善尽美，但还是要感谢每一次的工作机会。怀着一颗感恩的心去面对工作时，工作就不再是痛苦、不再是负担，而是一种快乐的享受，进而每天都充满激情地去工作，它能使我们从牢骚、抱怨、抵触、浮躁、痛苦中解脱出来。只要我们用一种感恩的眼光去看待工作，你就会发现：工作给我们提供了一个提高能力的场所、一个展示能力的舞台、一个实现梦想的机会。

◆ 做最好的自己：用感恩成就美好人生

在法国一个偏僻的小镇上，有一个特别灵验的水泉可以治病。有一天，一个挂着拐杖，少了一条腿的退役军人，一跛一跛地走过镇上。旁边的居民带着同情的口吻说："真可怜，难道他要向上帝祈求再给他一条腿吗？"这句话被退役士兵听到了，他转过身对他们说："我不是要向上帝祈求有一条新的腿，而是祈求上帝帮助我，教我缺少一条腿后，也知道如何生活。"我们要向这位退役军人一样，接纳你所失去的，感激你所拥有的，你就会更加热爱自己与他人的生命，更加珍惜现在所拥有的一切。

【互动空间】

你是一个感恩的人吗？

1. 你认为对父母感恩是怎样一种行为？
 A. 人性准则。B. 道德要求。C. 社会舆论。
2. 生活中你经常与父母进行思想沟通吗？
 A. 经常。B. 偶尔。C. 几乎从不。
3. 你经常对你的父母说感激的话吗？
 A. 经常。B. 偶尔。C. 几乎从不。
4. 你经常帮父母做家务吗？
 A. 经常。B. 偶尔。C. 几乎从不。
5. 看到父母下班回家后，还要继续忙碌做家务，你是什么感觉？
 A. 父母很辛苦，主动去帮忙。B. 没什么特别的。C. 应该的，做家务也是他们的工作。
6. 你能清楚地说出父母的生日吗？
 A．当然能。B. 差不多吧。C. 不太关心，更不了解。
7. 你清楚父母最爱吃什么吗？
 A. 当然知道。B. 可能知道。C. 不知道。
8. 你曾经因为父母不理解你而怨恨过他们吗？
 A. 从没有过。B. 当时埋怨过，不过很快就忘了。C. 是的，埋怨了好长时间。
9. 如果你家庭经济条件不太好，你会因此感到自卑吗？
 A. 不会。B. 可能会吧。C. 不知道。
10. 你对父母的教导一般的态度是：

A. 虚心接受。B. 有的能接受，有的不能接受。C. 基本不接受。

结果分析：

如果你的 A 选项较多，说明你是一个懂得关心父母、感激父母，并且把这种关心和感激付诸行动的人，请你珍视并永葆这颗感恩之心；如果你的 B 选项较多，那么你基本上能够感恩父母，不妨再细心一些，也许一声问候，一个很小的行动可胜过平时的豪言壮语；如果你的 C 选项较多时，你就要注意了，建议你从上面问题中所提到的行动开始，关心你的父母，让他们因为有你的行动而感到温暖和欣慰。

中篇

职场能力

第七章　学习：竞争力就是学习力

第一节　学习改变命运

德国音乐家路德维希·凡·贝多芬面对苦难时发出的"我要同命运搏斗，我要扼住命运的咽喉"的战斗宣言激励了无数后来人。我们无法选择出生地域和出生家庭等外在因素，这些外在因素构成了命运的先天性约束条件。但是，"王侯将相宁有种乎"告诉我们命运不是天生的，命运可以掌握在自己手中。全民学习、终身学习的学习型社会的到来为我们用学习打破先天性条件的框架约束提供了时代条件，大数据、人工智能、网络等新型学习手段的广泛采用让我们能够低成本地参与学习过程，并为我们用学习改变自己的人生命运创造了人类历史以来最为美好的学习条件，我们要利用好这样一个人类社会发展到迄今为止最为优越的时代，用学习明确人生发展目标、抓住人生机遇、改变人生方向，用学习创造未来美好生活。

一次，我去拜会一位事业上颇有成就的朋友，和他谈命运。他没有直接回答我的问题，但笑着抓起我的左手，说不妨先看我的手相，帮我算算命。给我讲了生命线、爱情线、事业线等诸如此类的话之后，突然，他对我说：把手伸好，照我的样子做一个动作。他的动作就是：举起左手，慢慢地而且越来越紧地握起拳头。末了，他问：握紧了没有？我有些迷惑地答道：握紧了。他又问：那些命运线在哪里？我机械地回答：在我的手里呀。他再追问：请问，命运在哪里？我如当头棒喝，恍然大悟：命运在自己的手里！他很平静地继续道：不管别人怎么跟你说，不管"算命先生们"如何给你算，记住，命运在自己的手里，而不是在别人的嘴里！这就是命运。当然，你再看看你自己的拳头，你还会发现你的生命线有一部分还留在外面，没有被握住，它又能给我们什么启示？命运绝大部分掌握在自己手里，但还有一部分掌握在"上天"手里，如出生造成的人生起点。

【行思探理】

社会主义市场经济是市场在资源配置中起决定性作用的经济类型，任何人在市场中作为劳动力都是配置的对象被嵌入到社会组织中，竞争是社会主义市场经济的常态和基本要求。劳动力之间同样存在竞争关系，"你有什么绝活"是竞争过程中获得比较优势的基础，如果年轻人能够在竞争中获得持久性的发展，必须要回答自己"有什么绝活"，以此确立与别人竞争的核心要素，出生、机遇、关系等因素可能会占一定分值，但个人后天能够控制的还是通过学习来提升自己的核心竞争力，通过学习面对将来的竞争和挑战，学习能够让你胸中有竞争的底气和能力。

◆ 为什么学：寻找学习的动力

　　学习是增加、修正个人知识，提升个人职业发展空间的机会行为。习近平告诫我们："知识经济时代，一个人必须学习一辈子，才能跟上时代前进的脚步。"① 在知识聚变的时代，互联网、移动互联、大数据、人工智能、区块链新技术层出不穷，时代变化要求思想变化，不学时事、不学业务、不学技术，你就会被时代淘汰。社会需要什么就要求我们学什么，人生低谷时候学是走出人生低谷的捷径，人生辉煌时候学是实现从优秀到卓越的基础条件，正如前央视著名主持人张泉灵结合自身经历发出"时代抛弃你时，连一声再见都不会跟你说"的感慨，学习是与时代同行的"绝活"。具体到个人，学习可以使人实现三个目标：

　　第一，有效克服本领恐慌。有人研究过，18 世纪以前，知识更新速度为 90 年左右翻一番；20 世纪 90 年代以来，知识更新加速到 3～5 年翻一番。近 50 年来，人类社会创造的知识比过去 3 000 年的总和还要多。还有人说，在农耕时代，一个人读几年书，就可以用一辈子；在工业经济时代，一个人读十几年书，才够用一辈子；到了知识经济时代，一个人必须学习一辈子，才能跟上时代前进的脚步。本领高强是现代社会对个体的要求，面对新环境缺乏适应能力，要成为"即插即用"型人才；面对新技术"接触少、存货不多、不会用"，简单说"我不会"不是解决问题的根本之道；面对新问题缺乏思考能力，缺乏有效的应对方法、手段和能力，新办法不会用，老办法不管用，硬办法不敢用，软办法不顶用，而真正解决问题的方法要从"要我学"向"我要学"转化、从"学一阵"到"学一生"转变。

　　第二，学习能够成为健康的生活方式。2013 年在接受金砖国家媒体联合采访时，习近平说："我爱好挺多，最大的爱好是读书，读书已成为我的一种生活方式。"在知识爆炸、出版物海量生产的时代，第十四次全国国民阅读调查显示，2016 年我国国民人均图书阅读量为 7.86 本，手机阅读率达到 66.1%。在国民对个人阅读数量评价中，只有 1.7% 的人认为自己的阅读数量很多，45.2% 的人认为自己的阅读数量很少或比较少。现代社会年轻人有多样的生活选择，但是学习如逆水行舟，不进则退，具体到职业过程中，学历高、文化厚、知识广、经验多、办法多、能决断、敢担当是社会要求和职业要求的素质和能力，这些素质和能力，不是靠拍脑袋拍出来的，而是靠学习和实践得来的。

　　第三，学习能够提高自己的人生境界。习近平说学习应该有三种境界：首先，要有"望尽天涯路"那样志存高远的追求，有耐得住"昨夜西风凋碧树"的清冷和"独上高楼"的寂寞，静下心来通读苦读；其次，要勤奋努力，刻苦钻研，舍得付出，百折不挠，下真功夫、苦功夫、细功夫，即使是"衣带渐宽"也"终不悔"，"人憔悴"也心甘情愿；再次，要坚持独立思考，学用结合，学有所悟，用有所得，要在学习和实践中"众里寻他千百度"，最终"蓦然回首"，在"灯火阑珊处"领悟真谛。② "学史可以看成败、鉴得失、知兴替；学诗可以情飞扬、志高昂、人灵秀；学伦理可以知廉耻、懂荣辱、辨是非。" 只有靠读书生灵气，用学习筑底气，以积淀养才气，在学习中探索自然、认识社会、领悟人生，才能提升思想境界；只有在学习中感受时代前进的脉搏；只有在学习中与贤者为伍、与高尚同行，才能提升道德境界。

---

① 习近平在中央党校建校 80 周年庆祝大会暨 2013 年春季学期开学典礼上的讲话，2013 年 3 月 1 日。
② 李丹. 跟着习近平做合格党员系列之四：学习，该有这三种境界 [EB/OL]. 央视网，2016-08-15.

第七章　学习：竞争力就是学习力

◆ 学什么：寻找学习的差距

著名哲学家培根说，读史使人明智，读诗使人聪慧，演算使人精密，哲学使人深刻，道德使人高尚，逻辑修辞使人善辩。现代社会是以知识为基础价值取向的社会，任何人与现代知识社会之间都会有差距，所以差距必然存在。存在差距不可怕，差什么都学什么。我觉得我们主要学的包括下面几个方面：第一，学做人。2015年6月1日，习近平在会见参加中国少先队七大的全体代表时指出，世界上最难的事情，就是怎样做人、怎样做一个好人。"学做人"是为己之学，不是为了父母和社会，也不是为了国家，就是为了自己，是自己关心自己。第二，学做事。职场中衡量一个人到底是不是人才，标准应该是会不会做事，做事到不到位。工作到位，成效自然很显著，业绩都摆在明面上，让自己学会"不谈过程，只讲结果"。不仅要学习将事情做对、做全，还要学习将事情做实、做细，才能让自己不断获得成长、提升技能、丰富经验，从而为自己争取更多的发展机会和晋升渠道。第三，文化知识，专业是职业之本。学习知识是无限的，一定要把你有限的时间，放在必要的专业知识学习上，应对眼前的专业知识提前学，应对未来的专业知识随时学，要充分利用移动互联网、数据库等现代学习媒介随时开展学习。第四，学玩，学会玩出情趣，玩出高雅。2018年贵州大数据峰会上阿里巴巴董事局主席马云语出惊人：未来30年是最佳的超车时代，是重新定义的变革时代；如果我们继续以前的教学方法，对我们的孩子只教记、背、算这些东西，不让孩子去体验，不让他们去尝试琴棋书画，我可以保证，30年后孩子们找不到工作。人工智能时代是审美的时代，学习审美必须拥有一种独立思考、感知世界自我交流的能力。

◆ 怎么样学：全面系统地学

"学好数、理、化，走遍天下都不怕"已是历史。今天，面对指数式增长的知识，必须进行全面系统的学习。毛泽东曾风趣地批评没有系统学习的同志"墙上芦苇头重脚轻根底浅，山涧竹笋嘴尖皮厚腹中空。"学习是全面的过程，不仅包括在学校学，还包括在社会上学。学习不是就学书本知识，学习的内容是广泛的，要多方面、多层次地学习，积极拓展知识面、丰富知识结构，掌握事物存在和发展的本质和规律，促使自己成为一个适应能力强的复合型人才。系统化学习才能真正掌握科学的理论知识，以科学的头脑系统化思考、系统化决策，在工作中做到统筹兼顾、全面安排，合理处理轻重缓急、目前利益和长远利益、局部利益和整体利益的关系。系统化学习不仅包括学习理论，还包括学习实践，中国著名教育家徐特立说，学习——不管是总结实践中的经验，还是接受书本上的知识，都要付出很大的劳动。只有这样不断的劳动，才能使我们变得聪明。不仅包括学习经验，还包括学习教训。学习经验培养思维技能，获得有效的职业信息，形成正确的职业态度；学习教训，教训为学习提供了难得的"机会窗口"，"祸兮福所倚，福兮祸所伏"。经验和教训相互依存，可以相互转化，要依靠学习走向未来，再次起航时才不致重蹈覆辙。

【互动空间】

美丽的背影

在路上看到一个背影很美丽的人，你有何联想？

A. 绝不是什么美女。B. 没什么特别的普通女性。
C. 有模特般的美丽脸庞。D. 其实是长长发的男性。

结果分析：

A. 总是带着批评的眼光来检验人和事，你的分析很冷静，分析力不错，因此，你也会常利用这种能力来拆解周围的事物。

B. 冷静而现实的人，你会牢牢记住教训，因此也会显得没有什么想象力，丧失了一些赤子之心。

C. 你从经验中学习的能力不佳，你总是过于天真地预测未来，只凭本能来决定事务，因此常让你犯同样的错误。

D. 你是无厘头又充满幻想的人，你的想法和反应难以捉摸，有时处于状态之外，可以说是超脱经验法则，你大概是别人眼中的"怪咖一族"。

第二节　把空杯子装满

成功的人是跟别人学习经验，失败的人只跟自己学习经验。

学习和思考他人成功的经验和教训，吸收借鉴是最好的捷径。既要学习对方的成功之处，也要善于从对方那里借鉴教训以免重蹈覆辙。

源于《诗经·小雅·鹤鸣》的"他山之石，可以攻玉"的表面意思是：别的山上的石头可以作为砺石，用来琢磨玉器，后喻指他人的做法或意见能够帮助自己改正错误缺点或提供借鉴。先贤孔子说："三人行，必有我师焉，择其善者而从之，其不善者而改之。"这里的"三人"并不是三个人的意思，而是多个人。学习可以贯穿于生活和工作的全过程，在学校可以向老师和同学学习，在工作单位向领导和同事学习，职场中向竞争对手学习，在网络世界中向不特定的人群学习，总之可以学习的对象很多，他人绝对不只是我们身边的几个人。美国内战时期联邦军著名将领威廉·谢尔曼将军说："我们的荣誉来自谦逊，每个人身上都有优点，值得我们尊崇、学习，从而不断完善自己。"知识是无限的，每个人掌握的知识是有限的，我们学习的知识在时代迭代中不断过时，以个人知识的有限性对抗知识生产的无限性注定鼻青脸肿，"海不辞水，故成其大；山不辞土石，故成其高；明主不厌人，故成其众；士不厌学，故能成其圣。"向他人学习，学人之长，补己之短，不断在找差距、补短板中走向进步是丰富自己的经济途径。

【行思探理】

美国著名的历史学家、《邓小平时代》作者傅高义提出"向任何他人学习"的命题切合当今时代，移动互联网时代对个体学习要求成倍增长，原有的思维模式、职业模式和学习模式面对不确定性的挑战越来越力不从心，只有不断借助外部智力资源汲取知识和信息，提升职业行动的能力才能迎接挑战。"我之所以看很远，是因为我站在巨人的肩膀上"。善借外智，才能思路开阔；善借外力，才能攀上高峰。

第七章　学习：竞争力就是学习力

◆ 向谁学：确立学习的对象

向他人学习，是学他人之智，得他人之精华，补自己之欠缺。"他人是谁"是向他人学习必须要回答的核心问题，习近平强调，既要向书本学习，也要向实践学习；既要向人民群众学习，向专家学者学习，也要向国外有益经验学习。他人是广泛的存在，不论是以经验教训存在的书本和实践、是以实体存在的人民群众和专家学者，还是以横向比较存在的国外有益经验，谁有"真经"就向谁学。伟人毛泽东曾说："我们必须向一切内行的人（不管是什么人）学习……拜他们做老师，恭恭敬敬地学，老老实实地学，不懂就是不懂，不要装懂。"不管是远的还是近的，不管是熟悉的还是陌生的，这个人可以是我们的上司，可以是我们的同事，可以是我们的亲朋好友，也可以是我们的竞争对手，总之，学习对象是多样化的，谁有"真经"就学谁。一个人拒绝向别人学习则会成为井底青蛙，眼光狭窄，见识有限，不仅会影响自己的工作能力，还会影响自己的工作业绩。

中国春秋时代著名思想家老子说：善人者，不善人之师；不善人者，善人之资。好人可以作为坏人学习的榜样，坏人可以作为好人行为的鉴戒。以开放的心态和发现的眼睛就会有意外的收获："马屁精"的主动和亲和的沟通方式，"自私鬼"的严谨、独立的专业精神，"两面派"的危机意识和应变能力。在职场中，面对你讨厌的人，不要负面情绪地冲动对抗，也不要消极地抱有"惹不起还躲不起"的逃避心理，更不要阿谀奉承，说违心的话。应摒弃世俗的眼光，心平气和地思考，让你讨厌的人真的没有一点优点？他肯定有你值得学习的地方，最讨厌的人的优点是有待发现的幽灵，可以不带一丝偏见地学习他的优点和长处，有时不过是你借着讨厌的情绪来否定对方的优秀。有评论家说："最讨厌的人是世界的另一个我。"讨厌是提醒我们需要克服负面情绪，学习最讨厌的人需要我们管理负面情绪，以包容性心理接纳不完美的世界，学习其寸之所长，学习其闪光点，有助于自我前行。

◆ 学什么：确立学习的内容

向他人学习的主要内容包括学习他人的经验、教训和方法。有人总结说，学习有三种最好的方式：看书、听课和向某领域已经取得成功的人请教。在这三种方式中，最有效的可以说是第三种，向在某个领域取得成功的人请教——这种学习最具有针对性，霍金《时间简史》合著者蒙洛迪诺说，所有领域，最成功的人通常是那些提出古怪问题的人，这些问题没有人想过，或者其他人认为没有意思，因为那些古怪问题会引出麻烦，所以提出古怪问题的人会被看作异类、怪人，甚至疯子，直到他们被认为是天才的那一天。向最成功的人学习经验可以有效地帮助你发现其中的价值，并能帮助你判断自己的差距所在，帮助你去提升。

吸收别人的经验，这其中也包括失败的经验。冰心在《繁星·春水》中写道：成功之花，人们往往惊羡它现时的明艳，然而当初，它的芽儿却浸透了奋斗的泪泉，洒满了牺牲的血雨。成功有成功的理由，失败有失败的道理，曾三次创业的马云认为：企业成功的经验各有各的不同，但失败的教训是相似的。"我最大的心得就是思考别人怎么失败的，哪些错误是人们一定要犯的。"做企业着实不易，"95%的企业都倒下了"，避免犯倒下的人犯的错误，"把错误变成营养"，就能成为那幸存的5%。成为幸运的5%是目标，但是，失败的确是职业生活的一个组成部分，面对失败最省力的方法就是直面失败，学习他人成功的方法，汲取他人失败的教训，不断实验和尝试，从失败中学习，在失败中成长。

学习他人的方法。著名作家高尔基说，学习并不等于就是模仿某些东西，而是掌握技巧和方法。学习他人，首先是学习他人做事的具体方法。纠缠于各种琐碎杂事，不如冷静观察他人做事方法提高工作效率，把重要且紧迫的事、重要但不紧迫的事情、紧迫但不重要的事情、既不紧迫又不重要的事情进行分类，提前做好工作规划，卓有成效地开展工作。其次是学习他人思维模式。思维模式就是理解世界的方式，读书让你理解别人思维模式的多元性，交友让你知道别人思维模式的缺陷，换位思考让你站在他人的立场思考问题。通过读书、交友和换位思考获取他人大量的知识，然后去芜存菁，将留下来的成果有机地组合起来，就形成了自己的思维模式，完成了对他人思维模式的学习过程。最后是学习他人职业态度。著名苏格兰作家乔·麦克唐纳说，如果自身伟大，任何工作你都不会觉得渺小。职业本身各种各样，但是贯穿于职业过程中的态度是有共性的。在很多情况下，我们无法选择工作的内容，但可以选择学习他人对待工作的态度、意志品质、为人之道、说话方式、做事风格。学习他人，把简单的事情做到极致，功到自然成，最终"止于至善"。

◆ 如何学：确立学习的方式

虚心接受批评。学习方式很重要，学习他人要放下"架子"，丢掉"面子"，要经得住批评，法国作家蒙田说："我们非常需要敏锐的耳朵，坦诚地听取自我裁判。因为很少有人能忍受公开批评，敢于批评我们的人做的是最好举动。"不能够接受他人批评，不能进行自我批评的人，在某种程度上是拒绝向他人学习的。学习他人前提是你要尊重他人的批评，而不是忽视或者对抗他人的批评，不是照单全收，而是倾听、感受别人对我们的看法，诚实地检讨自己，如果有错那么就改掉它。

保持空杯心态。中国作家林语堂说，人生在世——幼时认为什么都不懂，大学时以为什么都懂，毕业后才知道什么都不懂，中年又以为什么都懂，到晚年才觉悟一切都不懂。学习他人要清空自己，太阳每天都是新的，让过去的"有"，归于现在的"零"，不恋过去，不畏将来。用"空杯心态"重新开始，不躺在功劳簿上睡觉，不说"想当年"，把自己看成"一个空着的杯子"，清空过时的，为新知识、新技能的进入留出空间，保持开放的心态，向他人学习，调整自己去适应新的变化。

学习精髓。精髓是事物的精华部分，俄国著名教育家苏霍姆林斯基说，要知道，学习优秀经验，这并不是把个别的方法和方式机械地搬用到自己的工作中去，而是要移植其中的思想。要结合实际工作，到实践中去体验，不能满足于学习形式，仅仅满足于形式难免会出现东施效颦的局面。在向他人学习的过程中盲目崇拜，生搬硬套，难免会出现邯郸学步的结局。因此向他人学习，要学精髓，还要全方位地不断审视，这样才可能达到他山之石，可以攻玉，否则，他人的精髓没有学到，反而把自己的东西丢掉了。

【互动空间】

学习方法测试

下面是10个问题，你实际上是怎么做的、怎么想的，就怎么回答。每个问题有三个可供选择的答案：是、不一定、否。请把相应的答案写在题目后面。

1. 学习除了书本还是书本吗？
2. 你对书本的观点、内容从来不加怀疑和批评吗？
3. 除了小说等一些有趣的书外，你对其他理论书根本不看吗？
4. 你读书从来不做任何笔记吗？
5. 除了学会运用公式定理，你还知道它们是如何推导的吗？
6. 你认为课堂上的基础知识没啥好学的，只有看高深的大部头著作才过瘾吗？
7. 你能够经常使用各种工具书吗？
8. 上课或自学你都能聚精会神吗？
9. 你能够见缝插针，利用点滴时间学习吗？
10. 你常找同学争论学习上的问题吗？

评分方法：

题号	分　值		
	是	否	不一
1	0	10	5
2	0	10	5
3	0	10	5
4	0	10	5
5	10	0	5
6	0	10	5
7	10	0	5
8	10	0	5
9	10	0	5
10	10	0	5

结果分析：

85分以上：学习方法很好。

65～80分：学习方法好。

45～60分：学习方法一般。

40分以下，学习方法较差。

第三节　蜗牛也能登上金字塔顶

勤奋是成功的基本元素，勤奋没有替代品。

勤奋的人虽然不一定都能成功，但成功的人没有一个是不勤奋的。

"能登上金字塔顶的生物只有两种，鹰和蜗牛。"鹰有强劲的翅膀，能飞上塔顶不足为奇，但行动缓慢而脆弱的蜗牛能和鹰一样登顶，蜗牛是用勤奋创造了奇迹。

美国石油大王约翰·D. 洛克菲勒笃信一条成功法则：财富是意外之物，是勤奋工作的副产品。他告诉他的儿子："我今天的显赫地位、巨额财富不过是我付出的比常人多得多的劳动和创造换来的""我们的财富是对我们勤奋的嘉奖"。

有人说："如果你期望真正的生活，那就不要到遥远的地方，不要到财富和荣誉中去寻找，不要向别人乞求，不要向生活妥协，不要向苦难和困境低头，幸福和成功只靠我们自己，自己的智慧，自己的勤奋，这种幸福和成功就是勤奋的恩惠，就是命运的赏赐。"中国著名作家冯骥才则总结认为，在文学艺术中，短处可以变化为长处，缺陷是造成某种风格的必备条件。左手书法家的字，患眼疾画家的画，哑嗓子的歌手所唱的沙哑而迷人的歌，就像残月如弓的美色不能为圆月所代替。不少缺乏鸿篇巨制结构能力的作家，成了技巧精致的短篇大师。没有一个条件齐全的作家，却有各具优长的艺术。作家还要有种能耐，即认识自己，扬长避短，发挥优势，使自己的气质成为艺术的特色，在成就了艺术的同时，也成就了自己。

【行思探理】

中华民族是一个勤奋的民族。勤奋是民族复兴的密码，演绎出国家发展的壮丽诗篇。改革开放以后中国创造了世界经济连续增长40年的奇迹，无数人羡慕中国的发展成就，追问中国是怎么做到的，中国人的勤奋，才是中国奇迹的内在"密码"。2017年美国《华尔街日报》文章《世界上最勤奋的人已经老了》刷爆网络，文章讲述世界上有群最勤奋的人，他们是中国的下乡知青、高考学子、出国留学生、下海闯荡者和进城务工者，短短20多年创造了世界奇迹，把一个几乎最落后的中国变成经济总量世界第二。文章最后还问："中国还有这么勤奋的人吗？"的确，几十年来，中国人"晴天抢干，雨天巧干，白天大干，晚上加班干"，欧洲人每天工作5个小时，他们每天工作15个小时，中国人通过勤奋工作成就了世界第二大经济体，并在不久的将来有望成为第一大经济体。

◆ 勤奋创造成功的机会

据说，古罗马人有两座圣殿：一座是勤奋的圣殿，另一座是荣誉的圣殿。他们在安排座位时有一个秩序，就是人们必须经过前者，才能达到后者。它们的寓意是：勤奋是通往荣誉的必经之路，勤奋是通往荣誉圣殿的必经之路。这是古罗马皇帝临终前的遗言，勤奋和功绩是罗马人征服世界的秘诀所在。那些试图绕过勤奋，寻找荣誉的人势必会挡在荣誉的大门之外。人生的许多伟大业绩都是通过一些很平凡的人们经过自己的不断努力而取得的。平凡人对于成功来说，勤奋更是不可缺少的重要品质，勤奋就是最好的智慧。2018年福布斯中国百强保险精英铂金奖获得者南昌富德生命人寿南昌中心支公司高级业务总监秦晶说，殊荣背后并无诀窍，唯有勤奋二字。

勤奋是获取知识，成就事业的关键，它是一个人获得成功的桥梁。懒惰者常常抱怨自己没有能力让家人衣食无忧。勤奋的人却说，我的才能虽然不够突出，但我能够拼命干活，所以，无忧无虑。科学巨匠爱因斯坦说，勤奋，几乎是世界上一切成就的催生婆。不管是谁，只要勤奋，成功的大门就会迎面敞开。杰出的科学家居里夫人说得好：走向成功的人生从无捷径可言，不管你多么聪明都少不得一个"勤"字；勤奋是点燃智慧的火把，是实现梦想的基石；唯有勤劳不辍，才能直达理想的顶峰。

第七章 学习：竞争力就是学习力

◆ **勤奋是生活的常态**

法国《兴趣点》杂志曾对人一生在时间支配上的数据做过一次推算，部分数据如下：睡觉 23 年，吃饭 6~7 年，看电视 6 年，做梦 4 年，聊天谈笑 1 年零 258 天，穿衣 1 年零 166 天，沐浴 2 年，等候人睡 18 周，打电话两年半，男士们一生中无所事事的时间两年半……占据我们生命大部分时间的都是那些习惯性的行为，比如睡觉、看电视等等。经过人生的历程以后，人们有什么感想呢？国外一家著名的研究机构曾针对 70 岁以上的老人做过一项调查，调查的题目是你一生最后悔的是什么。结果出人意料，77% 的老人选择"年轻时不够努力，以致现在没有多少成就感"，而选择"没有挣到更多的钱"和"错过了美好的爱情"的还不到 10%。老人用他们的选择说明了人生最可怕的还是一事无成，最希望的则是自己能有所作为。而在实际生活中，20% 的人占有 80% 的财富，20% 的人拥有 80% 的智慧与灵感。有 77% 的老人觉得一生没有成就感理所当然，因为成功被另外 20% 的人抢去了。如果你在 70 岁之后不想成为那 77% 中的一员，你就必须在 70 岁之前做到只有 20% 的人才做到的一件事：把对事业的勤奋作为一种生活习惯。西藏历史上的第一位现代学者根登曲佩说："如果一个人，对在泥土中玩耍打滚的游戏失去兴趣时，其童年时代将告结束，人们为此而勤奋努力；当女人的美丽，激荡不了一个男人的情怀时表示此人之壮年锐气也在逐渐消失之中，人们为此而勤奋努力；当一个人失去对金钱、房屋、土地的热情时，其心理在逐渐老化，人们为此而勤奋努力。"勤奋是职业生涯绚丽的密码，能演绎出人生一部奋斗的史诗。2018 年 7 月，《2018 福布斯中国慈善榜》发布，许家印以 42.1 亿元人民币的现金捐赠总额名列榜单首位。许家印说，一旦自己离开了勤奋，就什么也做不成了。他每周平均工作 90 多个小时，从来不休假。在许家印的影响下，恒大集团的高管，每周平均工作 80 个小时，中层干部每周平均工作 60 个小时。梦想总会在勤奋的天空绽放。没有实际的勤奋，梦想只能是空想，有勤奋的梦想才可能成为现实。

◆ **勤奋改变智力局限**

没有绝对聪明的天才，也没有绝对愚蠢的傻子。天才和傻子是相对而言的，只有努力的人才能成为天才，也只有懒惰的人才能成为傻子。当然，人与人之间，智力是有差别的，有的人敏捷，有的人迟钝。敏锐的人，如果不学习，也会变得迟钝的。迟钝的人，如果勤学苦思，也会变得敏锐起来。英国著名生物学家达尔文曾说，天才就是勤奋，聪明在于积累，勤奋使愚笨者聪明，懒惰使天才者平庸。每一个成功者手中的鲜花，都是用他们辛勤的汗水浇灌出来的。因为勤奋，陈景润成为最接近数学王冠上的明珠——哥德巴赫猜想的第一人；因为勤奋，安徒生从一个鞋匠的儿子成为童话大王；因为勤奋，罗曼·罗兰获得了多年心血的结晶《约翰·克利斯朵夫》；因为勤奋，巴尔扎克给人类留下了宝贵的文学遗产《人间喜剧》；因为勤奋，爱迪生才有 1 000 多种伟大的科学发明；因为勤奋，爱因斯坦才得以创立震惊世界的相对论。

在当今知识创新的时代，我们更应该也更需要勤奋。处处留心是勤奋，奋笔疾书也是勤奋；深思笃行是勤奋，不断总结也是勤奋。任何人只要专注于一个领域，5 年可以成为专家，10 年可以成为权威，15 年就可以世界顶尖。也就是说，只要你能在一个特定领域，投入 7 300 个小时，就能成为专家；投入 14 600 个小时就能成为权威；而投入 21 900 个小时，就可以成为世界顶尖。但如果你只投入3分钟，你就什么也不是！创造麦当劳商业帝国的雷·克劳克曾写过一首打油诗描写他的创业哲学：世界没有任何事可以取代坚忍不拔——才华不行，世界上没有比怀才不遇更为稀松的平常事；天才也不行，有志未伸的天才者故事几乎已是老生常谈；教育也不行，受过高等教育的失败者有如过江之鲫到处都是。只有坚毅和决心才是无所不能的，不刻意去求成功，没有包袱，没有私欲，只有努力，不断努力去解决周边的困难，努力到不必刻意用去努力的程度时，便也是最容易成功的时候。"如果你因为错过了星星而哀叹，那么你还将错过太阳和月亮。"一勤天下无难事。希望成功、渴望成功，那就从勤奋开始。

【互动空间】

讨论：你选择何种工作方式？
（1）965工作制。（2）996工作制。（3）007工作制。（4）711工作制。

◆ 背景资料

965工作制是指9：00上班、6：00下班，一天9小时，中间有一个小时左右的午餐或者休息时间，每周工作5天，是非常标准的工时制度。

996工作制是指早上9：00上班，晚上9：00下班，一天工作12小时，单位管午餐和晚餐，每周工作6天，是一种超时加班非常严重的工作制度。

007工作制是从0：00点到0：00，全部时间都用来工作。

711工作制是每周工作7天，每天工作11个小时。

《中华人民共和国劳动法》第36条明确规定，国家实行劳动者每日工作时间不超过8小时、平均每周工作时间不超过44小时的工时制度。

第四节　用学习迎接"开挂"人生

何为终生学习？1994年罗马"世界首届终生学习会议"为终生学习下的定义是，终生学习是通过一个不断支持过程来发挥人类的潜能，激励并使人们有权利去获得他们终生所需要的全部知识、价值、技能与理解，并在任何情况和环境中有信心、有创造性地，愉快地动用它们。学习作为学习者的一种生活方式，并最终使社会成员都成为终生学习者。

联合国教科文组织于1986年就提出了教育的四大支柱：学会认知、学会做事、学会生存、学会共处。认知、做事、生存和共处，无论从哪个角度讲都是不能与学习分开的，而身处这样的时代，我们再也不能也没有哪怕一点的机会通过一个阶段的刻苦学习，能够一劳永逸地获取知识了，而需要终生学习如何去建立一个不断演进的知识体系。

学习是终身的职业。谷歌CEO桑德尔·皮猜说，那种仅凭一项技能就能一生受用不尽的日子已经不再存在了，政府、学界、企业都需要去支持持续学习；终身学习；在学习的道路上，谁想停下来就要落伍。

"以不变应万变"的知识学习时代已经过去了，苹果公司CEO蒂姆·库克说，在新技术取代一些工作时，人们应该学会接受新技术，并承认目前人类的一些工作未来会有极大的改变，这就需要人们学会终身学习。

终生学习，永远学习，这是别人永远抢不走的竞争力。

【行思探理】

随着中国高等教育从精英教育转型到普及化教育，昔日的"天子骄子"不断进入中低端的职场，从事一般社会性劳动。联合国教科文组织曾经做过一项研究，结论是：信息通信技术带来了人类知识更新速度的加速。在 18 世纪时，知识更新周期为 80～90 年；19 世纪到 20 世纪初，缩短为 30 年；20 世纪 60～70 年代，一般学科的知识更新周期为 5～10 年；而到了 20 世纪 80～90 年代，许多学科的知识更新周期缩短为 5 年；进入 21 世纪时，许多学科的知识更新周期已缩短至 2～3 年。知识的保质期越来越短，不想被社会淘汰，就需要更加坚定不移地学习新的知识和技能，以适应社会的发展。

◆ 终生学习：职场核心竞争力的基本手段

拥有不断学习的能力是优秀人才的重要标准和标志。福特公司的首席 CTO 路易斯·罗斯有一个著名的观点：在你的职业生涯中，知识就像是牛奶一样是会有保质期的，如果你不能不间断地更新知识，那你在职场中也会快速衰落。现在职业半衰期越来越短，目前在大学期间获得的知识只能用 5 年。就业竞争加剧与证书层次高移，数据、事实、信息和知识都在成倍增长，创造和分享自己想法的人数也呈指数级增长，而艾宾浩斯遗忘曲线表明，我们人类随着时间的推移会遗忘自己接触到的所有东西。"一招鲜，吃遍天"的单一技能、只懂得自己的专业已经远远不能够满足用人单位的需要，必须熟练掌握英语技能、计算机技能、演讲技能、沟通技能、销售技能等多种综合技能才能满足单位的需要。所以，不断重新学习绝对是必要的。

◆ 终生学习：快乐生活的基本条件

终生学习就是要快乐学习，快乐生活是有条件的，现代人的学习不仅限于直接可用的知识，更重要的是加强理解力、应对变化的能力，而这些能力和眼界、境界有关，精神层面的愉悦感和幸福感，因为感兴趣而选择学习。随着人们生活水平和自我要求的不断提高，这样的兴趣性学习只会增加。中国著名作家鲁迅在《读书杂谈》中提到读书有两种，一种是职业的读书，为了工作或升学，不得不读。所以这种读书是"勉勉强强的，带着苦痛"。另一种是嗜好的读书，"那是出于自愿，全不勉强"。他认为，只有后一种读书，才能有浓厚的趣味，也才"可以扩大精神，增加知识"。用读书化解职业恐慌，解决生活中的压力，在职业的焦虑状态下沉浸很久、使焦虑成为能力的障碍是快乐生活的陷阱。中国儒家学说代表孔子说："吾少也贱，故多能鄙事"。梁晓声某次和大学生们对话时，被问："阅读的习惯对人究竟有什么好处？"梁晓声回答："最后一条是——可以使人具有特别长期的抵抗寂寞的能力。"不论日子是好、是坏、是悲、是喜、是顺、是逆，要想快乐生活，对学习而言，日日是好日，分分秒秒可学习。

◆ 终生学习：从随时学习开始

西方白领阶层流行的"知识折旧定律"称：一年不学习，你所拥有的全部知识会折旧80%。更有资料显示，以每年6%~10%的速度更新知识、更新思路，才能适应未来社会的需要。日本管理大师大前研一指出，针对观察到、碰到的问题深度思考，并制订出学习计划，一年应空出100小时的学习时间。一个人的发展潜力和解决问题的实际能力远远比这个人手中的文凭和证书重要得多。所有的专家都是勤勉、持续的学习者，随时都可以在身边发现值得学习的东西，巴菲特的时间安排，如果你拿着计时器观察他，你会发现他醒着的一半时间是在看书，剩下的时间大部分用在跟一些非常有才华的人进行一对一的交谈，有时候是通过打电话，有时候是当面。最重要的合作伙伴查理·芒格把自己的成就归结为不断地学习，他说，我非常幸运，在读法学院之前就学会了学习的方法；在我这漫长的一生中，没什么比持续学习对我帮助更大的了。杂志、书籍、与资深人士讨论、线上的音频、慕课、网站论坛、数据库、知识分享社区、开放课程，线下的业务培训、内容多样的讲座……知识经济时代，各式各样的学习需求和方式层出不穷，这些都是进行随时学习的途径。

【互动空间】

终生学习方法

1. 自觉学习。经营自己的人生和事业要回到原点进行思考。自我反思非常重要，反省检讨自己的心结在哪里，盲点是什么，有哪些瓶颈需要突破是自我精进的关键途径。

2. 共享学习。与人分享越多，自己将会拥有越多。随着知识经济时代的来临，故步自封的人将越来越难以适应时代要求。今天的组织讲求快速反应、团队合作，这就更需要内部成员分享资讯、知识、经验、智慧，从而提升组织的战斗力。

3. 快乐学习。人生可以是很美好的，关键是自己内心要有快乐的源泉。终生学习就要快乐学习，开放心胸并建立正确的思维模式，透过学习让自己完成心理准备，以因应各种挑战及挫折。

4. 改造学习。企业为提升核心竞争力进行自我再造，同时也要求员工知识结构进行升级，通过学习向创造价值和降低成本努力，这种改造的效果往往是巨大的。

5. 国际学习。面对"地球是平的"时代，不论是商品、技术、金钱、资讯、人才等，皆跨越国界流通。因此，学习的空间也应向国际化扩展，开创全球化学习生涯。

6. 自主学习。由于每个人有自己的生活远景目标，因此在个人进行自己的生活规划时，更要自主地选择学习项目安排，自主学习计划，以迎接各种挑战。

第五节　永不满足现有的一切

知识创新的时代永远没有"三十亩地一头牛，老婆孩子热炕头"。

强中更有强中手，莫向人前自夸口。满足现在的成就，就窒息了未来。

人不能有丝毫的自满心理。因为学无止境，活到老学到老，浅尝辄止或半途而废，就学不到高深的技艺。

鲁迅说，自卑固然不好，自负也不好，容易停滞。我想，顶好是不要自馁，总是干；但也不可自满，仍旧总是用功。

人生，走上坡路要低头，走下坡路要抬头。没有谁的一生能一帆风顺，有得意，也会有失意。臻臻日上之时，切莫骄傲自满，忘了来路的艰辛。既要懂得珍惜，又要懂得谦卑。可天意常会弄人，有时路走着走着，已不是昔人昔景；有时坚持久了，世界已悄然沧海桑田。的确，许多人在逆境中学习的动力是努力改变现状，经过一段时间努力，有了一点成功基础以后，就容易进入自我满足状态，容易放弃原来的目标，最容易得意忘形。最初的成功，尤其是早期的成功，对许多人来说就是鸦片，会麻醉和麻痹他们，而只有永不满足现有一切的精神，尽力寻求不满足的地方，以发现自己的缺点并不断改进才能消除这种不良情绪。

【行思探理】

◆ 自满：学习的最大敌人

伟人毛泽东有句名言：学习的敌人是自己的满足，要认真学习一点东西，必须从不自满开始。人要有欲望，不满足，是进步的先决条件，唯有不自我满足的人才能不故步自封，这才是前进的动力，不要满足于现在的自己。骄傲来自浅薄，狂妄出于无知。骄傲是失败的开头，自满是智慧的尽头。人不能有丝毫的自满心理，因为学无止境，活到老学到老，浅尝辄止或半途而废，就学不到高深的技艺。不要认为自己有点学识，也就有了骄傲的资本；或者认为自己成绩不错，就认为高人一筹。美国著名心理学家戴尔·卡耐基说，我们应该谦虚，因为你我都成就不了多少；我们都只是过客，一世纪以后都完全遗忘；生命太短促，不能老谈自己微小的成就来教人厌烦，且让我们鼓励别人多谈吧。学习永远也不可能达到不可一世，老子天下第一的程度。如果感到自满的时候，建议多到新华书店或者图书馆看看，看看那么多的书，你读过几本。著名演员迈克尔·杰克逊说，生活在过去是悲哀的。这就是为什么我不把奖品摆在家里，没有金唱片，没有格莱美，它们都在仓库里；我不想被荣誉变得自满，因为那样我就会觉得没有其他事物去追求，而那不是真实的。翘尾巴的事情少做，埋头读书的事情多做，在任何时候、任何事情上都有值得我们学习的东西，还有什么值得自满的地方呢？

◆ 找准位置：克服自满的学习前提

不满足现状是能抓住下一个机遇的必备前提。成就是谦虚者前进的阶梯，也是骄傲者后退的滑梯。法国哲学家笛卡尔曾经说，越学习，越发现自己的无知。唯有不知足，方能思进取。深受全世界读者喜爱的诗人格斯特认为，现在的自己永远是有待完善的。心不思学，学不思进，自满的人是看不到自己可以丰富和完善的地方的，很容易就表现出他的粗俗肤浅、言语匮乏和思维空洞。满足于现状的最大敌人是懈怠，舒适的诱惑和对困难的恐惧阻止了人们前进的动力，蒙蔽了许多人曾经努力奋斗的双眼。日本商业实业家稻盛和夫说，为了自我诫勉，为了不让邪恶之心轻易地控制自己，不知何时起，我就采用了一种自诫的仪式；当骄傲自满、自以为是这一类邪恶的念头在心中冒头时，我就立即给自己一个反省的机会；我年轻时就开始做这种努力，这种习惯起到了修正轨道的作用，使我至今的人生，没有脱轨，仍能勇往直前。学习需要付出艰辛，一时做到容易，长期坚持较难，终身不辍更难。只有满足于眼前成就的人才会停步不前，而进步者总是感觉到不足。满足现状者的典型就是放弃继续学习的勇气，他们将无法享受学习为他们提供改变的又一次机会。

◆ **问题第一：克服自满的学习途径**

马克思提出，问题就是时代的口号，是它表现自己精神状态的最实际的呼声。坚持问题导向，发现问题、研究问题、解决问题都离不开创新思维。永不满足现有的一切就是不断发现问题，在不断发现问题过程中解决问题。学习的目的是解决问题，以问题为核心，在学习过程中发展有效地理解问题、分析问题和解决问题的能力是克服学习自满的主要途径。每天给自己定一个小目标，不给自己一个"如果"的理由，著名教育家陶行知先生说过："发明千千万，起点是一问。"每天给自己一个前进的动力，不给自己比别人差的理由，微软公司总裁比尔·盖茨曾经说过，微软离倒闭永远只有18个月。永远不要沉浸于眼前的状态，每时每刻都要有种居安思危的心态。每天给自己一个前进的理由，不给自己一个后退的原因，知识创新的时代，带着问题学习，在学习前问问自己我要解决的问题是什么，解决了问题就会发现，掌握知识和学习是一件非常有意义的事，同时也是非常有乐趣的事。

【互动空间】

冬天的滑雪场上，有一个人正在斜坡上滑雪，仔细看一下前面，地上凹陷了一个洞，有一只巨大的熊正在洞穴里冬眠……可是，这个滑雪者却对这一切浑然不知。请问，这个人的下场会：

A. 有人告诉他有危险而转变方向。　B. 在到达洞穴之前突然滑倒。
C. 轻松地跳过洞穴。　　　　　　　D. 掉到洞里遭熊攻击。

结果分析：

A：你的身边有许多热心助人的朋友，只要你有困难，他们马上会义不容辞地向你伸出援手，你是那种有贵人相助的人。因此，这种人的思考方式很乐观，因为即使自己做不来，也会有别人帮忙解决问题，即使有欲求不满，也能够很圆满地化解开来。

B：这种人喜欢做美好的白日梦，喜爱做罗曼蒂克的浪漫幻想，他们似乎对算命这一类的事情抱有相当浓厚的兴趣。这种类型的人，很重视运势及运气这种东西，认为诸事不顺都是运气不好惹的祸。

C：这种人相当勇敢果决，对自己的努力与才能也很有自信，遭遇到挫折反而会激起内心的战斗意志，这种人欲求不满度相当的低。

D：你的欲求不满度似乎很高，每当有麻烦事发生时，你就会把过错往对方的身上推。而且，因为你老是爱往坏的地方想，因此，有的时候明明有好转的迹象，也会变得非常糟糕而无法收拾。

第七章 学习：竞争力就是学习力

第六节 成功学习，构筑新的学习力

学习力是知识创新时代的首要法则。

拥有良好学习力能使一个人不断变成"更好的你自己"以及"最好的你自己"。

评价学习力强弱最关键的一点应该是知识增量，即学习成果的创新程度以及学习者把知识转化为价值的程度。

学习力的公式表述为：L＜C＝D。L 代表的是学习速度，C 代表的是变化速度，D 代表的是死亡，意思是如果学习速度跟不上环境变化的速度，那就只能死亡。

过去，一个人全部知识的 80% 是在学校学习阶段获得的，其余 20% 则依靠在工作阶段的学习；而现在完全相反，在学校学习到的知识不过占 20%，80% 的知识需要你在漫长的一生中通过不断学习和实践获得。

学习，首先要学会遗忘，要尽快忘掉那些不重要的知识、老化的和没有用的知识，并善于用新的视角观察问题，用创新的思维，分析解决学习中的各种复杂现象和矛盾。

一个只是机械地将老师教授的内容记忆下来，不会用创新思维来进行独立思考的学习者，只能成为学习的奴隶。同样，一个学习者如果不具有创造能力的话，不管他具有多么丰富的知识，也永远是在模仿和抄袭。

【行思探理】

学习力最早出自 1965 年美国麻省理工学院佛瑞斯特教授写的《企业的新设计》一文。他认为，学习力是学习动力、学习毅力、学习能力和学习创新力的总和，是人们获取知识、分享知识、使用知识和创造知识的能力，是动态衡量一个人或一个组织综合素质高低和竞争力强弱的真正尺度。学习力主要包括四个构成要素，即学习的动力、学习的毅力、学习的能力和学习的创新力。

◆ 学习力就是竞争力

其实，人的一生都是一个学习的过程，即使没有意识到，你也是一直在生活、工作中学习。我们评价一个人在本质上是否具有竞争力，不是看这个人在学校时的成绩好坏，也不是看他的学历有多高，而是要看这个人有多强的学习力。这就像我们观察一棵大树的生长情况一样，不能只看到大树郁郁葱葱、果实累累的美好外表，因为无论有多么美的外表，如果大树的根已经烂掉，那么眼前的这些繁荣很快就会烟消云散。只有依靠持续不断学习才有可能保持树根有生命力。

农业经济时代，一个人只要 7～14 岁接受教育，就足以应付往后 40 年的工作和生活；工业经济时代，求学时间延伸为 5～22 岁，就能谋得一份不错的职业；而在后工业经济时代，必须终身学习，才能在日新月异的时代中生存，学习已经成为一种生活方式。据有关专家研究，最近 30 年产生的知识总量等于过去 2 000 年产生的知识总和；到 2003 年，知识总量已经比 2000 年增加 1 倍；到 2020 年，知识总量比 2000 年增加 3～4 倍；到 2050 年，目前的知识占届时知识总量的 1%。中国高等教育现在由数量型转向质量型，学习周期内要求不断提高，面对变化，我们首先要做的，就是将那些所谓的"毕业"概念从头脑里踢出去，彻底抛弃"一次性学习"的观念，永远都不要说："啊！我终于毕业了，我的学习生涯结束了。"毕业是新的学习周期的开始，具备学习力并且持续提高才是解决问题、走向极致的最强竞争力。

◆ 锻造自己的学习力

确定学习的目标和计划，促进学习动力的产生。没有伞的孩子必须努力奔跑。著名物理学家爱因斯坦曾说，在一个崇高的目标支持下，不停地工作，即使慢，也一定会获得成功。美国保险业界的奇迹创造者格莱恩·布兰德曾经说过，目标和计划是通向快乐与成功的魔法钥匙，并发展出一条基本法则：拥有目标和计划的人向别人发号施令，而没有目标和计划的人被别人发号施令。学习就是在人生舞台上表演的过程，如果我们始终没有在舞台上站起来，就会停止学习，生活变成简单的求生过程，最后一个站起来的人就将我们挤出人生的舞台。在舞台上站起来就是学习的动力和欲望。

施加学习的压力，释放学习的激情。前哈佛商学院院长麦克阿瑟曾明确地指出，哈佛学生成功的原因，不在于他们曾在这里镀过金，而在于他们自己在给自己施加压力，他们在压力中使自己的能量得到了最大的发挥。压力可能产生两种后果：被压力压垮或者通过克服压力得到自我超越，以热情积极面对压力，以热情克服压力，得到重生是向前发展的唯一选择。积极的人在每一次忧患中都看到一个机会，而消极的人则在每个机会中都看到某种忧患。美国前总统乔治·布什推崇这样的一种人：我寻找那些能把信带给加西亚的人，让他们成为我们的一员；那些不需要人监督，而且具有坚毅和正直品格的人，正是能改变世界的人。没有压力的生活就会空虚，没有压力的青春就会枯萎，没有压力的生命就会黯淡。哪里有什么岁月静好，负重前行才能岁月静好。

发展学习的能力，提高学习的效率。在象形文字中就有"学""习"二字。"学"意为受教，模仿；"习"者，鸟学飞也。学习有两类：一类叫"以知识为中心的学习"，是以通过考试或者科学研究为目的，主要强调对知识的理解、记忆、归纳、解题。另一类叫"以自我为中心的学习"，主要强调解决自己的问题、提升自己的能力。学习不仅仅是读书、练习、思考，跟书和文章学习、跟人学习、在解决问题中学习，合起来才是正确的学习途径，而且实践中的学习是根本。学习能力主要是后者，来源于学习者掌握的知识及其在实践中的应用。知识创新时代唯一不变的就是以"变"来学习，这是一具有的持久优势，就是有能力比别人学习得更快更好。要善于从书本中"走出去"，在学以致用上下功夫，学习效率最根本的原因就是学习能力，学习能力是各种能力中最为重要的能力，就是学习的方法和技巧。知识不能改变命运，但能力可以改变命运。对资产不多的年轻人来说，最优的投资要投资到自己的能力上。在所有具备的可控性要素中，只有能力的增长能带来指数增长的自我升值。

【互动空间】

学习原因与学习结果调查

1. 希望学习的原因：
A. 证明自己的学习力。B. 知识本身的吸引力。C. 取得学习另一课程的资格。D. 得到学位证书。E. 有一份好工作。F. 父母或老板要求我学习。

结果分析：

上述内容可分为三组。A 和 B 属于个人原因，你想要的回报就是学习本身。如果你选了它们，你可能会感到心里很踏实。如果你选了 C、D、E，这表明你的学习原因对你很重要，但得到回报的时间较长，你可能感到学习很枯燥，因为最后的回报太遥远了。最后，如果你选择了 F，你可能是一个厌恶学习的人，你根本不想学习，只是迫于各方面的压力而为之。

2. 希望学习的结果：

A. 我希望享受学习的乐趣。B. 我希望通晓我所做的工作。C. 我希望通过……的考试。D. 我希望我的学习与我的工作更紧密地联系起来。E. 我希望得到更好的工作以使生活更好一些。

结果分析：

如果你选择了 A 和 B，你就已经找出了一些对你来说很重要的东西。如果你选了 C、D 和 E，那你就还需要在今后把自己的目标订得再具体一些。

第八章 思考：脑袋不是用来戴帽子的

第一节 赢在智慧

打破常规的道路指向智慧之宫。

智慧是对一切事物产生的原因的领悟。

智慧不能创造素材，素材是自然或机遇的赠予，而智慧的骄傲在于利用了它们。

德国著名思想家歌德说，所谓真正的智慧，都是曾经被人思考过千百次；但要想使它们真正成为我们自己的，一定要经过我们自己再三思维，直至它们在我个人经验中生根为止。

中国著名作家王蒙说，智慧，是指人的一种高级的、主要是知性方面的精神能力。"智"强调的是知识与胆识，是能够作出正确的判断、估量、选择与决策。"慧"主要是悟性，是对于是非、正误、成败、得失等的迅速感受与理解掌控。

IQ + EQ + SQ = 智慧。这是一位科学家列出的智慧公式。翻译过来就是：智商 + 情商 + 速商，便是任何一个科学家之所以能够取得成功的智慧。

法国著名哲学家帕斯卡尔说："人只不过是一根苇草，是自然界最脆弱的东西；但他是一根能思想的苇草。用不着整个宇宙都拿起武器来才能毁灭他；一口气、一滴水就足以致他死命了。然而，纵使宇宙毁灭了他，人却仍然要比致他于死命的东西更高贵得多；因为他知道自己要死亡，以及宇宙对他所具有的优势，而宇宙对此却是一无所知。因而，他们全部的尊严就在于思想……"

【行思探理】

日本管理学家大前研一说，新时代是个因思考力差距而造成极大差距的时代，换句话说，新时代是个"思考力差距化"的时代。在卡内基的书桌上方，总是醒目地贴着写有这样一句话的纸：不能思考的人是愚者，不愿思考的人是盲从者，不敢尝试思考的人则是奴隶。苏联作家高尔基说，懒于思索，不愿意钻研和深入理解，自满或满足于微不足道的知识，都是智力贫乏的原因。这种贫乏用一个词来称呼，就是"愚蠢"。摆脱差距或者实现思想的提升都离不开思考的过程，思考的过程就是向智者学习的过程，不要吝啬于思考。美国著名心理学家海特说，有许多人玩乐致死。有许多人大吃大喝致死，没有人思考致死。那就从今天开始思考吧。

◆ 多角度思考问题

德国著名思想家歌德说，人应当相信，不了解的东西总是可以了解的，否则他就不会

第八章 思考：脑袋不是用来戴帽子的

再去思考。了解和认识问题首先在于能从多个角度去思考问题、研究问题、解决问题，从不同的角度重新构建所遭遇的各个方面的问题。波兰伟大的哲学家克柳夫斯基说，善于思考的人思想急速转变，不会思考的人晕头转向。思考的过程就是看待某个问题的角度如果太偏向于自己看待事物的通常方式，就会不停地从一个角度转向另一个角度，以重新构建这个问题，这样对问题的理解随视角的每一次转换而逐渐加深，最终便抓住了问题的实质。多换个角度看问题，摆脱一种思维进行思考的陷阱，换个角度看问题就是一种创新性思维，著名物理学家普朗克说，思考可以形成一座桥，让我们通向新知识。我们要敢于从多角度思考问题，有思考的行动，事半功倍；无思考的行动，事倍功半。法国物理学家巴斯卡说，我们所有最大悲哀就是嬉戏，原因是嬉戏最能妨碍我们的思考，而且能使我们在不知不觉中死亡。

◆ 打破习惯性思维

习惯性思维是指人习惯性地因循以前的思维思考问题，在考虑研究问题时，用固定的模式或思路去进行思考与分析，从而解决问题的倾向，就是我们常说的"习惯成自然"。美国著名思想家蒂尔说，通常，习惯性的思维方式影响了我们的生活，它对我们的影响力甚至远远地超过了我们密切的社会关系，就连我们最信赖的朋友也无法像我们所怀有的思想一样来影响我们的生活。心理学研究的结论也支持习惯性思维的强大存在：一个人一天的行为大约只有5%是非习惯性的。习惯性思维能轻松引导我们完成已有知识，用已有丰富经验"按部就班"工作，美国心理学家阿吉瑞斯说，防卫性心理使我们失去检讨自己想法背后的思维是否正确的机会。这时习惯性思维就成为创造性思维的大敌，所以我们必须努力去打破它的束缚，不能总是困囿于昨日经验阴影中，一味恪守过往的规则流程，不能敏锐把握未来发展方向，不敢突破、不会创新。中国台湾作家吴若权有一句话很耐人寻味："穷人戴钻石，人家以为是玻璃；富人戴玻璃，人家以为是钻石。"最有效的办法就是开阔我们的视野，美国哈佛大学心理学教授丹尼尔·高曼说，要想在事业上有所成就，将以有无创造性思维的力量来论成败。改变我们既有的思维方式，时刻警惕陷入"经验"思维。

◆ 借助外脑进行思考

中国古代著名思想家荀子说："君子生非异也，善假于物也。"一个人的思考受到各种条件的制约，对问题的思考很容易达到"饱和状态"。近代中国著名军事家曾国藩说："大厦非一木所支，宏业以众智而成。苟其群贤毕集，肝胆共明，虽金石而可穿，夫何艰之不济！"独立单干或由为数不多的人合作思考的达到满意的程度是小概率事件，即在现实中发生可能性极小的事件，可能只是较为满意的结果，也可能是很差劲的结果，而不是最优结果。我们面临新一轮科技革命所带来的梦想与颠覆、机遇与挑战，尤其是当下"互联网+"、云计算、大数据、人工智能、区块链等技术发展，仅靠个人或者单个组织的思考已经无法适应社会发展的需要，需要借助专业咨询机构、专业培训机构、专业管理机构等外部智慧的力量共同参与思考，从众多完全不同的人那里获得许许多多的新东西，或者可以从中直接发现好方案、妙主意，或者可以对之进行比较综合、兼容并蓄，进而形成最优研究方案，抑或可以从中得到借鉴、受到启发和产生顿悟，发现和纠正固执性错误，跳出不利的固定思路。

【互动空间】

新型时装秀

1. 活动过程。
(1) 每组出 5 人,并进行工作分工。3 名设计师、1 名模特、1 名裁判。
(2) "设计师们"在规定的时间内以报纸为"模特"设计并制作全套的服装。
(3) "裁判"对各小组的完成情况做评判,以评分的高低和观众掌声的热烈程度作为决定胜负的因素。
2. 活动说明。
(1) 时装评判标准:新颖性、观赏性、可行性、搞笑性。
(2) 裁判必须公平、公正,各裁判打分要被公开。
3. 道具。
报纸(大量)、剪刀(每队 1 把)、透明胶(每队 1 卷)。

第二节　我跟随,我超越

我们需要思考,是要做一个追随者还是要做一个领导者。
最好的领导者也是一名优秀的追随者。
要做优秀的领导者,先做杰出的追随者。
有时候我们在领导着别人,有时候我们在追随着别人。
领导力大师本尼斯认为,领导者就是追随者。
美国学者、管理学大师彼得·德鲁克说,领导,就是后面有追随者。
好的领导者首先都是好的追随者。惠普中国区前总裁孙振耀,在惠普 23 年职业生涯中,可以说,他既是一位成功的领导者,同时又是一位优秀的追随者。他曾经说,先做一个好的追随者,才能做个好领导。
伟大的追随者成就伟大的领导者,而那些伟大的追随者往往更容易成为伟大的领导者,他们之间的距离只有一步之遥。
美国前国务卿基辛格博士说,领导就是要让他的人们,从他们现在的地方,带领他们去还没有去过的地方。
英国物理学家牛顿是人类历史上影响最大的科学家之一。牛顿去世后,有人写诗赞美他:宇宙和自然的规律隐藏在黑夜里,神说:让牛顿降生吧!于是一切都成了光明。然而在 1676 年,牛顿给朋友的一封信中却写道:"如果我比别人看得远些,那是因为我站在巨人们的肩上。"

【行思探理】

有领导者就必然有跟随者。领导者并不是天然存在的,被领导者也并不都是跟随者。但是最好的领导者一定是一名优秀的追随者。领导者通过别人来完成要做的事情，不管领导者在做什么，如果追随者不响应，领导者注定要失败，因此成功的领导者必须有成功的追随者。现代管理学之父彼得·德鲁克曾说过："领导者的唯一定义是其后面有追随者，一些人是思想家，一些人是预言家，这些人都很重要，而且也很急需，但是没有追随者，就不会有领导者。"今天我们大多数人都是追随者，但追随不是简单的跟随、复制，追随意味着积蓄力量、成就自我，是成就梦想的必由之路。

◆ 做一个优秀的跟随者

领导者与跟随者相伴而生，要想成为优秀的领导者，首先要成为优秀的跟随者。有人问比尔·盖茨，如果离开微软是否能再建立一个软件王国？盖茨的答案是肯定的，但前提是从微软带走100名员工。美国钢铁大王安德鲁·卡耐基曾说，带走我的员工，把我的工厂留下，不久后工厂就会长满杂草；拿走我的工厂，把我的员工留下，不久后我们还会有个更好的工厂。

跟随并非是一种被动消极的态度，而是一种主动思考的策略，这个过程可能短暂、可能漫长，但是不可或缺。领导者常被誉为强者，以"一直被模仿，从未被超越"为自豪；追随者多被视为弱者，以"一直在跟随，从不去超越"为生存法则。绝大多数人都是普通人，普通人走向成功应该遵循普通人成功的基本法则，就是先做一个优秀的跟随者，然后看看自己是否具备成为领导者的条件。跟随的起点不能短视，一定要选择高起点作为参照物，因为站在巨人肩上，我们会看得更远，走得更远。一个企业家曾说过：要想成为富翁就必须跟富翁站在一起，哪怕你在富翁圈里是一个穷人，至少圈外的人看你像富人。成功的跟随往往能有不错的机会，跟在领导者后面人云亦云永远没有出头之日，不断创新才能超越先行者。达尔文说过，自然界生存下来的，既不是四肢最强壮的，也不是头脑最聪明的，而是有能力适应变化的物种。

◆ 做一个有效行动的跟随者

西班牙著名作家塞万提斯说，愚蠢总希望自己有追随者与伙伴，而不希望孤行。有效的"跟随者"是一个相对而言的概念，在一个部门是领导者，可能在更大的一个部门就成为跟随者了。行动有效来自思考有效，著名哲学家罗素在日常生活中观察到的现象出奇地相似：大部分人宁愿死也不愿思考。思考的对错不在于你是否与多数人意见一致，而在于你的分析推理是否正确。证券分析之父格雷厄姆说，如果你已经根据有力的事实进行分析得出一个结论，并且你相信自己的判断是正确的，那么就根据自己的判断行动吧，不要管别人是否怀疑或同不同意你的判断；公众与你的意见不同，并不能表明你的判断是正确还是错误的。

一个有效行动的跟随者必须观察形势、看待问题、分析问题，必须站在领导者的立场、角度，设身处地明辨是非、运筹帷幄、作出行动决定。卡耐基美隆大学教授凯利说，如果我们有了有效的能独立思考的跟随者，我们就不太需要有效的领导者；如果我们有了有效的领导者，我们也不需要有效的跟随者。西班牙成功学大师巴尔塔沙·葛拉西安警告我们说，有序的举动是成功的行动，无序的举动是盲目的行动。有效的跟随行动可以引领我们走向成功，而盲目的跟随行动将导致我们的失败。因此，我们要尽量避免盲目的跟随行动，行动前必须充分考虑各种可能，制订跟随行动计划，并做好充分的准备。

◆ 做一个超越的跟随者

做一个超越的跟随者，发展为高效的领导者。首先，打破跟随者思维的天花板，在思想上超越跟随者的思维模式。华为公司掌门人任正非曾坦言：华为正在本行业逐步攻入无人区，处在无人领航、无既定规则、无人可跟随的困境，感到前途茫茫、找不到方向。其次，在行动上坚持打破跟随者的行动模式，能不能创新在很大程度上决定你能不能做一个超越的跟随者，苹果公司的创立者乔布斯告诉我们：创新，决定了谁是领导者，谁是追随者。坚持创新是做一个超越的跟随者的必要条件，乔布斯的继任者、苹果CEO库克说，我们永远没有捷径可走，我们必须照料到每一个细节；让我们追随好奇心，要懂得这条路虽然更长，但是最终会发现一切都是值得的；我们明知风险会导致最终的失败，但却甘愿冒着风险前进。如果没有机会失败便不可能成功。

【互动空间】

《水草》逻辑推理

时间：20分钟。人数：全班均可参与提问。适用范围：创造力。
案情：一个男人，走到湖边的一个小木屋，同一个陌生人交谈以后，就跳到湖里死了。
游戏规则：
1. 由培训师交代案情，学员通过问封闭性问题的方式去判断案情的起因。
2. 培训师只负责学员的问题，但只能说"是"或"不是"。
3. 计时间，多长时间能完成案情推断。
结果分析：
故事的起因全部过程如下：

在一个夏夜的湖边，一对热恋男女谈情说爱，由于夏夜炎热，男人去买饮料解渴，留下小姐在湖边等。15分钟之后，男人回来了，发现小姐已经不在原来的地方，于是这个男人在湖的周围大声呼唤恋人的名字，没有人回应。时间一分一秒过去，男人越想越担心，一种不祥的预感已经笼罩在他的心头。"扑通"一声，男人跳进湖里，在湖里寻找恋人，他在湖底摸索了许久，什么也没有发现，除了一些像水草一样的东西。因担心水草会有危险，所以，他就放弃了湖底寻找，上岸之后，男人沿着湖边继续寻找。夜深了，人静了，男人拖着疲惫的身体继续……这时他看到湖边有一个亮着灯的小木屋，于是敲门，开门的是一位陌生的老大爷。

"老大爷，你有没有看到一位长头发，穿红色裙子的女孩？"
"没有。"
男人仍不放过一线希望，把恋人失踪的遭遇包括在湖里寻找的经过一五一十地告诉了老大爷。
"我是这个湖的看守员，这个湖里几十年来一直都没有生长过一根水草。"
原来，男人在湖里摸到的不是水草，而是他恋人的长发。于是，男人跳到湖里殉情了。

摘编自佚名. 水草，看看你的团队的创造力如何 [DB/OL]. 拓展训练，2013-03-02.

第三节　思路决定出路

古人云：不谋全局者，不足谋一域；不谋万世者，不足谋一时。

想干总会有办法，不想干总会有理由！

比尔·盖茨的人生公式：财富＝正确的想法＋足够的时间。

美国著名管理大师德鲁克说，当前社会不是一场技术战，也不是软件的速度的革命，而是一场观念上的革命。

有什么样的思想，就有什么样的行为；有什么样的行为，就有什么样的习惯；有什么样的习惯，就有什么样的性格；有什么样的性格，就有什么样的命运。世界上最大的未开发资源不是南极洲或者非洲沙漠，而是你的帽子下面。

日本稻盛和夫的公式：人生的工作结果＝思维方式×热情×能力（"能力"主要指遗传基因以及后天学到的知识、经验和技能。"热情"是指从事一件工作时所有的激情和渴望成功等因素。"思维方式"则指对待工作的心态、精神状态和价值偏好。其中能力和热情的取值区间是0～100，而思维方式取值范围为－100～100；对于这个公式可以这样理解：假设你有能力，也很有热情，但是，你的思维方式却犯了方向性错误，那么你也只会得到相反的结果）。

人不能改变环境，但可以改变思路；人不能改变别人，但可以改变自己；多一个思路，多一个出路；思路决定出路，观念决定前途。

【行思探理】

"山重水复疑无路，柳暗花明又一村。"世界上并不缺乏解决问题的道路，而是缺少解决问题的思路。一条道路走不通，采取另外一种思路或许就能够解决问题了。

◆ 思路支配行动

成功实现梦想通常包括想法发展、想法实施、实践和机会创造四个阶段。英国著名政治家丘吉尔在其《自传》中总结认为，成功并不完全取决于专业知识，更主要的是一种思维方法和行动能力。思路是行动的指南，想法决定做法，人的最大特点就是行动前有思路。无产阶级革命导师马克思作过形象而又深刻的阐述：蜜蜂建造蜂房的本领使人间的许多建筑师感到惭愧，但最蹩脚的建筑师从一开始就比最灵巧的蜜蜂高明的地方，是他在用蜂蜡建筑蜂房以前，已经在自己的头脑中把它建成了；劳动过程结束时得到的结果，在这个过程开始时就已经在劳动者的表象中存在着，即已经观念地存在着。俄罗斯作家克雷洛夫说，现实是此岸，理想是彼岸，中间隔着湍急的河流，行动则是架在河上的桥梁。有想法就要赶紧付诸行动，不然就永远都只在幻想和虚构中，戴尔公司创始人戴尔认为：在问题背后强调理由，是世界上最没有影响力的语言，拒绝拖延才是解决问题的有效途径。只有行动能够将想法变成现实，想法付诸行动才会成真，再好的想法不付诸行动也是白搭，没有付诸行动的想法只能是遗憾。英国前首相本杰明·笛斯瑞利指出，虽然行动不一定能带来令人满意的结果，但不采取行动就绝无满意的结果可言。

◆ 突破常规思路束缚

一位科学家曾做过这样一个实验：把跳蚤放在桌子上，然后一拍桌子，跳蚤条件反射似的跳起来，跳得很高。然后，科学家在跳蚤的上方放一个玻璃罩，再拍桌子，跳蚤再跳就撞到了玻璃。跳蚤发现有障碍，就开始调整自己的高度。然后科学家再把玻璃罩往下压，之后再拍桌子。跳蚤再跳上去，再撞上去，再调整高度。就这样，科学家不断地调整玻璃罩的高度，跳蚤就不断地撞上去，不断地调整高度，直到玻璃罩与桌子高度几乎相平，这时，科学家把玻璃罩拿开，再拍桌子，跳蚤已经不会跳了，变成了"爬蚤"。

很多人都有这样的习惯：自己不愿意思考，总是希望别人有现成的东西供我们借鉴和使用。办事情"唯书""唯上"不是思路宽，脱离实际空想、蛮干也不是思路新。法国作家司汤达说："一个具有天才禀赋的人，绝不遵循常人的思维途径。"用了别人的方法解决了问题，却不去思考别人的方法是怎样得来的，也不及时地总结学习经验，很多人做事情都是习惯选择自己熟悉的思维方式，认为是降低风险的保险方法，著名地质学家李四光说，我们要记着，作了茧的蚕，是不会看到茧壳以外的世界的。在常规思路之外，是否还存在别的方法？是否还有别的解决问题的途径？这些问题很多人不愿意去思考，自己给自己设置了思路的限制，其实过多的自我限制是没有必要的，人本身具有巨大的潜能，只要你勇敢地走出自我设置的条条框框，就会发现解决问题的思路并非只有熟悉的一条，条条道路是可以通到"罗马"的。我们打破墨守成规的思维定式，VISA创始人迪伊·霍克说，问题永远不在于如何使用头脑里产生崭新的、创造性的思想，而在于如何从头脑里淘汰旧观念。我们必须勇敢走出熟悉的框子，改变旧的思维定式，变保守思维为创新思维、单向思维为多向思维、封闭思维为开放思维、机械思维为辩证思维，走向更广阔的思路荒野，随着思路的转变，机会就出现了。

◆ 用思路开辟可能性

法国生物学家贝尔纳说，妨碍人们学习的最大障碍，并不是未知的东西，而是已知的东西。已知的东西使人们"只见树木，不见森林"，画地为牢，按照已经形成的习惯思考问题和解决问题，也没有思考习惯性做法是不是最优的解决问题方法，已知的东西限制了思考问题的方式，"只会使用锤子的人，总是把一切问题都看成是钉子。"跳出框子，没有经验可以借鉴，没有有效方法可以套用，而且还不能够保证一次试验就能够成功，有时可能毫无成效，甚至走上错误道路，要自己掌握思维的乐趣，独立思考，勇敢打破禁忌和愚昧，才能够在思考中挖掘成功的无限可能性。法国物理学家费尔马说，作出重大发明创造的年轻人，大多是敢于向千年不变的戒规、定律挑战的人，他们做出了大师们认为不可能的事情来，让世人大吃一惊。实际上人的潜能是多方面的，包括思考能力，但是由于各种条件的制约，平时一般人只发挥其1/10的潜能。美国学者威廉·詹姆斯根据其研究成果说：普通人只开发了他蕴藏能力的1/10；与应当取得的成就相比较，我们不过是半醒着；我们只利用我们身心资源的很小很小的一部分。只要我们养成思考的习惯，积极转换思路，就能最大限度开发自己的潜能，印度著名哲学家帕坦伽利说，当你被远大的目标、非凡的计划所激励时，你的思维会打破束缚，意识向各个方面扩散，你会发现自己进入了一个美妙、神奇的新世界；休眠的力量、才能和天赋都苏醒过来，你将发现自己比梦想中的还要强大。

第八章 思考：脑袋不是用来戴帽子的

【互动空间】

智力推理游戏

• 有个男人住在10楼，每天他会乘电梯下到大堂，然后离开。晚上，他会乘电梯上楼，如果有人在电梯里，或者那天下雨，他会直接到他的那层。否则，他会到第七层，然后他会走三层到他的公寓。你能解释为什么吗？

◆ 结果分析

这个男人是个侏儒。他够不到电梯上层的按钮，但是他可以叫其他人帮他按。他也可以用雨伞按。

• 一个阿拉伯酋长要求他的两个儿子骑骆驼到远方的城市去，谁骑得慢（最后到达远方的城市），谁就可以继承他的遗产。两兄弟在徘徊了多天后，决定去问智者的意见。当听完智者的一番建议后，他们跳上了骆驼，能多快就有多快地跑去那个城市了。究竟智者说了些什么？

◆ 结果分析

那位智者叫他们交换骆驼。

资料来源：摘自佚名. 推理游戏［N］. 郑州晚报，2010-01-15（C05）.

第四节　走出羊群做自己

独立，是指不依赖于别人的存在；思考，是指开动脑筋想问题。独立思考，就是遇到问题，希望通过自己的理解和思考得到真正答案，形成独到的见解。

哲学家帕斯卡尔说，我们全部的尊严包含在思想中。

古人说：尽信书不如无书。

古希腊哲学家赫拉克利特说过，博学并不能使人智慧。真正的智慧产生于独立思考过程中，只有在学习和生活中善于独立思考，才能开出智慧的花朵。在学习和生活中独立思考，其实质就是在学习知识的过程中要经过自己头脑的消化。

科学巨匠爱因斯坦说，学会独立思考和独立判断比获得知识更重要；不下决心培养思考习惯的人，便失去了生活的最大乐趣；发展独立思考和独立判断的一般能力，应当始终放在首位，而不应当把获得专业知识放在首位。正是由于养成了独立思考的良好习惯，具有独立思考的能力，他创立了相对论，颠覆了牛顿经典力学的基本原理，开辟了人类科学认识的量子时代。

印度著名诗人泰戈尔说，假如人失去了思想的能力，他就无法理解他为什么生活。而假如他不理解为什么生活，他也就无法知道，什么是好什么是坏。因此对于人来说，没有什么比能够好好地思想更可贵的了。

全球著名投资大师罗杰斯则用他的投资经验总结说，我一向认为坐下来并阅读一些资料会更好；我不太擅长随机应变，因此和人交谈可能会打乱我的思路；我只是舒服地坐着、阅读、计算，并得出一推无论是多么荒唐的"谬论"，不过我比他们成功得多；我发现，如果我只按照自己熟悉的那套方法，而不是别人告诉我的方法来做，投资会更简单，也更有利可图。

【行思探理】

◆ 抛弃思考中的"羊群效应"

思维习惯有盲从的特点，以"群众的眼镜是雪亮的"为借口，容易形成"随大流"的思想或行为的"羊群效应"。在今天能够产生"羊群效应"的土壤广泛存在，"真理""理论""领导""专家""权威""网红""大V""大咖"不断涌现，而我们长期接受的教育使我们成为"知识掌握者"，而不是"敢于怀疑者"，我们会追随大众的意见，将自己的意见默认否定，且不会主观上思考事件背后的可能性。多年前中国著名作家巴金说，现在是不是我们就不知道怎样独立思考呢？现在是不是我们就丧失了独立思考的能力呢？我想，绝不是。我们并没有丧失独立思考的能力。问题在于：有些人自己不习惯独立思考，也不习惯别人独立思考。他们把自己装在套子里面，也喜欢硬把别人装在套子里面。中国著名数学家华罗庚说，独立思考能力是科学研究和创造发明的一项必备才能。在历史上任何一个较重要的科学上的创造和发明，都是和创造发明者的独立地深入地看问题的方法分不开的。对于思维中的"羊群效应"，全球投资大师罗杰斯则用其亲身实践得到了一个对我们有启示的结论：我可以保证，市场永远是错的。必须独立思考，必须抛开羊群心理。而号称"股神"巴菲特给出类似的结论：做优秀的投资者并不需要高智商，只需拥有不轻易从众的能力。

◆ 培养科学的质疑精神

"学起于思，思源于疑""学贵有疑。小疑则小进，大疑则大进"。新中国开国元勋毛泽东曾经说过，对任何事情都要问一个为什么，想一想它是否合乎实际，是否真有道理，绝对不应盲从，绝对不应提倡奴隶主义。著名教育家苏霍姆林斯基说，一个人到学校里来上学，不仅是为了取得一份知识的行囊，主要的还是为了变得更聪明，因此，它的主要的智慧努力就不应当用到记忆上，而应当用到思考上去。事物都是在不断变化的，科学的质疑精神首先来自于对前人思想和知识的尊重，没有足够知识"内存"的质疑是放肆和愚蠢的质疑。法国物理学家居里夫人说，人类看不见的世界，并不是空想的幻影，而是被科学的光辉照射的实际存在。尊贵的是科学的力量。对任何问题、任何事物的独立思考是以科学的理性态度问一个"为什么"，是对旧知识的理性质疑，尽信书不如无书。英国著名天文学家詹姆斯·金斯说，亿万年后我们的后代站在时间的那一头，我们这一代人在他们眼前都是模糊不清的英雄。对权威只有崇拜而没有怀疑，结果只能把自己变成一个跪在地上的可怜信徒。真理是不怕被质疑的，正是在不断地被质疑、被修正的过程中，才愈益显示真理的光辉。为此，爱因斯坦说过一句有趣的话：我竭力告诫自己要蔑视权威，命运却使我成了权威。

◆ 掌握独立思考的基本方法

自助管理专家艾伦·加尔布雷思（Allen Galbraith）认为独立思考是一种随着年龄增长

必须拥有的一种能力，并且总结了他培养独立思考能力的窍门：
- 有疑问就发问。不要害怕问问题，即便是别人都没问过的问题。
- 经验比权威更重要。如果有专家、权威人士要让你相信什么和你的实际经验相抵触的东西，不要被他们吓倒。
- 理解对方的意图。别人找你谈话的意图是什么？他们对你所说的话有没有什么背后的原因？
- 不要觉得你必须随大流。
- 相信自己的感觉。如果你觉得不对头，很可能真的有什么不对的地方。
- 保持冷静。保持冷静和客观可以让你头脑更清醒。
- 积累事实。事实是验证真理的唯一标准。
- 从不同的角度看问题。每个事物都有其多面性，尝试从不同的角度去认识问题解决问题。
- 设身处地。了解对方的处境才能更好地了解对方的想法。
- 勇敢。鼓励自己站起来说"我不同意"。不要害怕，经过磨炼才能成长。

【互动空间】

你是独立思考者吗？

- 假设你的老板不在，你不得不作出超过你权限的决定，你该怎么做？
- 假设给你分配一个项目，这个项目除了完成期限外，既没有过往经验，也没有操作说明，你该怎么开始这个项目？
- 你想承担更大的责任吗？为什么？
- 讲一个你突然接到某个预想不到的任务的经历。
- 在你以前的工作中，你曾经解决过多少本来不属于你职权范围内的一些公司问题？
- 工作给你带来的最大的满足是什么？
- 在你的上一份工作中，你发现了哪些以前未遇到的问题？
- 工作中，你认为哪些情形是比较危险的？为什么？

第五节　带着思想去工作

低头拉车，更要抬头看路。

电影剧作家卡曾斯说，把时间用在思考上是最能节省时间的事情。

俄国作家陀思妥耶夫斯基说，首先是最崇高的思想，其次才是金钱；光有金钱而没有最崇高的思想的社会是会崩溃的。

美国思想家爱默生说，有史以来，没有一件伟大的事业不是因为方法而成功的。

法国作家雨果说，未来将属于两种人：思想的人和劳动的人。实际上这两种人是一种人，因为思想也是劳动。

美国投资大师巴菲特说，榨出我1克脑汁，再加上16 000元，我就可以创造出1 000万元的价值。

德国歌剧家歌德说,世上最艰难的工作是什么？思想。凡是值得思想的事情,没有不是人思考过的；我们必须做的只是试图重新加以思考而已。张朝阳曾经说过,会动脑筋思考的人,总能掌握住问题的关键,并能够解决它,通常在工作上能高效率地完成任务。由于比别人更快,所以他们就容易在竞争中脱颖而出。

中国著名数学家华罗庚说："科学的灵感,绝不是坐等可以等来的。如果说,科学上的发展有什么偶然的机遇的话,那么这种偶然的机遇只能给那些学有素养的人,给那些善于独立思考的人,给那些具有锲而不舍精神的人,而不会给懒汉。"

【行思探理】

唯心主义集大成者黑格尔指出,每个人都是他那时代的产儿；哲学也是一样,它是被把握在思想中的它的时代。思想是行动的灵魂,没有思想的行动缺少了明确的目标,充其量只是盲目的行动,也无法深刻把握事物发展的规律,更无法对事物发展的方向进行清晰科学的分析,带着思想行动才能够达到行动的高度。

◆ 思想的高度决定人生的高度

美国著名诗人爱默生说,人是思想的产物。人有思想,不同的人有不同的思想,一个人的思想高度决定他的人生高度。思想一旦形成,便会顽固地控制着人们的头脑,支配着人们的观察视角、思维方式、价值取向和行为方式,从而支配我们的命运。一个人不论是成功还是失败,都是自己思想作用的直接结果。法国思想家帕斯卡尔说,人只是一棵芦苇,自然界最脆弱的,但是一棵运用思想的芦苇；要摧毁他,无须全宇宙都武装起来,一股气,一滴水,都能够致他死命。但是在宇宙摧毁他时,人依然比摧毁者高贵,因为他知道自己死,知道宇宙比他占便宜,而宇宙却毫不知道。思想既可以作为武器,摧毁自己,也可以作为利器,只有不断地打破思想的枷锁,明确了自己发展方向,而且接受了新的思想,才能开创无限天空。美国思想家爱默生说,人是观念的囚徒——真正的革命发生在人们的头脑中——观念革命造就了人的更新；观念革命是对既定价值的一次全面再评判,它把人的精神从旧思想的樊篱中解放出来,引入一个崭新的世界；可以说,是观念革命造就了人的更新。只有学会用独特的思想去分析问题和解决问题,就很容易发现：想成为什么样的人就可以成为什么样的人,那么他就会有可能很快达到目标。

◆ 正确的思想决定正确的道路

俄国作家柯罗连科说,思想是行动的基础,它把青年拉向一方面去,而生活和利益的实际要求把他们拉向另一方面去,在大多数情况下,生活总是占上风的,于是,大多数受教育的青年人经过了一段热烈的青春迷恋时期之后,就走上了已经踏平的道路,而且渐渐走得习惯了。一个没有思想的人,如同迷失道路一样,不但不知道明天走到哪里、做什么,就是连今天做什么,为什么要这样做都弄不清楚,抛弃过去陈旧的观念,深入地整体地观察生活,是一切真知的来源,是获得正确思想的唯一途径。古希腊安提斯德内说,思想是比任何东西都坚固的城墙,因为它绝不会倒塌,也不会交到敌人手中去。思想形成的道路千万条,只有掌握正确的思想才能够把我们引向正确的解决问题的道路。美国著名法学家奥利弗·霍姆斯说，世界上伟大的事情不在于我们站在何处，而在于我们朝什么方向前进；为了到达目标之港，我们必须航行，不能漂流，也不能抛锚。为了到达目标，要果断抛弃原有的不符合实际的思想，正确的思想可以保证道路选择的正确性，使人们不偏离原来设计的目标，朝着自己的目标前进；也能够使人们寻找到更为准确、更为符合事实的分析和解决问题的角度，使人们把握问题的实质，从而获得解决问题的正确道路。

◆ 创新的思想改变原先的结果

习近平说，创新是一个民族进步的灵魂，是一个国家兴旺发达的不竭动力，也是中华民族最深沉的民族禀赋。我们在思考现实生活中的许多实际问题时，脑子里总是会出现各种各样的框架，它们会影响我们，阻碍我们解决问题。法国作家巴尔扎克说，一个能思想的人，才真是一个力量无边的人。创新的思想依赖于人们对历史和现状的深刻了解，依赖于敏锐的观察能力和分析问题能力，依赖于平时知识的积累和知识面的拓展。法国著名军事家拿破仑说，世上只有两种力量：一种是剑，一种是思想，而思想最终都是战胜剑。要想获得对未知世界的认识，人们就要不断地探索前人没有采用过的思维方法、思考角度去进行思维，著名地质学家李四光说，一些陈旧的不结合实际的东西，不管那些东西是洋框框，还是土框框，都要大力地把它们打破，大胆地创造新的方法新的理论，来解决咱们的问题。创新的思想就要独创性地寻求没有先例的办法和途径去正确、有效地观察问题，分析问题和解决问题，而可以使我们形成创新的思想的思考方法包括发散思维、联系思维、形象思维、系统思维、逆向思维等等，这些思考方法都能够帮助我们采用多种思维技巧打破传统思维习惯，发挥人们的想象力和创造力，从而改变结果，否则正如日本企业家本田宗一郎所说：光看别人脸色行事，把自我束缚起来的人，就不能突飞猛进，尤其是不可能在科学技术日新月异的年代里生存下去，就会掉队。

【互动空间】

囚徒自救

古希腊有个国王，想把一批囚徒处死。当时流行的处死方法有两种：一种是砍头，一种是处绞刑。怎样处死由囚徒自己去选择。

选择的方法是这样的：囚徒可以任意说出一句话来，这句话必须是马上科学检验其真假的。如果囚徒说的是真话就处绞刑；如果说的是假话就砍头。

结果，许多囚徒不是因为说了真话而被绞死，就是因为说了假话而被砍头；或者是因为说了一句不能马上检验其真假的话，被视为说假话而被砍了头；或者是因为讲不出话而被当成说真话处以绞刑。

在这批囚徒中，有一位是极其聪明的。当轮到他选择处死方法时，他说出了一句巧妙的话，结果使得这个国王既不能将他绞死，又不能将他砍头，只得把他放了。

这个聪明的囚徒说了什么话？

结果分析：

这个聪明的囚徒说：要对我砍头。

这句话使国王左右为难。如果真的把他砍头，那么他说的是真话，而说真话是应该被绞死的。而如果把他处以绞刑，那么他说："要对我砍头"便成了假话，而说假话又是应该被砍头的。或者绞死，或者砍头，都没有办法执行国王原来的决定，结果只得把他放了。

从推理形式上看，这个囚徒在国王面前，构造了如下的一个两难推理：如果他被砍头，那么，会违背国王原来的决定；如果把他绞死，那么，也会违背国王原来的决定。

资料来源：摘自佚名．囚徒自救［N］．辽宁日报，2011－06－22（D25）．

第六节　逆袭的人生我可以

有两个人从铁窗朝上望去，一个人看到的是满地泥泞，另一个人看到的却是满天繁星。

有一句格言说，当上帝为你关上一扇门时，他必定为你开启另一扇窗。

英国戏剧家亨·奥斯汀说，这世界除了心理上的失败，实际上并不存在什么失败。

英国著名作家狄更斯说，一个健全的心态，比一百种智慧都更有力量。

古罗马哲学家西尼加说，差不多任何一种处境——无论是好是坏——都受到我们对待处境的态度的影响。

美国著名成功学家威廉詹姆斯说，我们这一代人的最大发现是人能改变心态，从而改变自己的一生。

一位伟人说过，要么你去驾驭生命，要么是生命驾驭你，你的心态决定了谁是坐骑，谁是骑师。

法国著名作家雨果说，世界上最宽阔的东西是海洋，比海洋更宽阔的是天空，比天空更宽阔的是人的心灵。

美国亿万富翁卡耐基说，一个对自己的内心有完全支配能力的人，对他自己有权获得的任何其他东西也会有支配能力。

【行思探理】

美国著名心理学家拿破仑·希尔说，我们每个人都随身携带一支看不见的法宝，它的一面写着"积极心态"，另一面写着"消极心态"。一个人能否成功关键在于他的心态，成功者拥有积极的心态，失败者拥有消极的心态。我们所处的境遇不是由别人决定的，而完全是由我们自己的心态决定的。英国诗人塞缪尔说，世界如一面镜子：皱眉视之，它也皱眉看你；笑着对它，它也笑着看你。我们生活的周围没有任何变化，没有积极的心态看问题是消极的，整天抱怨、找各种理由搪塞自己，怎么可能实现自己的目标呢？正如著名表演艺术家盖叫天认为，凡事总要有信心，老想着"行"。要是做一件事，先就担心着"怕咱不行吧"，那你就没有勇气了。

◆ 培养自己的积极心态

人生不如意十之八九。美国作家斯蒂芬斯说，每场悲剧都会在平凡的人中造就出英雄来。一个人的精神状态是自己创造的，人的心态千差万别，成功者创造成功者的心态，失败者创造失败者的心态。著名作家杨朔说，作为一个人，要是不经历过人世上的悲欢离合，不跟生活打过交手仗，就不可能懂得人生的意义。生活本没有完美，心态也不全是积极的，有了消极的心态并不可怕，怕就怕不知道自己的心理处于消极状态，懂得自己有了消极心态还不够，关键要明白怎样去调整和改变消极心态，消除你脑海中和积极心态背道而驰的所有不良因素。任何时候，一个人都不应该做自己情绪的奴隶，不应该使一切行动都受制于自己的情绪，而应该反过来控制情绪。无论境况多么糟糕，你应该努力去支配你的环境，把自己从黑暗中拯救出来。主动思考自己应该做什么，我们还能做什么，怎么样才能做到最好，有这样的心态可以冲破限制我们的种种束缚，不为消极找理由，找借口，苏格兰哲学家卡莱尔说，生活的悲剧不在于人们受到多少苦，而在于人们错过了什么。为了下一次不错过，培养自己的积极心态，从做积极的事情开始，这是成功的第一步，钢铁大王卡内基说过，这个世界上有两种人是绝对不会成功的：一种人是要是没有人要他做，他是绝对不会做事的人；另一种是即使别人让他做，他也不会好好做事的人。而那些不需要别人催促，就能主动去做事的人，且能坚持到底就会成功。这种人对自己要求非常高，而且做的也比别人预期的多。

◆ 积极进行正面思考

思想差异导致行动差异，行动差异导致结果差异。在这个世界上，没有十全十美的事物，美国诗人朗弗罗说，乌云后面依然是灿烂的晴天。我们的思维是开放的，潜力是可以挖掘出来的，积极的心态来自正面思考，即使是恶劣的环境也可以看到积极的一面，正面思考就是在遇到挑战或挫折时，产生"解决问题"的企图心，并找出方法正面迎接挑战。世界上最伟大的销售员乔吉拉德说，我要微笑着面对整个世界，当我微笑的时候全世界都在对我笑。反之，负面思考就是一遇到挫折，就被负面情绪打败，从而责怪自己和环境条件，最后选择退缩、放弃或报复。瑞典著名戏剧家易卜生说，不因幸运而故步自封，不因厄运而一蹶不振；真正的强者，善于从顺境中找到阴影，从逆境中找到光亮，时时校准自己前进的目标。一般来说，乐观者的思维习惯是"问题解决导向"，容易正面思考；悲观者则较容易沦为负面思考，一旦形成思考惯性，负面思考程度将越来越严重，甚至引发忧郁症。逆境是试金石，失败是考验，古希腊哲学家德谟克利特说，当我偶尔对人生失望，对自己过分关心的时候，我也会沮丧，也会悄悄地怨几句老天爷，可是一想起自己已经有的一切，便马上纠正自己的心情，不再怨叹，高高兴兴地活下去；不但如此，我也喜欢把快乐当成一种传染病，每天将它感染给我所接触的社会和人群不应该追求一切种类的快乐，应该只追求高尚的快乐。积极的正面思考没有逆境、没有失败，但是要经历痛苦的过程，才能开出绚丽的花朵，因为结局很美妙的事，开头并非如此。

【互动空间】

情绪化指数测试

早上醒来，对着镜子一看，你发现自己的脸油油腻腻的而且还起了小痘痘，你会有什么表情？

A. 没有任何表情的呆脸。B. 生气的大臭脸。C. 皱眉的苦瓜脸。

结果分析：

选择A：你情绪化的指数为40%。一般来讲，只有感情这件事会让你的情绪动不动就起伏不定。做什么事情都很理性，而且很独立，不管遇到什么事情，你都会让自己的情绪在很短时间内平静下来，只是在私生活方面，你有点情绪化而已。

选择B：你的情绪化指数为60%。你的情绪化往往只有自己感觉得出，一般来讲，你不会把它表现出来，而是把所有的喜怒哀乐都隐藏在心底，目的是不想让身边的人为自己担心。其实，这种人生活得很压抑，认为自己天生是让大家依靠的。不过一旦爆发，就可能会出现暴力倾向。

选择C：你的情绪化指数为99%。你是那种感情非常脆弱也非常敏感的人，很容易因为外在的人或事让自己的情绪波动不已，然后把情绪写在脸上。其实，你属于感觉派，往往是跟着感觉走，因此情绪常常会起伏不定，很难自已。

第九章　规划：凡事预则立

第一节　不做"无头苍蝇"

人之所以能，是相信能。

无目标的努力，有如在黑暗中远征。

如果你不能一下子到达既定目标，不妨一段一段地去耕耘。

生涯要规划，更要经营，起点是自己，终点也是自己，没有人能代劳。

小米创始人雷军说，我们做任何事情都需要看五年以后的事情，想三年，认认真真做好一两年。

法国文艺复兴后期、16 世纪人文主义思想家蒙田说，没有一定的目标，智慧就会丧失；哪儿都是目标，哪儿就都没有目标。

俄国作家托尔斯泰说，要有生活目标，一辈子的目标，一段时期的目标，一个阶段的目标，一年的目标，一个月的目标，一个星期的目标，一天的目标，一个小时的目标，一分钟的目标。

美国著名教育家博恩·崔西说，要达成伟大的成就，最重要的秘诀在于确定你的目标，然后开始干，采取行动，朝着目标前进。

在竞争如此激烈的当今社会，"人生需要规划"已经是毋庸置疑的思想理念。正所谓"机遇永远垂青有准备的人"，而我们只有有备才能无患。

设计阶段人生，并不是叫你立刻放弃眼前的工作，因为不少人真的很爱自己现在从事的这份工作，只是无暇把手头的工作与未来的目标联系起来。其实眼前的工作所获得的依然是短期利益，它固然很重要，但适度而具体的发展规划，才是你追逐的梦。

【行思探理】

杨澜说，人生需要规划。市场经济之市场对资源配置起决定性的作用，从一而终的职业选择是稀有物，市场要求的随机职业切换是常态，做好职业战略性规划应该成为职业生活的常态。职业规划是通过准确评价个人特点和强项，评估个人目标和现状的差距，进而确切地定位个人职业的方向、认识自身的价值并使其增值，增强自身的职业竞争力。做一个有心人，经常思考自己的前途，策划每个阶段的发展模式，不要因为白白虚度了几年光阴而放弃追求。当一个人开始有所计划的时候，他永远都不会晚！

◆ 职业生涯设计的价值

在知识创新时代，技术更新速度不断加快，新职业不断创生，传统职业不断衰减，新职业由"单一型"向"复合型"转换、由"职业型"向"社会型"转换、由"传承型"向"创新型"转换、由"从业型"向"创业型"转换。每一方面职业转换的背后都是个体职业机会的切换，都带来职业的重新选择和重新洗牌。我们处于选择过剩的时代，莫尔说，人生中最困难者，莫过于选择。但是，机会对于不能利用它的人又有什么用呢？等待机会，是一种十分笨拙的行为，我们更需要创造机会。选择太多时我们会苦恼，会眼花缭乱看花了眼，可没有选择时我们就会伤心了。人不能创造时机，但是他可以抓住那些已经出现的时机。英国文学家狄斯雷利说，人生成功的秘诀是当好机会来临时，立刻抓住它。能否抓住职业切换的机会，实现职业的向上流动是对每一个人的考验。卡耐基说，我们多数人的毛病是，当机会朝我们冲奔而来时，我们仍自闭着眼睛，很少人能够去追寻自己的机会，甚至在绊倒时，还不能见着它。选择职业发展方向，随时做好职业切换的准备，因为在职业发展的道路上，重要的不是你现在所处的位置，而是迈出下一步的方向。

职业成功是每个职业人的内心渴望，职业生涯要规划，更要经营，起点是自己，终点也是自己，没有人能代劳。当今世界，用过去的经验看现在的时代都是不确定的，最大的确定就是不确定，未来职业的变化会呈现出职业变换不确定性加速的现象，传统的职业经验因为技术颠覆性发展而失效，原有的职业经验会被淘汰，面对职业发展的不确定性，每个人都需要将事前的忧虑换为事前的思考和计划。毕竟，做对的事情比把事情做对更重要。

◆ 职业生涯设计的依据

做好潜在兴趣的判断，从事一项喜欢的工作，工作本身就能够给你带来满足感，因此在职业规划时，一定要考虑自己的特点，珍惜自己的兴趣，选择自己喜爱的职业。诺贝尔物理学得奖者杨振宁说，成功的秘诀在于兴趣。当你所做的事情是你自己的爱好时，你会发现你做起事情来就会事半功倍。爱好能够让人变得聪明，爱好也能够给人带来动力，做自己喜欢做的事情就会在行程中得到快乐，在困难中得到鼓励。知之者不如好之者，好之者不如乐之者。职业心理学家的研究表明，一个人对某种职业产生兴趣可以增强其对职业的适应性，且能发挥他全部才能的80%～90%，令个体长时间保持高效率而不感到疲劳；如果相反，则个体的才能只能发挥约20%～30%。

做好现有能力的判断。人是各种能力的载体，认识自己就是认识自己的长处和短处。首先是要找对找到自己的优势和长处，然后在此基础上发挥自己的长处，切不可离开自己的优势和长处，好高骛远。这世上没有完美无缺的人，也没有一无是处的人，每个人都有自身的优点和缺点，正所谓"尺有所短，寸有所长"。我们要做的就是看清自身的优势与劣势并能够扬长避短。美国管理大师彼得德鲁克说，卓有成效的管理者善于用人之长；用人不在于如何减少人的短处，而在于如何发挥人的长处。同样，经营自己的长处，能使自己人生增值；经营自己的短处，能使自己人生贬值。了解自己的长项，才能选准人生的职业方向；练好自己的长项，才能成就自己的事业。美国将军巴顿说，要想做大事，首先要能处理小事才行，而且全力以赴。发挥自己的长处能够让你的技能益发精进，而且一天比一天好，这样的改善一点一滴地累积起来之后，最后你的专长将会出现非常明显的精进。你们所具备的长处可以协助你们突破表现上的瓶颈，保障自己的事业生涯，提升自己对于公司的价值，以及为更上一层楼的表现做好准备。

做好时代发展判断。社会发展日新月异，科技突飞猛进，新的需求不断产生，新的职业种类不断产生，以往很多的热门行业或许现在已经无人问津，而那些不被看好的反而发展得越来越好了。因此，在做职业规划的时候，一定要结合社会需求，紧跟时代步伐，选择社会需求旺盛的职业目标，与时俱进。我们面对的时代发展趋势是产业升级、变化升级、需求升级的时代，掌握未来趋势比掌握资信更重要。面对趋势，做好行动的准备，别再问自己这一辈子要干什么，现在的职业规划没有办法管终身，管终身的时代已经过去。行动是治愈恐惧的良药，而犹豫、拖延将不断滋生恐惧。成功的人可以无数次修改方法，但绝不轻易放弃目标；不成功的人总是修改目标，就是不改变方法。你不用想那么远，就想想这两年要干什么？但是请注意，你也不要把目标放得太短，因为所有的竞争和成就都是需要时间积累的，如果你今天往东，明天往西，如果你天天看未来、天天做梦，可能今天你都过不去。

◆ **职业生涯规划的技术**

一个完整的职业生涯规划技术流程通常包括自我分析、内外环境分析、职业（岗位）选择、生涯目标抉择、职业生涯路线选择、具体计划与措施、生涯规划实施、规划评估与调整共七个部分。

1. 自我分析。通过自我分析，认识自己、了解自己，选定适合自己发展的生涯路线。
2. 内外环境分析。分析环境的特点，环境的变化、自己与环境的关系，自己在特定环境中地位，环境对自己的有利条件与不利条件。
3. 职业（岗位）选择。运用职业匹配原理——性格与职业或岗位匹配、兴趣与职业或岗位匹配，特殊能力与职业或岗位匹配来选择自己的职业或岗位。
4. 职业生涯目标抉择。明确自己想成为一个什么样的人。
5. 职业生涯路线选择。职业生涯路线选择回答三个问题：我想往哪一路线发展（确定自己的目标取向）？我通往哪一路线发展（确定自己的能力取向）？我可以往哪一路线发展（确定自己的机会取向）？
6. 职业生涯规划的计划与措施。列出具体的计划、具体的科目、具体项目；对每项计划列出切实可行的具体措施；明确每项计划的起讫时间；明确考核指标。
7. 职业生涯规划的规划评估与调整。

【互动空间】

如果有机会让你到以下6个岛屿旅游，不用考虑费用等问题，你最想去的是哪个？可以按照喜欢程度选出三个。

A岛：美丽浪漫的岛屿。岛上美术馆、音乐厅众多，弥漫着浓厚的艺术文化气息。同时，当地的原住民还保留了传统的舞蹈、音乐与绘画，许多文艺界的朋友都喜欢来这里找寻灵感。

B岛：深思冥想的岛屿。岛上人迹较少，建筑物多僻处一隅，平畴绿野，适合夜观星象。岛上有多处天文馆、科学博物馆以及科学图书馆等。岛上居民喜好沉思、追求真知，喜欢和来自各地的哲学家、科学家、心理学家等交换心得。

C岛：现代、井然的岛屿。岛上建筑十分现代化，是进步的都市形态，以完善的户政管理、地政管理、金融管理见长。岛民个性冷静保守，处事有条不紊，善于组织规划。

D岛：自然原始的岛屿。岛上保留有热带的原始植物，自然生态保持得很好，也有相当规模的动物园、植物园、水族馆。岛上居民以手工见长，自己种植花果蔬菜、修缮房屋、打造器物、制作工具。

E岛：温暖友善的岛屿。岛上居民个性温和、十分友善、乐于助人，社区均自成一个密切互动的服务网络，人们多互助合作，重视教育，弦歌不辍，充满人文气息。

F岛：显赫富庶的岛屿。岛上的居民热情豪爽，善于企业经营和贸易。岛上的经济高度发展，处处是高级饭店、俱乐部、高尔夫球场。来往者多是企业家、经理人、政治家、律师等，衣香鬓影，夜夜笙歌。

◆ 结果分析

A岛代表艺术倾向，善自我表现、表达情感，富想象力，易冲动。适合职业：艺术家、广告人员、设计师、音乐教师、媒体工作人员。

B岛代表探索倾向，好奇心强，重分析，好内省。适合职业：教授、药剂师、实验员、科学报刊编辑、各类科研人员。

C岛代表常规倾向，易顺从，好稳定。适合职业：财务人员、行政人员、电脑操作员、非技术操作工。

D岛代表现实倾向，不重社交，重实际利益。适合职业：技术工人、工程师、飞机机械师、驾驶员、建筑工人。

E岛代表社会倾向，善社交，易合作，责任感强。适合职业：教育工作者、福利机构工作者、咨询顾问、医务人员、服务人员、人力资源工作者。

F岛代表开拓倾向，好影响、支配他人，富有冒险精神。适合职业：销售人员、律师、政治家、管理者、采购人员。

第二节　立足渺小，成就伟大

职业生涯设计，规划完美人生。

享受生命的旅程——职业与人生。

你在步入职场之前的时光，你是在为选择职业做着准备和积累；当你步入职场的第一天，你就开始书写度量你的职业生涯；当你一旦退离职场开始安度晚年时，你仍会发现几十年的职业生涯早已在你身上打下了不可磨灭的印记，它将伴随你一生。选择一个适合职业，度过一个成功的职业生涯，是每一个人的追求与向往。

英国著名的剧作家、评论家乔治·萧伯纳说，征服世界的将是这样一些人：开始的时候，他们试图找到梦想中的乐园，最终，当他们无法找到时，就亲自创造了它。职业既不像超市货架上的商品可供我们任意选择，也不像家庭成为我们出生后固有的独特的社会结构，它更像一位合作伙伴，既在眼前又远在天边，更需要我们自我的设计和自我的奋斗。

第九章 规划：凡事预则立

【行思探理】

职业是社会分工的结果，是人类社会生产和社会生活进步的标志。"职业"一词是由"职"和"业"两字组合而成。"职"字包含着责任、权利、义务等意思；"业"字包含有行业、业务、事业等意思。职业是参与社会分工，利用专门的知识和技能，为社会创造物质财富和精神财富，获取合理报酬，作为物质生活来源，并满足精神需求的工作。随着科学技术的进步和社会的不断发展，社会职业的数量在不断增长、种类不断丰富、结构不断优化、要求不断提高。

◆ 职业的附加含义

劳动。职业是社会分工的产物，劳动满足了个体生存的基本需要和职业发展，劳动成为区分人类与其他事物的重要分水岭，人的一生与劳动紧密关联，职业与人生紧密联系在一起。在劳动中，社会个体实现了社会的连接，并在劳动中寻找到社会生活的意义，中国作家邓拓说，古来一切有成就的人，都很严肃地对待自己的生命，当他活着一天，总要尽量多劳动，多工作，多学习，不肯虚度年华，不让时间白白地浪费掉。劳动也创造了社会财富，劳动者在劳动中融入社会，成为社会进步的有机组成部分。法国著名科学家卢瑟福说，科学家不是依赖于个人的思想，而是综合了几千人的智慧，所有的人想一个问题，并且每人做它的部分工作，添加到正建立起来的伟大知识大厦之中。劳动改变了个体，也改变了社会，可以说劳动是社会进步的源泉。

工作。工作是工业革命以后职业分工的结果，每个人都被卷入社会化大生产中。爱尔兰剧作家萧伯纳说，我的生命属于整个社会；在我有生之年，尽我力所能及为整个社会工作，这就是我的特殊的荣幸。工作是个体职业的代名词，职业将社会个体嵌入到社会体系中，以工作谋求生产资料和生活资料，工作需要脑力和体力的付出，贯穿于生命过程中，俄国作家列夫·托尔斯泰说，人生是伟大的宝藏，我晓得从这个宝藏里选取最珍贵的珠宝；人生不售来回票，一旦动身，绝不能复返；人生的价值，应当看他贡献什么，而不应当看他取得什么；人生不是一种享乐，而是一桩十分沉重的工作。春秋战国时期哲学家孟子说，天将降大任于斯人也，必先苦其心志，劳其筋骨，饿其体肤，空乏其身，行拂乱其所为。工作成果是工作的附加产物，永远都是工作努力之后获得，这个世界上没有无缘无故的成果，没有不经播种就能获得的收获，因此对工作成果的奖励本身就是对工作努力的最大褒奖。法国作家巴尔扎克说，透过辛勤的工作获得财富才是人生的大快事。可能有努力后没有成果，但绝对没有不努力就能轻松收获的成果。爱迪生说："世间没有一种具有真正价值的东西，能够不经过艰苦辛勤劳动而能够得到的。"

事业。事业是职业生涯的最高层次，美国作家爱默生说："维持一个人的生命的事物，是他的事业。"事业已经脱离了个体的谋生手段层次，谋生手段追求高薪给人带来的是体验，但事业在职业生活中更倾向于得到了社会的认可，感受到的更多的是体现价值的快乐。靳羽西化妆品有限公司总裁雷荣发说，高薪并不是吸引人才的最重要原因，最重要的是让员工感到工作快乐。李奥贝纳广告公司创始人李奥贝纳说，我所享有的任何成就，完全归因于对客户与工作的高度责任感，不惜付出自我而成就完美的热情，以及绝不容忍马虎的想法，

113

草率粗心的工作，与差强人意的作品。

◆ 立足渺小，成就伟大

北京大学教授吴健生说，美丽人生是开心工作与快乐生活的结合体。职业活动渗透于日常生活和日常事务中，并不能够显示出活动的伟大。人生的意义分布在不同阶段的职业过程中，正如杰出的社会活动家谢觉哉所说，神圣的工作在每个人的日常事务里，理想的前途在于一点一滴做起。人的生命既短暂又漫长，只有充分高效利用时间，提升单位时间的效率，提升劳动的品质，才能为职业成功创造条件和可能。华罗庚结合自己的人生经历得出这样的结论：凡是较有成就的科学工作者，毫无例外地都是利用时刻的能手，也都是决心在超多时刻中投入超多劳动的人。勤奋的工作也成就了人，有些人成为别人眼中的天才。鲁迅说，所谓天才，只不过是把别人喝咖啡的时间都用在工作上了。高尔基则说，天才，就其本质而言，只不过是一种对事业、对工作过盛的热爱而已。

时间之河川流不息，每一代青年都有自己的际遇和机缘，都要在自己所处的时代条件下谋划人生、创造历史。青年是标志时代的最灵敏的晴雨表，时代的责任赋予青年，时代的光荣属于青年。青年时代职业生涯才开始起步，要成就职业理想，首先，要立志向，并准备为此努力。法国微生物学家巴斯德说，立志、工作、成功，是人类活动的三大要素。立志是事业的大门，工作是登堂入室的旅程，这旅程的尽头就有成功在等待着，来庆祝你努力的结果。其次，要奋斗终生。贾柯·瑞斯说，当一切似乎毫无希望时，我看着切石工人在他的石头上，敲击了上百次，而不见任何裂痕出现；但在101次时，石头被劈成两半；我体会到，并非那一击，而是前面的敲打使它裂开。最后，把职业和理想融合起来。马克思说，人只有为自我同时代人的完善，为他们的幸福而工作，他才能到达自身的完善。

【互动空间】

职业倾向的测试

你适合从事什么职业？每题有两种选择：A"是"与B"否"。

第一部分

1. 墙上的画挂不正，我看着不舒服，总想设法将它扶正。（　　）
2. 洗衣机、电视机出了故障时，我喜欢自己动手摆弄、修理。（　　）
3. 我做事情总力求精益求精。（　　）
4. 我对一种服装的评价是看它的设计而不关心是否流行。（　　）
5. 我能控制经济收支，很少有"月初松、月底空"的现象。（　　）
6. 我书写整齐清楚，很少写错。（　　）
7. 我不喜欢读长篇大作，喜欢读议论文、小品或散文。（　　）
8. 闲暇时间我爱做智力测验、智力游戏一类题目。（　　）

第二部分

9. 我不喜爱那些零散、琐碎的事情。（　　）
10. 以我的性格来说，我喜欢与年龄较小而不是年龄较大的人在一起。（　　）
11. 我心目中的另一半应具有与众不同的见解和活跃的思想。（　　）

12. 对于别人求助我的事情，总是尽力帮助解决。（　　）
13. 我做事情考虑较多的是速度和数量，而不是在精雕细刻上下功夫。（　　）
14. 我喜欢"新鲜"这个概念，如新环境、新旅游点、新同学等。（　　）
15. 我不喜欢寂寞，希望与大家在一起。（　　）
16. 我喜欢改变某些生活习惯，以使自己有一些充裕的时间。（　　）

测评标准：

选"A"加 1 分，选"B"加 0 分。

测评分析：

第一部分得分小于第二部分得分：你是一个肯钻研，很谨慎、理性的人。适合的职业：律师、医生、工程师、编辑、会计师等。

第一部分得分大于第二部分得分：你善于与人交往，思想较活跃。适合的职业：服务员、艺人、采购员、推销员、记者等。

第一部分得分约等于第二部分得分：适合的职业：美容师、美发师、护士、教师、秘书等。

第三节　自己的田自己种

在岗一分钟，坚持60秒。

顺境逆境看襟怀，大事难事看担当。

人生的意义不在于拿一手好牌，而在于打好一手坏牌。

打铁必须自身硬；没有金刚钻，不揽瓷器活；没有三板斧，不进瓦岗寨。

做事情通常分两种：一种如清茶，倒一杯是一杯，永远是被动；一种如啤酒，刚倒半杯，便已泡沫翻腾，永远是主动。

我国当代著名作家张洁曾经说过，我不应白白地耗费时间，去无尽地感慨生命的艰辛；也不应该自艾自怜命运怎么不济，偏偏给了我这样一块不毛之地；我要做的是咬紧牙关，闷着脑袋，拼却全身的力气，压到我的犁头上去，我绝不企望有谁来代替，因为在这世界上，每人都有一块必得由他自己来耕种的土地。

其实，每个人都应有一块自己耕种的土地，不拘大小，不管肥沃还是贫瘠，都要用自己的心血与汗水耕种，完成收获。你是工人，车间就是你的土地，产品就是你的收获；你是教师，课堂就是你的土地，学生成才就是你的收获；你是科研工作者，实验室就是你的土地，科研成果就是你的收获；你是警察，千家万户的生活区就是你的土地，国泰民安就体现着你的价值……各行各业，各司其职，每个人的岗位都是一块自己耕种的土地，面对自己的土地，不要以挑剔的眼光品评好坏，你只需要俯下身来，辛勤的耕种。

我们时代最伟大的企业家安德鲁·卡内基说，有两种人绝对不会成功：第一种是除非别人要他做，否则决不主动做事的人；第二种则是即使别人要他做，也做不好事的人。那些不需要别人催促，就会主动去做应做的事，而且不会半途而废的人必将成功。

【行思探理】

随着社会主义市场经济深度发展,自由是职场人的向往,"财务自由""车厘子自由"……成为职场人追求的目标。然而,在自由的背后首先是做好本职工作,勇于承担责任的自然馈赠,著名作家阿来说,自由的第一个意义就是担负自己的责任。"担负自己的责任"是对"耕种自己的田"的另外一种阐释,人来到这个世界就有责任。美国作家马克·吐温说,我们生到这个世界上来是为了一个聪明和高尚的目的,必须好好地尽我们的责任。社会分工赋予了每个人不同的责任,科学家责任是科学研究,企业家责任是创造物质财富,医生责任是救死扶伤……任何人在社会生活中无法逃避自己的责任,法国作家罗曼·罗兰说,一切责任的第一条就是不要成为懦夫。逃避责任就是懦夫行为。

◆ 耕种自己的田——创造奇迹的开始

2018年中美之间发生贸易摩擦,2019年华为成为摩擦的焦点,当中央电视台记者董倩问华为主要创始人兼总裁任正非希望民众用什么样的心态面对华为时,任正非说,不需要,希望他们没心态,平平静静地、老老实实地种地去,该干啥干啥,多为国家产一个土豆都是在做贡献,多说一句话都是浪费别人的耳朵。任正非的本次论述与之前的论述有异曲同工之妙:一个人一辈子能做成一件事,已经很不简单了;我们这几个把豆腐磨好,磨成好豆腐,你那几个企业好好发豆芽,把豆芽做好……我们13亿人民每个人做好一件事,拼起来就是伟大祖国。

一份工作意味着一份责任,无论什么岗位、承担什么任务,如果能够在其位、谋其政,责随职走、心随责走,以一种我能够做点什么、将来留点什么的心态对待自己的岗位,对待自己的工作;"靠谱""能够负责"是职场对人的高度评价,做一个靠谱的人,凡是有交代,件件有着落,事事有回音。奥地利心理学家维克多·弗兰克说,每个人都被生命询问,而他只有用自己的生命才能回答此问题;只有以"负责"来答复生命。因此,"能够负责"是人类存在最重要的本质。遇到事情时候主动一些,变"要我干"为"我要干",看到职责范围内的工作就自觉去干,看到发展需要的事就积极去做,和其他人齐心协力把事情做好,都需要责任心的支撑。美国作家毛姆说,要使一个人显示他的本质,叫他承担一种责任是最有效的办法。美国作家门肯说,人一旦受到责任感的驱使,就能创造出奇迹来。

◆ 耕种自己的田——付出艰辛的劳动

习近平在不同场合都阐释了"最重要的还是做好我们自己的事情"的思想,每个人在社会中没有谁是旁观者、局外人,都要发挥应有的作用,关键是做什么、如何做。"做"既是权利也是义务,马克思说,没有无义务的权利,也没有无权利的义务。既然做就要在职责和角色需要的时候,毫不犹豫、责无旁贷地挺身而出,全力履行自己的职责,并在履职中激发自己的全部能量。美国总统林肯说,每一个人都应该有这样的信心:人所能负的责任,我必能负;人所不能负的责任,我亦能负。如此,你才能磨炼自己,求得更高的知识而进入更高的境界。

成功的背后,永远是艰辛的努力。无论是劳作在生产一线的工人、耕耘在田间地头的农民、拼搏在市场大潮中的企业家,还是埋头在创新攻关中的科研人员、凭窗苦读憧憬未来的

第九章 规划：凡事预则立

青年学生，都应各尽其责、苦干实干。梁启超说，人生须知负责任的苦处，才能知道尽责任的乐趣。付出艰辛劳动后的收获才知道责任的美好，艰辛劳动的付出都融入社会，成为社会进步的有机组成部分，这样才能无愧于履责的努力，是对自己人生的最好总结。居里夫人说，我们应该不虚度一生，应该能够说：我已经做了我能做的事。

耕种自己的田还需要尊重客观规律，既不要大包大揽、目空一切的鲁莽，也不要拍脑袋决策、拍胸脯担保、拍大腿后悔的草率，更不要语言上的巨人、行动上的矮子，而是要科学决策、周密部署、执行到位。毛泽东指出：有许多东西，只要我们对它们陷入盲目性，缺乏自觉性，就可能成为我们的包袱，成为我们的负担。习近平指出：不提不切实际的口号，不提超越阶段的目标，不做不切实际的事情。职场中与其羡慕别人，不如自己付出艰辛劳动，"临渊羡鱼，不如退而结网"，从点滴入手、从具体事做起，不做表面文章、不搞花架子，扎扎实实把事情做好，活成自己喜欢的样子，活成别人羡慕的样子，就是耕种自己的田的最好方式。

【互动空间】

在风和日丽的一天，你在楼下打发时间，下列四种环境，你通常会选择坐在什么地方来消磨时光？

（1）　　　　　　　　　（2）

（3）　　　　　　　　　（4）

答案：（1）能看到来往行人的座椅上。如果你选择坐在能看到行人来往的椅子上的话，那么说明你是一个非常有责任心的人。你没事儿的时候，总会把大事小事都揽在自己的身上，总感觉有操不完的心。有时候，其实不在你负责范围内的事情，也不知怎么的就会最终跑到你的手上。如果每次是你自己主动承担这些责任的话，那当然是没有问题的，但如果每次都是莫名其妙的，这些责任都落在你身上的话，那么积少成多，会让你苦不堪言的。所以你要学会拒绝，适当地表达出自己的反对意见，不要成为来者不拒的老好人。

（2）柳树低垂的湖畔旁的座位上。如果你选择坐在湖畔旁的话，说明你还是比较有责任心的人。但是你比非常有责任心的人聪明一些，你不会去主动承担一些不属于你的责任，你只要做好自己分内的事情，或者如果自己有做错事的话，你会主动站出来负责到底，并想办法去补救。你是一个恪守本分的人，你不会逃避责任，但是也不会去承担一些多余的责任。所以你这样的人是属于刚正不阿型的。

（3）如果你选择坐在可以乘凉的凉亭中，那么说明你是有一点小聪明的人。每当发生事情的时候，你首先会想到能帮你解决问题的人，找他们帮忙，先帮你把问题解决了。当然，这也是一种负责任的方式。但是你这样的做法有时候也会给别人一种误导的信息，觉得你是不想负责任，想把责任推卸给别人。但其实出现问题的时候，你第一个时间想到的是怎样解决，之后再讨论追究责任的事情，所以不免被大家误解。

（4）如果你选择坐在枝叶繁茂的大树底下的话，那还表示你是害怕负责任的人。每当经理给你比较重大责任的工作的时候，你总会再三考虑，自己能不能承担了这份责任，自己能不能办好这件事。你总害怕自己办不好，其实你只是缺乏一些信心，这也并不是说你完全没有责任感。你只是觉得一旦答应了别人，就应该负责到底。所以相对而言，你还是有责任心的，只是你会害怕麻烦，害怕自己完成不了。

第四节　我追梦，我圆梦

生涯规划就是规划人生的远景，彩绘生命的蓝图，发挥自己的才能，写出人生的剧本。

生涯要规划，更要经营，起点是自己，终点也是自己，没有人能代劳。

人生如大海航行，人生规划就是人生的基本航线，有了航线，我们就不会偏离目标，更不会迷失方向，才能更加顺利和快速地驶向成功的彼岸。

人最大的悲哀，就是做了一辈子自己不喜爱的工作。人最大的失败，就是忙碌到死一事无成，还让后人看不到希望。没有规划的人生，就像是没有目标和计划的航行，燃料耗完了，漂泊在大洋中等待救援。

自我实现的需要是最高等级的需要。美国著名心理学家马斯洛说，自我实现的人是人类中最好的典范；在人自我实现的创造性过程中，产生出一种所谓的"高峰体验"的情感，这个时候是人处于最激荡人心的时刻，是人的存在的最高、最完美、最和谐的状态，这时的人具有一种欣喜若狂、如醉如痴、销魂的感觉。

德国作家席勒说，真正的价值并不在人生的舞台上，而在我们扮演的角色中。

实现真正的价值要求：完成与自己能力相称的工作，最充分地发挥自己的潜在能力，成为所期望的人物。这是一种创造的需要，有自我实现需要的人，似乎在竭尽所能，使自己趋于完美。自我实现意味着充分地、活跃地、忘我地、集中全力全神贯注地体验生活。

【行思探理】

哈佛大学有一个关于目标对人生影响的跟踪调查，对象是一群智力、学历、环境等各方面都差不多的人。调查结果发现，27%的人没有目标，60%的人有较模糊的目标，10%的人有清晰而短期的目标，只有3%的人有清晰而长期的目标。25年后跟踪结果显示：3%的人25年朝着一个既定的方向不懈努力，后来几乎都成为社会各界的成功人士，其中不乏行业

第九章 规划：凡事预则立

领袖，社会精英；10%的人短期目标不断实现，成为各个行业、各个领域中的专业人士，大都生活在社会的中上层；60%的人安稳地生活与工作，但都没什么特别突出的成绩，他们几乎都生活在社会的中下层；剩下的27%的人生活没有目标，过得很不如意，并且常常在抱怨他人、抱怨社会、抱怨这个"不肯给他们机会"的世界。当初智力、学历、环境等各方面都差不多的人为什么会发生如此大的反差呢？

◆ 提升自我实现的强度

每个人都渴望成为"人生赢家"，对自己了解很清楚，知道自己想要什么，想做什么，想过怎样人生，都希望拒绝成为人生输家，不希望自己任由环境塑造，糊里糊涂地生活，说到底就是希望自己是自己的主角，自己决定成败，自己掌握自己命运，使自己美梦成真。要想成为人生赢家就要面对奋斗中的输赢，任凭人生之路崎岖难行，也要勇往直前，战胜命运，才能够成为人生赢家。在实现人生赢家的道路上，有的人走着走着就忘记了当初的期望，能否实现期望和现实之间的零差别，关键在于自我实现的强度有多大。当期望强度为0时，根本就不想要。当他不想要的时候，愿望是空想，自己给自己画饼充饥，当然就得不到了。当期望强度为50%时，可要可不要，但蛮想要的，常常会努力一阵子，三分钟的热度，三天打鱼两天晒网，想起来热情满满，一旦遇到困难就会退缩。他们常常幻想，不怎么付出代价，就能得到，结果是常常不会成功。当期望强度为99%时，非常非常想要，即使是非常非常想要，到最关键的时刻，你还有一丝退却的念头，行九十而半百，往往是半途而废。现实生活当中，达成目标常常会遇到很多的难关，而这些难关决定了最后的1%，往往就是那些99%的人，不可逾越的鸿沟。希望强度是99%，在最后一刻放弃与第一步就放弃，结果是一样的。只有当期望强度为100%时，他们才可能排除万难，直到成功。

◆ 自我实现把遥远的梦想变成美好的现实

自我实现是一种充分发挥自己的潜能，最终获得满足感和成就感的状态。所有人只要还活着，只要有想法愿意去改变，就有改变自己的动力，甚至有彻底脱胎换骨的可能性，改变的意念愈强，胜算就愈大，成功的机会，永远留给拥抱变化、渴望改变的人。第一，自我实现唯一的依靠是自己，找到最适合自己的发展道路，每个人都是独特的无法复制的存在，靠别人帮助不如靠自己实现梦想。第二，找准目标，坚持到底，目标太大无法实现，小目标的实现又无法体现价值，要把大目标和小目标之间相互联系相互转化的关系理清楚，将大目标分解成若干个小目标，再将每一个小目标分解成若干个更小的目标，一直分解下去，直到现在该去干点什么。按照这样的办法，描绘一个大梦想，然后将大梦想细化为小目标，最后变成终极性目标。大目标和小目标确定以后就看你的行动了，只要坚持完成每一个设计的小目标，最终会汇成一个大梦想。第三，动态修正和调整目标。

【互动空间】

今年你的十大目标

道具：纸和笔
（1）写出今年希望实现的10个目标。

(2) 写出今年最希望实现的一个目标。
(3) 写出最希望实现的目标实现的基本条件。
(4) 做一个实现目标的计划表。
(5) 计划表分解到每一天。
(6) 年终对照实现情况。

第五节　选择是道必答题

人的一生，是一连串决定交织而成的过程，其精华在于自己如何选择。生命的最高境界，就是选对舞台，尽情挥洒才华，走出自己的路。

选择是一种取舍，选择是一种放弃，选择是一种风险，选择也是一种成功。

我们要学会在选择中不断进步，在选择中不断成熟，一步步向成功的彼岸靠拢!

危机与机遇是同时存在的，当人生转折点出现的时候，你必须作出最恰当的判断与行动!

人生的道路上，处处是选择，或者说人生就是由选择组成。选择是点，把选择点连起来，就组成了人生的线路。

选择，把握人生命运的最伟大的力量。谁把握了选择的正确方向，谁掌握了选择的力量，谁就掌握了人生的命运。

比尔·盖茨说，我的成功在于我的选择，如果说有什么秘密的话，那么还是两个字——选择。

阿尔弗雷德·伯纳德·诺贝尔说，有什么样的选择，就有什么样的人生。

选择与放弃，是一种心态、一门学问、一套智慧，是生活与人生处处需要面对的关口。昨天的放弃决定今天的选择，明天的生活取决于今天的选择。人生如演戏，每个人都是自己的导演。只有学会选择和懂得放弃的人，才能赢得精彩的生活，拥有海阔天空的人生境界。

中国古代著名思想家、教育家，战国时期儒家代表人物孟子在鱼和熊掌不能兼得时选择了熊掌。孟子说，"生，我所欲也；义，亦我所欲也。二者不可兼得，舍生而取义者也。"可见，大凡作出选择，一定要选择更有价值、更有意义的东西。

【行思探理】

14世纪法国经院哲学家布利丹曾经讲过一个哲学故事，一头粗壮而饥饿的毛驴站在两捆数量质量和与它的距离完全相等的干草之间，它虽然享有充分的选择自由，但由于两堆干草价值绝对相等，客观上无法分辨优劣，也就无法分清究竟选择哪一捆好，于是它始终站在原地不能举步，静静地选择，永远地选择，最后直到活活饿死也没有作出最终的选择。在日常生活中我们面临很多选择，但选择却是非常艰难的，布利丹毛驴的困惑和悲剧也常折磨着人类，人生的道路就是一个个十字路口交错而成的，只有在每一个路口都作出自己正确的选择，才能在自己绚丽的人生大道上走出一串串坚定的脚印，才能实现自己独特的人生价值。

第九章 规划：凡事预则立

◆ 学会选择

米兰·昆德拉在《不能承受的生命之轻》里说过，人的一生只有一次，你不可能把所有的可能性都过完，再挑选其中最完美的那条路。任何人都面临各种各样的选择问题，选择是普遍现象和必然现象，哪怕是不做"选择"，本身也是一种选择。选择要有智慧、胆量和气魄，如何认识选择、学会选择、正确选择、成功选择是人们面临的一个长期而又非常现实的问题。

随着社会主义市场经济发展，"人才市场""人力资源""人力资本"都提醒我们，每个人在社会上有了职业的选择权，而且社会发展创造了许多新的职业，原有的职业有的继续存在，有的逐渐消失，"下岗""跳槽"人们已经司空见惯。当选择数量持续增加时，海量选择的消极作用就会显现，要是可供选择的数目继续疯长，"这山望着那山高"可能会压得我们喘不过气来，学会选择已经成为职业发展的必答题。

◆ 正确选择

贝尔纳是法国著名作家，一生创作了大量的小说和剧本，在法国影剧史上有特别重要的地位。有一次，法国一家报纸进行了一次有奖智力竞赛，其中有这样一个题目：如果法国最大的博物馆卢浮宫失火了，情况只允许抢救出一幅画，你会去抢救哪一幅？结果，在收到的上万份答卷中，贝尔纳的答案获得金奖。他的回答是：我抢救离出口最近的那幅画。获奖理由是：成功的最佳目标不是最有价值的那一个，而是最可能实现的那一个。

贝尔纳的答案其实告诉我们，在选择职业的过程中要考虑三种成本：第一，沉没成本。你对过去的投入对未来并不能产生正面的影响。第二，边际成本。你每多获得一份回报需要付出的投入，想要获得快速的个人成长或者早日实现财富自由，你就需要挖掘那些边际成本足够低的路径，一个人获得报酬的边际成本是递减的，这才是正常的成长路径。第三，机会成本。你选择了某一个机会，从而放弃了其他机会给你带来的最高价值。机会成本的思维是，如果我不去做这件事，我又会损失什么呢？改变的是传统思维即如果我去做这件事，会损失什么呢？三种成本代表三种思维方式，如果没有理解选择的三种成本，也无法理解三种成本导致的结果：受制于沉没成本，你看不清前面的陷阱而跌落；不明白边际成本，你做了大量的无用功却找不到真正的出口；不了解机会成本，你总在原地踏步无法突破。正确的选择需要全面考虑三种成本，答案蕴涵于三种成本的选择和计算中。

◆ 放弃也是一种选择

古希腊哲学家苏格拉底给学生出了个测试题，他让学生去麦田中挑选一只最大的麦穗，但规则是只许前进，不准回头，而且只有一次机会。有些弟子只走几步就摘下了他们认为最大的麦穗，但继续前进时，发现前面有许多麦穗比他摘的那只更大，于是只好遗憾地走完全程。有些总是提醒自己，后面还有更好的，但当快到终点时才发现，机会全错过了。有些学生则比较精于计算，他们用前面的三分之二路程去判断大概最大的麦穗有多大，再从剩下的三分之一路程中选择跟前面所认定的标准差不多的麦穗，虽说这样选的不一定最大最好，但他们至少不会像前面两类弟子那样后悔。这是一个关于选择的哲学难题，苏格拉底设定了一个"不能回头"的硬性条件，选择了意味着放弃。

选择是理性的取舍，是有所为有所不为，有所舍弃，有舍才有得。选择本没有对错，不选择才是错，鱼和熊掌不可兼得。所以，当我们面临选择时，我们必须学会放弃，放弃，并不意味着失败，而是我们应以坚毅态度放弃该放弃的，才会收获想收获的。诗人泰戈尔说过，当鸟翼系上黄金时，就飞远了。学会选择就是审时度势、扬长避短、把握时机，明智的选择胜于盲目的执着。懂得了放弃的真意，也就理解了"失之东隅，收之桑榆"的妙谛。在职业发展过程中，我们需要理性思考：如果我想达到更高的预期目标，应该去放弃什么。我们所坚持的，是不是可以放弃，但是放弃并不代表终止，而是重新选择开始。选择放弃需要一种莫大的勇气，修炼选择的能力，承担选择的后果是一个人成长的必修课。那些成功的人都有一个特点，就是选择了就坚持去做，与其把时间花费在遗憾和淡淡的忧伤上，不如全心全力走好已经选择的路，不去羡慕其他路上的风景和繁华。人生就是在选择和放弃之中得到了升华。

【互动空间】

职业选择的12道题

（1）人生观、价值观问题：我希望成就怎样的人生？什么对我是最重要的，家庭、事业、健康、朋友还是金钱？

（2）性格问题：我的性格适合从事这个职业吗，会不会影响这个职业的发展？

（3）爱好问题：我喜欢这个职业吗？

（4）发展前景问题：环境允许或支持我做什么？我从事这个职业，有发展吗？是否能学到我要学的领域？职级和薪资都通过努力能得到提高吗？

（5）能力、门槛问题：我现有的知识、经验、技能、证书能让我获得我想要的工作吗？

（6）市场需求问题：市场上对这个职位有需求吗？需求量大吗？

（7）时间问题：追求我的职业选择方向需要多长时间？我是否有时间追求我的职业选择方向？

（8）薪资满意度：我是否满意这份工作的薪资？

（9）家庭支持度问题：我的家人、家庭情况支持我做这份工作吗？生儿育女、照顾子女、赡养父母是否对我们的工作产生影响？

（10）信心问题：我有信心做好这份工作吗？

（11）吃苦问题：这份工作是否很苦，我能不能吃这种苦？

（12）风险预估问题：我是否预估到从事这个职业有什么风险？我是否有能力承担这种风险？

第六节 换个跑道肆意狂奔

职业生涯是人生融于社会的基本图式。

只要开始，永远不晚，只要进步，总有空间。

成功的职业生涯不在于找到热爱的工作，而在于建立起你热爱的生活。

人生就是时间旅行。这段旅程有高潮有低谷，有窗外风景有内心秘境，所有体验的核心在于"值得"。

中国春秋末期的思想家、教育家、儒家文化创始人孔子曾将他的一生概括为：吾十有五而治于学，三十而立，四十而不惑，五十而天命，六十而耳顺，七十从心所欲，不逾矩。（《论语·为政》）

本杰明·富兰克林说，人人都有一条生涯线，如果没有持续的增长和发展，改进、成就和成功这类词语就毫无意义。

从发展的眼光来看，职业生涯管理贯穿于每个人的一生，并且处于不断发展变化状态。

美国著名学者格林豪斯根据不同年龄段职业生涯所面临的主要任务，并以此为依据将职业生涯划分为职业准备阶段、进入组织阶段、职业生涯初期、职业生涯中期和职业生涯后期五个阶段。

【行思探理】

职业生涯是大家在一生中所承担职务相继历程的管理过程。职业生涯管理不仅仅是找工作、安排就业，更是职业人士生涯全过程选择、发展、变更和转换的过程。职业生涯是有一般规律的，按照年龄发布，大约分为7个阶段：18~28岁是职业尝试期，主要特点是主动转换或者随波逐流；20~30岁是职业积累期，特点是坚持、少转换或者随遇而安；25~35岁是创业攀登期，特点是波折间成绩或外强中干；30~50岁是职业发展期，特点是获取足够成就或者矢志颓废；40~55岁是职业成熟期，特点是守成或者抱残守缺；50~65岁是总结或者顾问期，特点是传授或者阻止青年创业；60~70岁是退休期，特点是乐观式超脱或者心境阴郁。有学者提出职业生涯按时间还可以分为五个阶段：青黄不接阶段（工作1~3年）、职业塑造阶段（工作3~5年）、职业锁定阶段（工作5~10年）、事业开拓阶段（工作10~15年）、事业平稳阶段（工作15年以后）；还有学者提出职业生涯"三三三"理论：输入阶段、输出阶段和淡出阶段，每一阶段又分为三个子阶段：适应阶段、创新阶段和再适应阶段。每一个子阶段再分为三种情况：顺利晋升、原地踏步和降至波谷。还有学者提出职业生涯三个时期：进入期（不断纠错、磨合，找到个人与职业的最佳契合点）、发展期（取得永久的成员资格，在专门领域拥有自己的贡献区）和退出期（培养接班人，理性看待角色转变）。

◆ 职业生涯管理新变化

经济全球化、经济知识化、资源配置市场化和技术革新进步的共同作用使职业环境发生剧烈而快速的变化，这些变化深刻地影响着个体的职业生涯发展（见图9-1）。青年人越来越重视职业生涯自主管理以应对职业生涯发展危机，同时更加重视自我价值的实现。传统职业生涯理论认为，个体职业生涯发展呈现相对稳定、阶梯式的上升变化，个体的职业成功目标使终生职业生涯稳定发展。但是外部环境的变化，需要将"变化"纳入职业生涯管理以维持个体与社会之间"寻找平衡点—平衡点被打破—重新选择—寻找新的平衡点"的动态平衡。按照传统职业生涯理论，无法实现单向上升就意味着失败，但是按照现在职业生涯管理理论，动态平衡关系的破裂意味着新的平衡在逐步实现的过程中，是职业生涯新开始的起点，在失业和再就业中寻找新的工作机会，在整个职业生涯中不断地发展和积累自己的职业能力。这就意味着个人可以跨越原有组织边界、行业和岗位的限制，在不同的组织、职位、专业领域或社会角色中完成工作，以就业能力的提升代替长期雇用保证，其本质是个人职业生涯的不稳定性，个人需要跨越不同的组织实现持续就业。

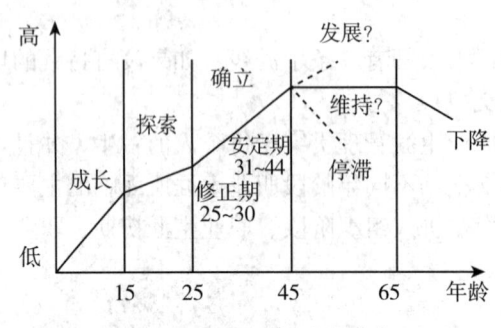

图 9-1 职业生涯发展变化

现代青年更多关注心理成就感，希望能够根据自身职业价值来自主进行职业生涯设计与管理。这就使得青年职业生涯的展开可以脱离原先组织职业生涯路径的约束，真正根据自身的核心职业价值观作出职业的选择和评价，遵循个人自身的职业价值和意愿开展生涯行动，主动地进行职业生涯的规划，为个人职业生涯发展和规划承担更多责任，当然也需要青年人做好终身可持续学习的准备以应对各种变化。

◆ **职业生涯开始：做好第一份工作**

职业生涯开始于第一份工作，对于第一份工作是否重要存在很大争论。说第一份工作不重要的可以列举：娃哈哈集团有限公司董事长宗庆后第一份工作是在农场挖盐，福耀玻璃集团创始人、董事长曹德旺第一份工作是采购员，华人首富李嘉诚第一份工作是在钟表公司当泡茶扫地的小学徒，大家熟悉的马云毕业后在杭州电子科技大学当普通教师等，这些例证说明，第一份工作不重要，今天不成功并不能说明以后就不成功。但是作为职场新人，还是要从寻找第一份工作起步，加拿大布赖恩·费瑟斯通豪在《远见：如何规划职业生涯3大阶段》对首次求职者提出8个建议：(1) 利用读书的时间，储备早期的职场燃料。这里说明一下，职场燃料包含可迁移技能、有意义的经验和持久的关系。对学生来说，你可以盘点一下，你学习的课程是否能教会你关键技能，如解决问题、团队协作的能力等；你是否积累了有意义的经验，包括旅游、实习、成为学生会领导等；你是否正在和可能帮助你的同学、老师、专家和导师建立联系。(2) 制订求职作战计划。根据行业、位置、知名度、熟人的推荐等因素，列出自己感兴趣的公司，至少10家，想办法获得目标公司的联系人信息，记录求职的进度，以及对方的反馈，还有职位。(3) 积极参加校园招聘。这可以增加你对求职市场的了解，并锻炼你与人沟通的能力，你可以通过模拟面试，来提高面试技巧。(4) 高效地进行在线申请。招聘网站的机会更多，不要放过，有针对性地制作你的简历，多尝试，即便没有反馈，也不要放弃，坚持下去。(5) 善用你的联系人。利用一切可能的人脉，打开机会的大门，通过熟人推荐的职位，反馈率会更高。利用校友网和领英人才库，建立新的联系人。(6) 在和联系人见面前，努力做好功课。这既是对对方的尊重，也能提高你搜集信息的能力，咨询完毕后，记得给对方发封感谢邮件。(7) 做好失败的准备，加强自己的心理建设，因为第一份工作真的很难找。（8）探索。即便已经步入职场，也要不断探索，弄清楚自己喜欢什么、擅长什么。这在职业生涯的第一阶段都至关重要。

职业生涯的第一份工作开始培养胜任力，为未来做必要的准备。胜任力是指个人在特定组织的特定岗位，为完成工作任务、达成绩效目标所应具备的一系列不同能力素质的组合，是员工达成组织目标过程中所表现出的个性特征、知识和能力的集合，主要包括知识技能、自我形象与社会角色、个性与内驱力等。胜任素质主要由动机、个性、自我形象、价值观、态度、知识技能六大要素构成。动机是指推动个体采取行动以达到某一目标的内部驱动力，它是决定个体各种外显行为的内在稳定想法或念头（追求成就感、获得同事认可、获取权力、追求名誉）。个性是指个体所具有的特征或典型的行为方式，如喜欢冒险、谨言慎行、性格外向等。自我形象是指个体对自己身份的知觉和评价，如认为自己是某一领域的专家，或者认为自己是组织的主人。价值观是指个体对其所属社会群体或组织的行为准则表示接受并认为是恰当的认可。态度是个体的个性特征、动机、自我形象、价值观、社会角色定位等综合作用外化的结果。知识是个体在某一特定领域所拥有的信息，而知识技能是指个体掌握和运用专门技术的能力（如写作能力、英语读写能力、计算机操作能力等）。

◆ 职业生涯慎做"斜杠青年"

"斜杠青年"一词是舶来品，《纽约时报》专栏作家麦瑞克·阿尔伯在《双重职业》中这样定义：他们不满足单一职业和身份的束缚，而是选择一种能够拥有多重职业和多重身份的多元生活。他们经常拥有多个职业身份，或者多次跳槽，愿意进入更多类型的行业。例如，工作时间是IDC行业的程序员，休息的时候就变成了笔耕不辍的作家，周末还能化身成变出一桌美味菜肴的营养师……这些人在自我介绍中会用斜杠来区分，"程序员/作家/营养师"的多重身份，就是对"斜杠青年"的完美诠释。

在中国，"斜杠青年"如今受到很多年轻人追捧。中国青年报曾对近2 000名青年进行调查，结果超过一半的受访者确认身边有"斜杠青年"。社会开放和发展，年轻人思想开放，渴望创新、渴望自由，更加追求自我价值实现。在创新是引领发展的第一动力的时代，年轻人更容易适应新环境。不过，如果我们仔细观察过往颇有成就的斜杠青年，都有自己的主业，然后再利用已有资源举一反三、触类旁通。达·芬奇就是一个集画家、发明家、天文学家、建筑工程师等身份于一身的大家，还对音乐、医学、考古、水利、地质等颇有研究；苏轼是北宋著名的文学家、书法家、画家。放在今天，达·芬奇和苏轼是标准的"斜杠青年"。如果以追求更多事业发展为目的，"斜杠青年"背后存在重大挑战，是否擅长时间管理、是否非常自律、是否有决心付出比常人更多的努力等都是需要回答的问题。

过早地做"斜杠青年"，容易分身乏术。巴菲特曾经说过，人生就是不断抵押的过程，为前途我们抵押青春，为幸福我们抵押生命。在没具备做多重身份和多重职业的条件和专业水准的条件下，人的精力是有限的，如果此时做副业，那么主业很容易兼顾不到而受影响，两三个身份一起做，只会消耗你更多的时间和精力。所以，一个成熟的人是在合适的时间做合适的事情，不急躁，不慌张，专注于做一件事，成长才能倍增。

想做斜杠，先做强单杠。不论是一个公司还是一个人，没有一个赖以生存的长板，根本没办法立足于这个竞争激烈的时代。长板不长，短板很短，不仅浪费精力还无法有效立足，所以先在一个领域做大做强，才是做"斜杠青年"的最好时机。

所谓斜杠，是多种可能。要成为"斜杠青年"，要问自己硬件条件是什么，软件条件是什么，硬件和软件是否能够承担成为"斜杠青年"。"斜杠青年"的根本是在于你有没有过自己想要的生活，有没有在对社会和家庭负责的同时，也对自己负责。若是能够清楚地明白自己未来的方向，并且每天都能为之努力，那么生活便充满意义。

【互动空间】

职业定位自问七个问题

1. 自己最喜欢的工作是什么？
2. 自己最喜欢在哪里工作？
3. 自己所喜欢工作的市场与社会前景如何？
4. 自己的性格比较适合做合作性工作还是独立完成工作？
5. 自己在学校最喜欢哪门功课、哪门功课最优秀？
6. 自己在学校期间担任过什么职务、哪些方面的才能得到了大家的认可？
7. 自己的专长在哪里？擅长人事管理、做技术研发，还是市场营销？

第十章 沟通：卓越的沟通让人无往不利

第一节 成功从有效沟通开始

现代管理之父德鲁克说，一个人必须知道说什么、什么时候说、对谁说、怎么说。

俄国作家列夫·托尔斯泰说，与人交谈一次，往往比多年闭门劳作更能启发心智。

美国前总统罗斯福说，成功公式中，最重要的一项因素是与人相处。

日本企业家松下幸之助关于管理有句名言：企业管理过去是沟通，现在是沟通，未来还是沟通。

戴尔·卡内基说，将自己的热忱与经验融入谈话中，是打动人的速简方法，也是必然要件。如果你对自己的话都不感兴趣，怎能期望他人感动。

中国作家梁实秋说，谈话，和作文一样，有主题，有腹稿，有层次，有头尾，不可语无伦次。

美国企业家葛洛夫说，有效的沟通取决于沟通者对议题的充分掌握，而非措辞的甜美。

美国近代管理理论奠基人巴纳德说，管理者的最基本功能是发展与维系一个畅通的沟通管道。

沟通是人类生来具有的"关系需求"，每个人都会期待与他人产生情感上的关联，并借此确定自己的角色、地位与存在的价值。沟通能满足"关系需求"，能解决彼此问题，使双方获得愉快的感觉，由此达到关系程度的加深。然而在现实生活中，人们经常由于不善于和别人沟通而导致沟通障碍，给自己的身心带来巨大的压力，从而带来心理问题。因此，善于进行有效沟通，可以建立积极、支持性的人际关系，使人感到安全、自尊、自信、愉悦，并成为快乐、健康的人。

【行思探理】

沟通是人类最基本、最重要的活动方式和交往过程之一。沟通在很多场合都扮演着十分重要的、不可或缺的关键角色，是维系组织存在，保持和加强组织纽带，创造和维护组织文化，提高组织效率、效益，支持、促进组织不断发展的主要途径。可以说，没有沟通，就不可能形成组织和人类社会。

一般来讲，沟通就是发送者凭借一定渠道（亦称为媒介或通道），将信息发送给既定对象（接受者），并寻求反馈达到相互理解的过程，进而促进自己的发展成长。沟通是一个双向、互动的反馈和理解过程，最终目的是为自己及他人的发展提供良好的条件。优秀的沟通者永远能够吸引别人的注意力,能够明确表达自己的观点,能够在适当的时机把适当的信息传达给别人。

◆ 拥有良好的心态

心态是左右我们行为的内心状况,沟通要达到好的效果,需要一种良好的心态。一是需要有阳光心态。"阳光"的温度,能够让人感觉到温暖,能促进人的相互理解,能融化冷漠的心灵。二是要有真诚心态。真诚能使交往双方心心相印,彼此肝胆相照,真诚的人能使友谊地久天长。戴尔·卡内基说,如果你是对的,就要试着温和地、技巧地让对方同意你;如果你错了,就要迅速而热诚地承认。这要比为自己争辩有效和有趣得多。三是有信任心态。相信他人的真诚,从积极的角度去理解他人的动机和言行,而不是胡乱猜疑,相互设防。德国剧作家歌德说,对别人述说自己,这是一种天性;因此,认真对待别人向你述说的他自己的事,这是一种教养。四是要保持双赢心态。和谐的沟通应该是双赢的,应考虑到双方的利益,学会站在对方的角度看问题。戴尔·卡内基说,现实生活中有些人之所以会出现交际的障碍,就是因为他们不懂得忘记:让他人感到自己重要。

◆ 把握沟通的规则

要达到有效沟通,必须遵循一定的规则。一是感知的规则。德鲁克说,人无法只靠一句话来沟通,总是得靠整个人来沟通。所以,无论使用什么样的渠道,沟通的第一个问题必须是,这一信息是否在接受者的接收范围之内?他能否收得到?他如何理解?二是期待的规则。苏联作家温·卡维林说,推心置腹的谈话就是心灵的展示。在进行沟通之前,我们要知道是否能利用他的期望来进行沟通,或者是否符合被沟通者的期望,并迫使他领悟到意料之外的事已然发生。因为我们所察觉到的,都是我们期望察觉到的东西;我们的接受方式使我们强烈抗拒任何不符合其"期望"的企图,出乎意料的事通常是不会被接收的。三是要求的规则。沟通都是为了达到某种目的,它总是要求接受者要成为某人、完成某事、相信某种理念,它也经常诉诸激励,当你劝告别人时,若不顾及别人的自尊心,那么再好的言语都是没有用的。换言之,如果沟通能够符合接受者的渴望、价值与目的的话,它就具有说服力,这时沟通会改变一个人的性格、价值、信仰与渴望。假如沟通违背了接受者的渴望、价值与动机时,可能一点也不会被接受,或者最坏的情况是受到抗拒。四是区分信息与沟通。信息可以按逻辑关系排列,可以储存和复制,呈现中性的特点,越不涉及情感、价值、期望与认知等主观成分,它就越有效力且越值得信赖。但是沟通是在人与人之间进行的,背后都隐藏着目的。沟通由于沟通者和接受者的认知和意图不同显得多姿多彩,沟通时要根据不同的对象、场合、时间进行,把握言谈举止的分寸度。

◆ 掌握沟通的技巧

要进行良好的沟通,需要把握一些沟通的技巧。一是善于表达。语言表达是沟通的重要途径,美国著名企业家葛洛夫说,我们沟通得很好,并非决定于我们对事情述说得很好,而是决定于我们被了解得有多好。表达必须清晰、完整、简洁、具体、准确,这样才能准确、清晰地传递信息内容,美国成功学大师安东尼·罗宾斯说,如果想要改变自己的人生,就必须谨慎选用字眼,因为这些字眼能使你振奋进取和乐观。马克·吐温说,恰当地用字极具威力,每当我们用对了字眼,我们的精神和肉体都会有很大的转变,就在电光石火之间。二是乐于倾听。戴尔·卡内基说,如果希望成为一个善于谈话的人,那就先做一个致意倾听的人。倾听是指精神专注地、主动积极地去聆听对方的话,并能站在对方的立场来理解,良好的倾听是沟通中重要的一环。美国语言学家保尔·兰金等认为,在沟通中,听占45%,而说占30%。可见倾听的重要性。三是学会恰当地运用肢体语言。心理学研究发现,在沟通中身体语言占55%,讲话方式(音调、音量、音高等)占38%,剩下的只有7%是实际所说的内容,肢体语言主要包括动作、表情、眼神等。爱默生说,有许多隐藏在心中的秘密都是通过眼睛被泄露出来的,而不是通过嘴巴。一个人的肢体语言往往会反映内心对自己的想法,也同时可以显示对别人的态度。恰当地运用肢体语言,如眼睛接触、某个放松的姿势、某种友好的脸部表情,有利于建立一种积极的氛围,实现有效沟通。

【互动空间】

你现在要去参加一次重要的面试,可因为走得太匆忙,快到了才发现自己穿了一双拖鞋。如果回去换,已经来不及了,想再买一双呢,自己又没有带钱。现在你发现一个人刚买了一双比较高档的新皮鞋,你估计能穿,而你身上只带了一个特地为爸爸买的价值20元的打火机,于是你打算用这个打火机来换取穿一次他的皮鞋的机会(只是穿一次),可是对方说:(1)鞋是新买的,他自己都还没有穿呢。(2)他不用打火机。(3)害怕你穿了不还。三个理由不愿意跟你换,你怎么说服他?

结果分析:

能力强者的表现:良好地正视当前遇到的问题,能做到很好地倾听,而且能从对方的角度来看问题,能合情合理地说服,整个说服过程完整,让人愿意把新鞋子借出来。

关键行为表现:

(1)正视问题:能很快进入马上要参加面试、却临时发现自己穿错鞋的学生角色,而且明白说服目的,让路人情愿借出新鞋。在说服的时候,能够用对话的形式将目的表达出来,所有话语围绕说服目的进行。例如,"您好,我是××大学的大四学生,现在正在找工作。今天我正好要参加一个面试,是家很好的公司,我第一轮、第二轮、第三轮面试都通过了,这次是最后一次,对我特别重要。可因为我太激动了,直接穿了一双拖鞋出来,想回去换,但是时间已经来不及了。我看你有一双鞋,估计我能穿,我借穿1~2个小时,可以吗……"。

(2)倾听:理解路人不愿意借出新鞋子的原因,并用语言表达出这种理解,同时能够从对方的角度看问题,不强求路人一定同意和支持自己的观点。例如,"嗯,我明白,刚买的新鞋确实都会很爱惜,也不希望自己还没穿过就被别人穿了……""是的,这个打火机的确不是每个人都需要,我也很希望能送您一个实用的礼物……""对,我们确实不认识,您是会考虑到穿了以后归还的问题……"。

(3)说服影响:能根据路人的难处给出合情合理的说服方式,让人容易接受,给出的解决问题的方法切实可行,是在对方能够认同和履行的范围内。

第二节　越主动越畅通

美国企业家葛洛夫说，越坏的消息，应该用越多的气力沟通它。

莎士比亚说，为一过失辩解，往往使这过失显得格外重大，正像用布块缝补一个小小的窟窿眼儿，反而欲盖弥彰一样。

沟通不是消极等待，而需要主动出击。一位知名的谈判专家分享他成功的谈判经验时说道：我在各个国际商谈场合中，时常会以"我觉得"（说出自己的感受）"我希望"（说出自己的要求或期望）为开端，结果常会令人极为满意。其实，这种行为就是主动地告诉对方我们的要求与感受，若能有效地直接告诉你所想要表达的对象，将会有效帮助我们建立良好的人际网络。

职场上许多人总认为，等别人来跟自己说话时再热情地回应就好，没必要主动地攀谈。其实，即便本人希望表现出谦虚的态度，但是，从心理学的角度来看，像这样"沉默是金"的态度非但无法留给对方好印象，反而还可能导致糟糕的人际关系。沟通的过程绝非是一个传达自己的观念和意见的过程，而是一个双方心灵的交流并相互认同的过程，美国作曲家巴伯说，当我面对一群人，或是大众传播媒体谈话时，我总是假想自己是和一个人进行推心置腹的谈话。与身边的同事相处，不管是你喜欢的还是讨厌的，在别人与你沟通交流时，你都不能置之不理，两个人交流其实是6个人的交流："3个你"（你主观意识中的你，客观的你，他主观意识中的你）和"3个他"（他主观意识中的他，客观的他，你主观意识中的他），你总在和"你主观意识中的他"进行交流，"经常保持沉默而不会主动与别人交谈的人"，在他人眼中看来总有着冷漠甚至令人畏惧的严肃形象，过于沉默的人容易令人惧怕，有时甚至会引起对方的厌恶感。

要试着用适当的方式，选择合适的地点主动与他人沟通。不断提醒着自己，主动与他人沟通，主动伸出橄榄枝，你的人际关系会越来越和谐，生活也就变得简单而快乐了。

【行思探理】

在职场中，以自己为中心将构成由领导、同事和外部关系人等所构成的沟通对象，主动沟通是职场人的必修课。心理学按照人与人的沟通内容归纳为五个层次：单纯问候、信息分享、价值观交流、情绪和感受交流、交换秘密。但是，不管沟通何种内容，都要有一个沟通的"TA"存在。原央视资深栏目制片人兼主持人王利芬说：不要抱怨你的他，这是你自己选择的，不要抱怨你的工作，这是你自己找的，不要抱怨正在做的事，这也是你经过考虑的；世界上没有十分如意的人和事，也没有只带给你愉快欢乐而没有难受的事，有问题需要的是冷静的沟通和真诚的交流，抱怨、发脾气、吵架只会带来更大的不快，交流后再做决定不迟。

◆ 建立积极沟通的意识

沟通实践活动主要受人们是否愿意沟通的观念支配，做好工作，获得支持，建立和谐的

第十章 沟通：卓越的沟通让人无往不利

工作关系，主动沟通是非常必要的，有针对性地围绕问题进行沟通有利于化解消极情绪，避免产生成见，相互了解彼此真实想法，客观冷静分析远比情绪化表达有效。同时，日常性沟通因为职场人之间的各种差别也显得必要，可以达到冷静面对批评，从容面对敏感信息等目的。而职场生涯无法避免的跨岗位、跨行业、跨部门之间的沟通也必不可少，与岗位、行业、部门之间的沟通也需要相应的拓展。因此，惧怕或懒于沟通，就不会主动参加沟通实践，而沟通频率过低，则直接导致沟通能力差。所以沟通能力的提高，首要的是先建立沟通的主观意识，懂得人际沟通的重要性，明白懒于沟通的弊端，坚持"敢于沟通，坚持沟通，善于沟通，走向成功"的理念，美国企业家葛洛夫说："我们沟通得很好，并非决定于我们对事情述说得很好，而是决定于我们被了解得有多好。"在思想上建立积极沟通的意识，才能主动去增加沟通实践的机会，培养自我的沟通能力。

◆ 学习主动沟通的技巧

"良言一句三冬暖，恶语伤人六月寒。"美国某著名的咨询公司曾进行过一项调查，世界500强企业家中有300位较成功的企业管理人，其中85%的人认为，他们之所以成功是因为沟通的能力高人一筹，他们善于沟通，善于交流，善于协调，善于说服，善于把自己的一些理念、思维灌输给他人，能够让他人愿意来帮助他们。要实现沟通效果需要学习沟通的技巧以避免"尬聊"。第一，学会展现笑容。当你跟别人碰面时，不要立刻微笑，应该先注视对方1秒钟，然后停顿一下，把这个人的形象铭记在心里，随后再绽放出灿烂、真诚的笑容，让你的脸和眼睛里都充满笑意。微笑时的瞬间延迟会让人们感受到你的真诚，并且认为你的笑容只为他们绽放。第二，控制自己的小动作。每次进行重要交谈时，不要坐立不安，动来动去，特别是抓挠揉搓都不要做，最重要的是，手别往脸上去，这可能会让你的听众觉得你在撒谎。第三，让你的语调热情洋溢。在聊天时别太过于担心开场白，不用怕，80%的听众对你的印象和你说什么话无关，开场白最重要的是要感同身受、态度积极、热情洋溢，让你的声音听起来振奋人心，用热情洋溢的口气问一些平淡无奇的问题，让对方愿意聊下去。第四，找到突破点，快速切入。第五，生动描述自己的工作。要具体化，让刚认识的朋友对你产生兴趣，并且能接得上话。第六，让你的聊天对象成为焦点。

◆ 有意识地培养自己的沟通能力

沟通能力是一个人生存与发展的必备能力，也是决定一个人成功与否的必要条件，美国石油大王洛克菲勒说，假如人际沟通能力也是同糖或咖啡一样的商品的话，我愿意付出任何珍贵的东西来换取这种能力。是否善于沟通是提高工作绩效的重要保证。培养沟通能力需要从以下五个方面入手：第一，口头表达和书面表达清楚，有效率，不使用过多的赘语，如是吧、你知道吗、我是说、然后等。第二，专心倾听、正确解读对方的意思，同时作出适当的回应，表示出你是否已经弄明白了对方的意思，保持眼神的接触，让对方感受到你的专心。第三，双向交流，问问题表现出你的兴趣，不要怕提问会暴露自己的无知，因为问问题的本身就传达了你自身对交流内容的兴趣，在形成双向交流过程中，让对方有兴趣进行下去。第四，面对不同的交流对象，调整使用的语言、语调、方式，如专业问题用专业术语沟通，在交流的过程中，还要注意语言谦虚。第五，交流、共享信息时表现出开放的态度，开放的态度表明具备有效沟通的能力，也具备融入集体的能力。

【互动空间】

你是一个自闭的人吗？

沟通本身应该是交际者之间的互动过程，其前提应该是互相开放、具有交互作用的。可是，生活中有些人，由于社会条件和自然环境的限制，或是个性的特点，形成一种封闭的心理，这是非常不利于沟通的。回答下面的问题，测试一下你是否有自闭的倾向呢？

问题：

假设你获得了一笔奖学金可以让你免费前往欧洲各地游学一个月。

1. 这次的游学有不同的住宿地点，请问你会选择哪一种？

A. 市中心交通方便的学生宿舍。 B. 住在当地人家中的农村民宿。

2. 明天就要出发了，请问你会选择以下哪一种方式来打包行李？

C. 附有轮子的大型结实行李箱。 D. 可以背着到处跑的轻便背包。

结果分析：

A+C 第一型；A+D 第二型；B+C 第三型；B+D 第四型。

第一型：只有外表热情，但不容易交心。在表面上你面对不认识的人时态度落落大方，也可以轻松地和对方聊天，但是在内心深处自视甚高的你其实对认识新朋友有点保留，不会轻易表现出真实的自己，你对朋友是非常精挑细选的。

你的自闭指数：☆☆

第二型：对人一视同仁，真情以对。认识新朋友时你总是毫无心机地真情相对，不但和对方打成一片，还会掏心掏肺地分享自己的想法，有时太过热情还会让内向的人一时难以接受。你交的朋友范围很广，不会局限于某种类型。

你的自闭指数：☆

第三型：升起冰冷的防护罩保护自己。你的个性比较被动，即使别人主动来和你打招呼你也会有意无意升起一层防护罩，不但保护自己不受伤害，也阻隔了踏出去和人接触的脚步。再加上你会用严厉的标准检视别人，因此有点难以接近。

你的自闭指数：☆☆☆☆

第四型：踏不出热情的第一步。你总是羡慕别人能迅速融入人群和大家热络起来，希望自己是个热情又受欢迎的人，但是害羞的天性让你没勇气去主动表示善意。而且你很在乎周遭对自己的想法，生怕自己的举动会失礼或者丢脸。

你的自闭指数：☆☆☆

第三节 说精不说多

善于倾听才是沟通的关键。

言行在于美，不在于多。

绳是长的好，话是短的好。

重要的不是你说什么，而是听出别人在想什么。

第十章　沟通：卓越的沟通让人无往不利

"言多必失"。一个真正懂得交际的人，往往不是因为他说了多少，而是在于他说了什么。"言不在多，达意则灵"，讲话要少而精，简洁高效才是王道。

西班牙哲学家格拉西安说，在交谈中，判断比雄辩更重要。

叶庇克梯塔斯说，上天赋予人类一根舌头与两只耳朵，以便让我们从别人那儿听到的话可以两倍于我们说出的话。

美国作家爱默生说，所谓的"耳聪"，也就是"倾听"的意思。

史书记载，子禽问自己的老师墨子：老师，一个人说多了话有没有好处？墨子回答说：话说多了有什么好处呢？比如池塘里的青蛙整天整天地叫，弄得口干舌燥，却从来没有人注意它。但是雄鸡，只在天亮时叫两三声，大家听到鸡啼知道天就要亮了，于是都注意它，所以话要说在有用的地方。

真正懂得交际的人，往往是听的比说的要多。因为只有倾听才会让我们更好地了解对方，从而不开口则已，一开口就会抛出非常有分量的语言。

说话是否精彩不在于长短，而在于是否抓住了关键，是否说到了点子上。在公共场合演讲，有的人长篇大论，滔滔不绝，用语言的触角抓住了每一位听众，自然令人钦佩；有的人把自己的意思浓缩成一句话，犹如一粒沉甸甸的石子，在听众平静的心湖里激起层层波浪，同样值得称道。

【行思探理】

说话是一个人综合能力的展现。我国著名新闻记者、政治家、出版家邹韬奋先生于1936年10月19日在上海各界公祭鲁迅先生大会上发表了一句话演讲，今天天色不早，我愿用一句话来纪念先生：许多人是不战而屈，鲁迅先生是战而不屈。话不是说得越多越精彩就越有用，越能把观点说得明确，从而越具有说服力。话多容易把需要解决的关键点埋没，分散别人的注意力，而精炼简洁的语言往往更有效果。

◆ 多倾听少说话

善于倾听是成熟的职场人应具备的基本素质。美国总统卡尔文·柯立芝曾说，从没有人是因为听太多而被开除的。沟通学家尼尔科斯说，言语的有效性并不仅仅取决于如何表述，而更多地取决于人们如何来倾听。善于倾听，才可以博得别人的好感，才会给他人一种稳重、值得信任的感觉。英国哲学家霍布斯说，倾听对方的任何一种意见或议论就是尊重，因为这说明我们认为对方有卓见、口才和聪明机智，反之，打瞌睡、走开或乱扯就是轻视。"用十秒钟的时间讲，用十分钟的时间听"，说和听是辩证统一的，富兰克林柯维公司的创始人之一史蒂芬·柯维对此有精彩的论述：我们大多数人都不是为了理解而倾听，我们为了回应而听。听能满足对方的需要，是对对方尊重的一种体现，使人们的交往、交谈更有效，彼此之间的关系更融洽，也能够得到非常重要的信息。注意聆听别人的讲话，从他说话的内容、声调、神态中，可以了解对方的需要、态度、期望和性格，他们会自然地向你靠近，这样你就可以与很多人进行思想交流，建立较广泛的人际关系。注意倾听别人讲话，还可以同时思考自己所要说的话，整理自己的思想，寻找恰当的词句，以完整地表达自己的意见，给人鲜明的印象，赢得别人长久的信任。

英国逻辑学家卡罗尔说，当你思考准备说什么的时候，要作出一副彬彬有礼的样子，因为这样可以赢得时间。

◆ 抓重点言简意赅

说话能够抓住重点是逻辑思维能力的体现，莎士比亚说过，简洁是智慧的灵魂，冗长是肤浅的藻饰。抛开转弯抹角与旁生枝节的语言，抓住要表达的精髓，能够达到一语中的、一招制胜的效果。职场中沟通主要围绕问题展开，务求在尽可能短的时间内解决问题，鲁迅说，时间就是性命，无端地空耗别人的时间，其实是无异于谋财害命的。高效是沟通的重要目标，语言贵精不贵多，寥寥数语便可以。如果清楚自己讲话复杂务必做必要的删减，去其糟粕，取其精华。言简意赅的言语，往往给人爽快的感觉，也更具有渲染力，会给人留下非常深的印象，自然也会很受欢迎。

◆ 适时保持沉默

在"社交至上"的时代，能言善辩更容易得到别人的认可。但是，沟通的最高境界是此时无声胜有声，王阳明说：凡人言语正到快意时便截然能忍默得，意气正到发扬时便翕然能收敛得，愤怒嗜欲正到腾沸时便廓然能消化得，此非天下之大勇者不能也。当我们为多说话而付出一些代价的时候，就会懂得沉默自有其价值，是一种难能可贵的品质。少说话，多做事，适时保持沉默是自己主动选择，美国作家海明威说，我们用两年去学会说话，却用60年来学会沉默。尊重自己和他人的时间，不给别人添麻烦。清华大学有一个零分贝实验室，在那里曾经开展过一个叫作"安静一日"的实验。结果显示，在绝对安静的环境下，那些被分配去工作的被试者专注力显著提升，几乎没有人意识到时间的飞速流逝，收集和分析信息的速度也会大大提高。沉默是一种智慧的掩藏，很多谈判高手，都很懂得利用"沉默"这个工具。莫里斯说，要成为一个善于辞令的人，只有一种方法，表示你在聆听并沉默。沉默是心理的掌控，是比赛输赢的关键。为了让对方无破绽可寻，保持沉默是可以反败为胜的。沟通最高级的核心就是丰富的沉默，纪伯伦说，语言的波涛始终在我们的上面喧哗，而我们的深处永远是沉默的。

【互动空间】

什么时候应当保持沉默？

在战场上，盲目地出击，有时候会落入对方的圈套。在和人家交谈时，同样是这个道理，在一些时候保持沉默，可以避免不必要的冲突。

- 不了解情况的时候要保持沉默

有时候，不了解对方的情况盲目地乱说，往往会给对方造成可乘之机，使自己遭受莫大的损失。所以，在不了解对方的情况时，不要轻易地把话说出口，保持沉默是上策。

- 自己做不了主的时候要保持沉默

有时候，自己往往不能够做主，如果自己不慎把不该答应的事情答应下来了，到时候所有的问题只有自己来承担，所以这时候也要保持沉默。

第十章 沟通：卓越的沟通让人无往不利

- 正在气头上的时候要保持沉默

当你自己或他人的情绪正在气头上的时候最好闭口不谈，从长远来说这是有益的。如果你跟别人发生争吵，你们两个人的情绪都很激动，那就等以后你们都冷静下来，能够心平气和地讨论问题的时候再安排时间交谈，只有在那个时候你们才能进行有实质意义的讨论而不是相互指责。

第四节　我可以调整自己

小疵不足以损大器，短疾不足以累长才。

法国社会活动家阿纳托尔·法朗士说，你消灭的每一种缺点都存在着与它对应的长处，两者相辅相成，生死与共。

林肯说，我的生活经验使我深信，没有缺点的人往往优点也很少。

法国古典作家拉罗什富科说，在日常生活中，我们往往由于自身的缺点而不是优点才招人喜欢。

英国作家赫兹里特说，毫无缺点的人显然是不存在的，因为他无法在这个世界上找到一个朋友，他似乎属于完全不同的物种。

英国哲学家托马斯·布朗说，我们嘲笑别人的缺陷，却不知道这些缺陷也在我们内心嘲笑着我们自己。

德国教育家卡尔·威特说，性格是决定一个人成功的关键。

不同的职业有不同的性格要求，职场有职场的规则，苏联作家高尔基说，人的一生就如同下棋一样，每一个棋子都有自己的走法，如果没有这个规则，棋也就下不成了。虽然每个人的性格都不能百分之百地适合某项职业，但却可以根据自己的职业倾向来培养、发展相应的职业性格。职场需要不同性格的职场人存在，美国政治家尼克松说，对一个人来说，真正重要的不是他的背景、他的肤色、他的种族，或是他的宗教信仰，而是他的性格。不同性格特征的人员对应不同的工作岗位，能够创造与之性格适应的工作业绩，对不同性格的职场人来说，能够与工作岗位要求的性格相适应则意味着能否取得职场的成功。

【行思探理】

"金无足赤，人无完人"。世界之所以精彩在于不同性格的人之间能够和谐相处，没有十全十美的人，也没有十全十美的性格，性格的缺点是普遍存在的，美国作家詹姆斯说，在每一个人的性格上都可以找到一些小小的黑点。并不存在适用于全部场景的性格，性格是一个人存在的标志，人与人之间相区别的地方不是身高、面容等外在因素，美国社会学家弗洛姆说，人并不是一般地存在着。他的性格、气质、天资、性情正是他区别于其他人的地方。性格本无优劣之分，职场发展的质量与性格存在着密切关系，职场环境不同对人的性格要求也有差别，瑞士心理学家荣格说，一个感觉合脚的鞋却会夹痛另一个人的脚，适用于一切病症的生活处方并不存在。在职场上，将自己最擅长的部分做到极致，永远是金科玉律。只有这样，你才有可能出类拔萃，不断地获得接触新项目、新挑战的机会。

◆ 全面了解自己

在希腊帕尔纳索斯山南坡的神殿门上面，写着这样一句话：认识你自己。古希腊哲学家苏格拉底最爱引用这句格言教育别人。"不识庐山真面目，只缘身在此山中"，有许多人因为不了解自己，在面临职业环境中的许多问题时，当然不知道应该如何正确应付和处理，因而陷入失败的泥沼中。

全面了解自己要通盘考虑多方面的因素，古希腊寓言作家伊索说，我们判断个人的情况，不能只看开头，还应该看到结尾。首先要善于自我认识，了解自己的性格、自己的成长经历与背景，并了解自己从中建立形塑了哪些信念，包括人生观和职业观，这些观念会隐性决定我们的职业选择与职业行为，进而决定我们的职业人生。自我职业形象的认识，主要是对自己在职业生活的位置和作用、职业表现以及职业适应能力的认识。自己的职业精神的认识，包括对自己的职业态度、职业道德、职业水平、职业能力、职业兴趣、职业特长等方面的认识。其次可以通过他人对自己的职业评价认识自己，如周围的职场人对自己的职业态度和职业能力评价，冷静地分析这些评价可以帮助我们认识自己的长处、了解自己的不足。最后是可以从自己的职业成功和职业失败的事例中，总结经验与吸取教训，概括出自己的长处与短处、优点和缺点。

◆ 正确认识自己

能否正确认识自己，是评价一个人心理健康的主要标准之一，是能否获得职业发展的重要条件。日本企业家松下幸之助说，我们不必羡慕他人的才能，也不必悲叹自己的平庸；各人都有他的个性魅力，最重要的就是认识自己的个性并加以发展。世界上最困难的事情莫过于正确认识自己，而最有必要做的事情也是正确认识自己。只有正确认识自己，才能准确把握自身能力和性格特点，从而弄清自己"能做什么、不能做什么""应该成为什么样的人"，在职业定位、职业规划、职业生活等方面找到正确的答案，使人生朝积极、成功的方向发展。

"人贵有自知之明"，正确认识自己首先要正确认识自己的职业性格，德国哲学家黑格尔说，环境的互相冲突愈众多，愈艰巨，矛盾的破坏力愈大而心灵仍能坚持自己的性格，也就愈显出主体性格的深厚和坚强。职业不同、岗位不同，要求性格也不同。我们不要求每个人的性格都是一样的，只是要摈弃那些有缺陷的性格，或者有意识地修正性格以适应职业和岗位的需要，这是很重要。其次正确认识自己就要正确认识自己的职业态度，不同的职业态度决定着不同的职业业绩和职业效率。最后，正确认识自己要正确认识自己的职业能力，每个人的能力都是有限的，有可以办得到的事情，也有办不到的事情，要量力而行。

◆ 积极调整自己

心理学研究认为，人有活泼型、和平型、力量型和完美型四种不同类型的性格。但是不同类型的性格并不能够适应不同的职业环境，职场环境需要在保留原有类型的基础上要超越自己的类型，美国社会学家弗洛姆说，人一生的任务恰恰是既要实现自己的个性，同时又要超越自己的个性。要根据各个不同的环境扮演不同的角色，不同的角色需要不同的性格，美国作家爱默生说，伟大的人并不是能够改变物质的人，而是能够改变自己心境的人。同时，不同的沟通对象要求不同的沟通方式，也需要调整性格的展示方式。改变沟通方式，单方面迎合和模仿并不是有效的策略，德国哲学家康德说，模仿者是没有个性的，因为个性恰好在于思想方式的独创性，他的行为举止汲取的是由他自己所开辟的源泉。追求职业目标也需要调整职业性格，不同职业岗位需要不同性格，美国著名演员马尔登指出，我们在构筑自己的目标的时候，也要充分考虑自己的个性习惯。职业目标是最好的性格雕塑师，自觉地不断分析和认识自己，不断修正不良的性格，培养良好性格，把自己调整到最佳状态，为自己迈向成功奠定坚实的内在基础。

【互动空间】

心理测试

看看你有哪些性格弱点？5 分钟内完成所有试题，根据自己的实际情况选择。

1. 如果你朋友穿着不得体，但却自认为很不错，还询问你的意见时，你会：
   A. 直接告诉他这样穿不合适。
   B. 假意夸奖。
   C. 只是笑一笑，不发表意见。
   D. 委婉地告诉他：不错，但你穿另一套会更好看。
2. 聚会中大家都表现得无所事事，这时你会对他们说：
   A. "你们这些人无聊得要命。"
   B. "我们还是走吧！"
   C. "是不是有什么事，心情不好吗？"
   D. "我们找点新玩意儿吧！"
3. 如果你和另三个人是好朋友，你知道谁最吸引人，最有异性缘吗？
   A. 不清楚。 B. 总之自己是最没吸引力的。 C. 自己最有魅力。 D. 自己大概是不上不下吧。
4. 一起吃饭时你发现在座的有一个人的嘴角有一粒米饭，而他本人没有察觉，这时你会：
   A. 当成一个笑话告诉左右的人。 B. 怕他出丑而担心。
   C. 想办法提醒他。 D. 什么都不说。
5. 有人要和你一起吃饭，而这时你没有很多钱，你会说：
   A. 好，不过你请客。 B. 我来请你吧。 C. 我手头缺钱。 D. 我们来平摊饭钱。
6. 你穿了一件新衣服，周围的人都说不好看，你会：
   A. 不介意批评，还穿你的。 B. 马上脱下，不再穿了。
   C. 少穿几次。 D. 去服装店换一件另外式样的。
7. 你觉得什么样的小孩最可爱
   A. 自己生养的。 B. 别人家的。 C. 长得好看的。 D. 聪明活泼的。

结果分析：

选 A 得 1 分，选 B 得 2 分，选 C 得 3 分，选 D 得 4 分。

7～11 分，个性马虎，对什么都不太在意。

12～16 分，看事不够乐观，生活缺少快乐。

17～20分，很少把主意付诸行动，没有行动力。
21～24分，缺少恒心和毅力。
25～28分，一味专注于技巧，缺乏平常心。

第五节　艺术也是我的追求

列宁说，语言是人类最重要的交际工具。

儒家学派创始人孔子说，一言可以兴邦，一言可以丧邦。

著名作家朱自清说，人生不外言动，除了动就只有言，所谓人情世故，一半儿是在说话里。

美国思想家本杰明·富兰克林说，说话和事业的进展有很大的关系。……你想获得事业上的成功，必须具有能够应付一切的口才。

美国成功学家戴尔·卡耐基说，沟通的最高境界——说要说到别人很愿意听，听要听到别人很愿意说！

交流思想、接洽事务、交换信息、传递情感、传授技艺、交际应酬都离不开说话。想要说到别人愿意听，就要掌握说话的艺术。

说什么、怎么说，什么话能说，什么话不能说，都应"讲究"。一句恰如其分的话，能够改变一个人的命运，一句言不得体的话，能够毁掉一个人的终身。不注意说话艺术，往往导致无谓的误解和争端，甚至影响职业发展。

【行思探理】

语言是增进彼此之间了解的工具，英国诗人本·琼森说，语言最能暴露一个人，只要你说话，我就能了解你。增强沟通能力需要培养语言使用能力，美国演说家戴普说，世界上再没有什么比令人心悦诚服的交谈能力更能迅速获得成功与别人的钦佩了，这种能力，任何人都可以培养出来。说话的艺术往往不是从道听途说中得来的，而是要靠自己的有意识地培养。著名翻译家傅雷说，一切学问没有速成的，尤其是语言。一天一天地感知，才能够真正领悟出来。讲究说话的艺术，使我们说话既要有充实而有价值的内涵，又要善于表达，使人听得痛快，而且回味无穷。

◆ 内涵深厚才能妙语连珠

语言是思想的载体，"语言是思想的外衣"，语言背后，体现了一个人全部的品格、修养、才学和城府。意大利诗人但丁说，语言作为工具，对于我们之重要，正如骏马对骑士的重要，最好的骏马适合于最好的骑士，最好的语言适合于最好的思想。法国作家沃夫纳格说，深奥的思想是用凝练的语言来表达的。语言使用准确、缜密能够说服人，语言清新优美、饱含激情，能够打动人；语言幽默机智、妙趣横生，能够感染人，苏联作家高尔基说，作为一种感人的力量，语言的美产生于言辞的准确、明晰和动听。英国哲学家培根说，说话周到比雄辩好，措辞适当比恭维好。能够使用准确、缜密、优美、幽默的语言非一日之功，其建立在广博知识、深厚的学养、严密的逻辑和接地气的表达，付出艰苦的劳动，经过长期练习才能出口成章。学习和使用语言就像农民耕作，汗水滋润了种子，汗水浇灌了幼苗，没有人瞬间奉送给你一个丰收，苏联教育家苏霍姆林斯基说，劳动，不仅仅意味着实际能力和技巧，而且首先意味着智力的发展，意味着思维和语言的修养。脱离语言的大量学习和练习，出口成章就成为"无源之水、无本之木"，要想"有话可说"，达到"言之有物"的境界，就要不断学习，力求充实自己。

◆ 有"礼"说遍天下

礼貌是人类为维系社会正常生活而形成的最基本的道德规范，以风俗、习惯和传统等方式固定下来。无论一个人是什么职业、什么身份，礼貌一直是维持人际关系不断互动的规则。英国哲学家洛克说，礼貌是一种语言，它的规则与实行，主要是观察，从那些有教养的人们的举止上去学习。说话时把握好礼貌、礼节，就会得到对方的认可，法国思想家卢梭说，无知的人总以为他所知道的事情很重要，应该见人就讲；但是一个有教养的人是不轻易炫耀他肚子里的学问的，他可以讲很多东西，但他认为还有许多东西是他讲不好的。具体说来，要注意"四有四避"："四有"即有分寸、有礼节、有教养、有学识。做到言辞有分寸，说话内容得体，常用礼貌用语，懂得尊重和谅解别人。"四避"即避隐私、避浅薄、避粗鄙、避忌讳。在言语交际中要避谈避问隐私，避免触忌犯讳，切忌不懂装懂，讲外行话，言语粗野。"敬人者，人恒敬之"。礼貌是一个人应有的基本修养，俄国作家契诃夫说，在男人身上，智慧和教养最要紧，漂亮不漂亮，对他来说倒算不了什么！要是你头脑里没有教养和智慧，那你哪怕是美男子，也还是一钱不值。在和他人交谈的时候，有礼貌的人都会给人一种好感，受到别人的尊重。所以，在和他人交往的时候，要注意做到自己的一言一行都有礼貌。

◆ 要有点变通的本领

沟通没有一成不变的场景，英国哲学家培根说，在语言交际中要善于找到一种分寸，使之既直爽又不失礼，这是最难又是最好的。善于说话要能够根据不同的情况、不同的地点、不同的人物进行变通，能够根据不同的情况说不同的话。战国时期著名的纵横家鬼谷子曾经精辟地总结出与各种各样的人交谈的方法：故与智者言依于博，与拙者言依于辨，与辩者言依于要，与贵者言依于势，与富者言依于高，与贫者言依于利，与贱者言依于谦，与勇者言依于敢，与过者言依于锐。说人主者，必与之言奇，说人臣者，必与之言私。每一个人都有自己的爱好、自己的风格，如果我们在说话的时候能够抓住对方的喜好，说对方愿意听、喜好听的话，就能够起到很好的作用，使你备受别人喜欢。语言的变通需要学习和练习，要根据自己的情况因地制宜进行处理，鲁迅说，孩子是要别人教的，毛病是要别人医的，即使自己是教员或医生；但做人处事的法子，却恐怕要自己斟酌，许多人开来的良方，往往不过是废纸。只要我们以真诚之心进行沟通，效果一定不会差，伊朗诗人尼扎米说，发自内心的话，就能深入人心。

◆ 让自己的声音充满魅力

声音是语言的载体，是我们了解外面世界的媒介，提高说话的艺术需要合理使用声音技巧，苏联教育家马卡连柯说，只有学会在脸色、姿态和声音的运用上能作出 20 种风格韵调的时候，我就变成一个真正有技巧的人了。美妙的声音能带给人美的享受，能说会道的人都需具备声音的魅力。要想使自己的声音具有魅力，就要提高自己的口语发送能力，就是说话时对语言的速度、节奏、声调的高低、声音的轻重大小、语流的顿挫断连进行有效的控制，苏联教育家马卡连柯说，声调运用所以具有意义，倒不是仅仅为了嘹亮的唱歌，漂亮的谈吐，而是为了准确地、生动地、有力地表达自己的思想感情。随着交际的内容、场景、双方的人际关系的不同，有高低抑扬、快慢急缓、强弱轻重、顿挫断连、明暗虚实等多种变化，掌握好说话的语气语调，准确把握重音和停顿，控制好说话的节奏，使自己的声音具有强烈的音乐旋律感和迷人的魅力，通过声音恰当地表达自己的感觉。

【互动空间】

你知道该怎么说话吗？

学会说话，非常容易，基本上两岁以上的孩子都会说话，但是学会说别人爱听的话，可不是一种容易的事。在生活中你知道该怎么说话吗？把握住以下的一些原则，做一个讲究说话艺术的人吧。

急事，慢慢地说；
大事，清楚地说；
小事，幽默地说；
没把握的事，谨慎地说；
没发生的事，不要胡说；
做不到的事，别乱说；
伤害人的事，不能说；
讨厌的事，对事不对人地说；
开心的事，看场合说；
伤心的事，不要见人就说；
别人的事，小心地说；
自己的事，听听自己的心怎么说；
现在的事，做了再说；
未来的事，未来再说。

第六节　屁股决定脑袋

摆正位置是职场学习的第一课。
摆正位置是职场第一要务。
孔子说，不在其位，不谋其政。
曾子说，君子思不出其位。
《中庸》说："君子素其位而行，不愿乎其外"，"在上位，不陵下；在下位，不援上"。

第十章　沟通：卓越的沟通让人无往不利

不在其位而谋其政，必然会引火烧身，一是遭到身边人的嫉妒，二是容易引起上司的猜疑，三是易心力交瘁而过早殒命。因此要摆正自己的位置，不要超越自己的职责范围去行事。

"在其位，谋其政"，意味着工作"到位"。位置是用来干事的，是用来发挥作用的，摆正位置就要立志做事，精于做事，要不怕吃苦、不怕受累，安下心来、沉下身子，解难事、做实事，做好自己的本职工作。

"不在其位，不谋其政"，意味着权力"归位"。只有做到权力各归其位，才能确保每个人履行好自己的职责。每个人应非常清楚自己的角色定位，明确自己的权力和职责边界，对自己分内之事尽心尽责，对自己分外之事则坚决不插手，不越俎代庖。

生活中，最难得的就是摆正自己的位置，调整自己的心态，走好自己的路。位置没有摆正往往会让人迷失方向，干不好本可以做好的事情，也会使人生多些曲折，多些磨难。

摆正自己的位置，是当代社会特别应该提倡的一种职业化的工作态度。一个人要能够清醒地认识到自己的角色地位，知道该做什么，不该做什么，用心专注地做好自己的工作，履行该角色地位的职责。一个家庭、组织、社会如果能够让人都明确自己的位置，安心完成自己的职责，和谐社会也就不远了。

【行思探理】

2007 年，曾荫权参加香港第二任特首选举。竞选口号是短短五个字：打好这份工。当选后，曾荫权到北京述职，他握着胡锦涛的手也没有豪言壮语，依然是"我要打好这份工"。曾荫权的话没错，特首也不过是一份工作而已。在职业化的时代，每个人岗位不同，职责不同，相同的只有一点：摆正位置，尽心尽责。

身处职场，每个人都有自己的职业坐标，仰视时易低估自己，俯视时易低估别人，得意时易猖狂，失意时易自卑，我们只有找准坐标，摆正位置，调整自己的职业心态，才不会迷失自我，从而实现自己的人生价值。

◆ 认清自己的职业角色

刚参加工作的年轻人不是职场命运的主宰者，可能并不明确自己工作的意义、重要性，被严格的职业要求压得喘不过气；工作时间、劳动强度以及紧张程度都超过自己的承受能力范围；对工作中各种信息引起的感觉、知觉、情绪、情感等不适应；工作中需要的知识、技能与自己原有的知识、技能不平衡，甚至相差甚远……因此要尽快认清自己承担的工作角色，根据岗位说明书做事，做正确的事和正确地做事。岗位说明书清晰列出岗位所承担的职责，明确并量化工作指标，以确保该岗位的人员能够正确做事。根据岗位说明书做事，明确工作要求和职责，熟悉企业的工作制度、本职工作的业务程序和要求，能最大限度地减少岗位人员因职责模糊而存在的"扯皮"现象，提高做事效率；根据职位说明书做事，你向谁汇报，谁向你汇报，你的上级是谁、下级是谁，你的协同（平行）关系是谁，职位说明书有明确定位，规定了你在工作中所处的位置，弄清楚工作关系中上司赋予自己的职权和自己应尽的义务，才能把本职工作做到无可挑剔的程度。所以认清并扮演好自己的职业角色，才能让自己的职场路越走越顺。

◆ 把该做的事做到位

俗话说，筷子夹菜勺喝汤。如果非要用筷子来喝汤，大体上也只有两种可能：其一，喝不到汤，筷子反而失去了原有的作用而变成废物。其二，喝到汤，经过改装后的筷子已经失去自我不再是筷子。摆正位置是做事的前提，做好了自己的本职工作，尽到了应尽的责任，才有可能被赋予更多的责任；只有做好了分内的事，才有能力做好分外的事。平庸的人在乎有没有完成，优秀的人在乎有没有做到位。工作中的很多过失是因为看上去简单而造成的，把每一件简单的事情做好即为不简单，把每一件具体的事情按照计划彻底做完达到预期计划，彻底完成没有遗留遗漏的地方就是做到位。事情没有做完，没有达到预期目标，就要继续做下去，直到彻底把事情做完，达到最终的结果，才是真正地把事情做到位。要想把事情做到位，"熟悉流程—梳理收集完备的信息—准备事件的风险管控和后备方案—持续跟进和持续更新信息—总结和反馈"这一完整的流程必不可少，尽管做事情方法有差别，但把该考虑的各个方面都要考虑到，做到底，做完整，才能给整个事情画上完满的句号。

◆ 不要一不小心"越了位"

"不在其位，不谋其政"是职场的基本规则，知道什么事情该做，什么事情不该做，摆正自己的位置，把本职工作做好，不要越位，因为，"越位"就会被"吹"犯规。人最怕的就是自己不能准确认识自己的位置，要经常问一下我们自己"我是谁"，不要将自己定位过高，也不要将自己定位过低，更不要将自己定位错乱，要防止越位，必须遵循"三不谋"原则：一是不在其位不谋。不是自己负责的事，不是自己权限范围的事务，不要工作越位，最好不要随便掺和插手，费力不讨好。二是不详其情不谋。你不在那个位子上，你就会有许多的情况不熟悉，特别是市场需求的变化更是瞬息万变，你掌握的情况可能有很大的局限性，因此不要场合越位，超过了自己的职业范围，胡乱表态，对自己职责之外的事表态，特别是不要在公开的场合下发言，不但是不尽义务的出现，而且也是无效的。三是不知其方不谋。不是自己职责范围的事，不要变态越位，即使对方要求你对他的方案提出意见时，如果你对他的方案没有足够了解，也不要轻易作出评判或否定。总之，在一个组织中，我们应该根据现实情况找准自己的位置，不要让自己越位，才能得到他人的信任和赏识，才能够保证团体成员间的协调合作，推动共同的事业向前发展。

【互动空间】

等车姿势透露职场心理

每天上下班，你都会饱尝等车和挤车之苦，如果你已经等了好久，也没见到你所等的公共汽车的影子，这时的你会采取下面哪一种等车的姿势？

1. 把手放在背后，或是不断地看手表。
2. 把手插在口袋里。
3. 双腿交叉地站着。
4. 找一面墙靠着。

第十章 沟通:卓越的沟通让人无往不利

结果分析:

选1:你是一个企图心很强的人,但又不太会掩饰。你很讲求效率和成效,一想到什么事,就要立即做到才行。这样的个性,在你的脸上表现无遗,所以你也是一个不适合耍心机的人。办公室里你是一个不太圆滑的交际者,弄不好会得罪别人,四处树敌。

选2:你是一个有城府的人,做什么事,都会经过详细和周密的筹划,你把全部的聪明全放在人际的周旋上,而对工作上的关心却相对减少。办公室中你有着相当好的人际基础,不过总给人不放心的感觉,那是因为软件条件到位了,硬件条件还有待加强,所以还要努力点,别让人以为你是个只会耍嘴皮子的人。

选3:你是一个缺乏自信心的人,虽然做什么都是实干苦干型,可是就是对自己缺乏自信心。在办公室你太过委曲求全,迎合别人了,有点没有原则的忍让,让别人以为你只不过如此,而忽略了你的"小宇宙"。虽然你每天都立志要做一个有主见的强人,可是总是有点事与愿违,请努力把幻想转为现实吧。

选4:你是一个不善于管理自己的情绪的人,阴晴不定的表情常常会挂在脸上,做事好像也是随性而为,这样的人,通常心智还没有真的成熟。这种性情在办公室里比较不受欢迎,久而久之会让上司产生意见,连同事之间也不见得会喜欢。所以首先要改变自己的思路和想法,做一个真正成熟可靠的办公室一族。

第十一章　理财：把握财商的命脉

第一节　量入为出，开源节流

精打细算，油盐不断。

量入为出，积谷防饥。

中国古代教育家颜之推说，财有限，费用无穷，当量入为出。

少花一元钱就相当于挣到一元钱，而少花一元钱要比挣到一元钱容易得多。

理财，就是要做到未雨绸缪，而不是在经济问题来临时手忙脚乱。

近代中国思想家胡适说，年轻时要注意多留点积蓄。

战国时期，思想家荀况在《富国篇》中阐述富国的策略，"故田野县鄙者，财之本也；垣窌仓廪者，财之末也；百姓时和、事业得叙者，货之源也；等赋府库者，货之流也。故明主必谨养其和，节其流，开其源，而时斟酌焉"。可见，若要国家富强，在收支上要开源节流。

中世纪波斯诗人萨迪说，谁在平日节衣缩食，在穷困时就容易渡过难关；谁在富足时豪华奢侈，在穷困时就会死于饥寒。

号称"车到山前必有路，有路必有丰田车"的日本丰田公司，在成本管理上从一点一滴做起，劳保手套破了要一只一只地换，办公纸用了正面还要用反面，厕所的水箱里放一块砖用来节水。

一个国家的兴盛、一个企业的发展，也许就是开始于你我他今天点燃的一星灯火——不可轻视开源节流的力量，并且是要坚持才能将一丝一毫的力量积累成最后的成功。

【行思探理】

开源节流是中国古代的一种理财思想。开源是指促进生产、增加社会财富；节流是指轻赋薄敛、搏节支出，即主张理财之道在于积极发展生产，培植财源，同时注意减轻百姓负担和节省政府开支，达到民富国也富的目的。开源节流的思想最早是由春秋时期思想家孔子提出的。他认为治国之道在于安民，民贫则怨，民富则安。统治者不应当滥用民力，而应当保证农时以发展生产，增加民间财富，通过民富达到国富。《论语·颜渊》中关于"百姓足，君孰与不足；百姓不足，君孰与足"的论点集中反映了孔子重视培养财源的理财思想。

"开源"与"节流"是一个问题的两个方面，是辨证的统一体。"开源"是开辟新的收入来源，"节流"是节约支出。做到开源就能够找到更多的财富门路，做到了节流就能节约手里已有的财富，科学合理地消费就等于收入的增加。如何"量入为出，以入养出"，是事业发展的关键所在。如何开源节流，保证经济效益不断提高，是每个经营者必须思考的核心问题。

◆ 广开财源

- 向发展生产要财源。广开财源要致力于发展生产，生产好比摇钱树，节约好比聚宝盆。只有生产不断扩大，其财源才能不断增加。树立牢固的生产观念，变"守财奴"为"创业达人"。
- 向市场竞争要财源。高质量产品作为市场竞争的基础，优质售后服务是提高市场竞争力的重要途径，高质量体验作为市场竞争的重要手段，高科技作为市场竞争的重要条件。
- 向产品质量要财源。质量强国要求提高产品质量，以质量创名牌，以质量保安全，以质量创效益。
- 向科学管理要财源。管理是现代生产力重要组成部分，现代管理手段是社会化大生产必须采纳的管理方式。吸收先进管理经验，推动管理升级，向智慧管理、数据化管理、供应链管理和网络管理转变，提升效益。

◆ 恰当节流

- 观念要转变。从要我节约转变为我要节约，我能节约。不过"借钱过日子""寅吃卯粮"的生活，不玩"拆西墙补东墙"的债务游戏，不玩"财务鸦片"的信用卡，远离"花呗""白条""套路贷"，防范道德风险，把"量入为出"硬约束贯穿到工作流程中，渗透到日常工作和生产经营的方方面面，渗透在每一位员工的思想中。
- 开支要合理。节制支出，不等于不支出。"节流"不是"截流"，不是断流，更不是降质量。
- 把关要从严。财务人员一丝不苟、铁面无私是美德，也是职业道德，绝不允许自由放任。

◆ 贵在坚持

- 养成开源节流的习惯。首先，学会赚钱和攒钱，赚钱是开源，攒钱是节流；学会投资、提升技能去赚钱，除必需品要节约支出以攒钱。其次，充分发挥手机功能，关注公众号、开通手机APP以获得机会。最后，发挥卡券作用。
- 制定相应的规章制度。建立完善的考核体系和奖罚制度，把开源节流作为一种制度来执行，促进其发展。
- 做到不折不扣地执行。开源节流是一项重实际的工作，不能流于形式，要深刻体会其内涵，长期坚持必有效果。

【互动空间】

大学生如何"开源节流"？

想来一次说走就走的旅行、想买新款的手机、想去健身学舞蹈、想购买最新的电子数码产品……大学生属于纯消费群体，却表现出极强的消费欲望和惊人的消费能力。当今大学生该树立怎样的消费观念？该如何平衡自己的消费欲望与消费能力？"开源节流"是帮助大学生合理消费、科学理财的方法之一，也能有效地平衡大学学习生活的各方面消费需求。

◆ **多了解银行业务**

与银行打交道最多的业务是存取钱，即便是简单的存款，也能从中学到不少理财知识。可以通过此机会了解最基本的金融常识、ATM机和信用卡的一些服务功能，学习如何独立理财。

◆ **有机会参与兼职**

勤工俭学、协助老师做研究、做家教、到一些公司或企业兼职打工……这些都是能够帮助大学生增加收入的办法。

◆ **有机会参与社会活动**

参与社会征文、征集广告语、征集倡议书等活动，参加社会视频制作、混剪等征集活动，参加文摘类投稿活动，参加不特定单位组织的有偿型补偿性活动。

◆ **尝试简单的投资**

适当尝试进行一些真正的"投资"，如股票、基金定投、银行理财产品、余额宝等。涉足这些投资领域，并不完全是为了挣钱，更多的是一种练习。通过直接参与经济中的运作，使得自己更好地了解投资市场，懂得金融方面的基本知识，无论是对眼界的开阔还是逻辑思维的培养，均会有一定的收获，而且还可为将来步入社会后进行投资积累经验和教训。

◆ **学着做点小生意**

筹措一笔启动资金，自己做个小老板，赢利多少并不重要，重要的是你从中学到了一种经营意识和市场意识，学会主动地了解市场，并根据市场的变化作出决策，在学校里就学会"像企业家一样思考"，这才是最重要的。

◆ **主要在食堂用餐**

提高食品安全意识，食堂饭菜质量有保障，节约费用省时间。

◆ **利用跳蚤市场、网络二手市场和实体性二手市场**

淘旧书、旧自行车、旧电动车甚至二手电脑等，帮助你有效节省不必要的支出。

◆ **养成记账的习惯**

每天记下自己的支出，过一段时间后看看哪些是不必要的支出，把这些可花可不花的支出节省出来，存进银行，还能得到一笔不小的利息。而且手头上的现金少了，消费也会受到限制。

◆ **用好身份的名片**

学生身份是一种宝贵的资源，在生活中充分利用学生身份，可以享受到许多方面的实惠。比如，对一些不太常用的参考书，与其去书店买不如去学校图书馆借来看。此外，由于学生身份的特殊性，大学生还可以在校外的许多场所享受到优惠，如凭学生证可以享受火车票减价优惠，凭学生证景点门票可以打折甚至免费等。

第二节　省钱就是赚钱

　　浪费是支出，节约是收入。
　　从俭入奢易，从奢入俭难。
　　行船靠掌舵，理家靠节约。
　　诸葛亮说，静以修身，俭以养德。
　　节约节约，积少成多，一滴两滴，汇成江河。
　　冬不节约春要愁，夏不劳动秋无收。
　　省钱便是赚钱。罗马哲学家辛尼加说，节俭本身就是一个大财源。
　　美国思想家爱默生说，节俭是你一生中食用不完的美筵。
　　马克思说，节俭就等于发展生产力。
　　成功由勤劳节俭开始，美国亿万富翁保罗·盖蒂说，节俭是商业成功的必要条件，商人一定要严格要求自己不浪费，不但要会赚钱，更要会懂得节俭；拒绝节俭就等于拒绝财富，财富就藏在节俭之中。
　　被称为有史以来最伟大的投资家的美国人巴菲特的生活准则就是"简单、传统和节俭"。

【行思探理】

　　2016年4月，前《哈佛商业评论》中文版社群总监陈雪频发微博称：刚刚见了一个朋友，他昨天在虹桥机场等出租车时拍了一张照片，他觉得像是任正非，和我确认一下是不是。我一看就是任正非，这位72岁的华为创始人在排队等出租车，没有助理和专车，绝对真实。任正非一手拖着行李箱，一手打着电话，站在等候出租车的队伍里。

　　◆ 节俭是一种修养

　　俗话说得好："穷不倒志，富不癫狂。"节俭是当用则用，当省则省，省用得当，是终生受用的持家法宝。英国作家罗斯金说：一般说来，"节俭"两个字的解释，似乎是"省钱的方法"；其实不对，应该解释为"用钱的方法。"节俭是一种修身养性的重要方式，真正的良好修养体现在当你获得成功、变得富足时，从一饭一粥中克制不断膨胀的欲望，从一言一行扫除内心的虚荣，依然能够保持节俭的良好习惯，冷静地安排自己所获得的一切。节俭与否不仅是个生活习惯、生活小节问题，更是个思想道德境界的问题，法国思想家卢梭说，奢侈的必然后果——风化的解体——反过来又引起了趣味的腐化。有效地、合理地、节俭地使用和消费物质，从本质上说是对劳动的尊重，是对劳动人民的尊重，也是对自己的尊重。"俭，德之共也；侈，恶之大也。"思想道德境界越高，越崇尚节俭；思想道德境界越低，越追求奢靡。从《朱子家训》到曾国藩家书，不论在哪个朝代，节俭总是被看作持家立业的根本、安邦定国的保证、代代相传的美德。

◆ 节俭也是一种力量

勤俭才是致富之道。物欲是无止境的，而人的资源乃至时间精力都是有限的。马克思说，任何节约归根到底是时间的节约。富裕不是浪费的通行证，否则，任由奢靡之风蔓延，就会在不知不觉中走向懈怠，在舒舒服服中迷失方向，在表面风光中陷入衰败沦落。1936年，美国作家斯诺采访了革命根据地延安，写下了闻名于世的《西行漫记》。在延安，他看到了毛泽东住在十分简陋的窑洞里，看到了周恩来睡在土炕上，看到了彭德怀穿的背心是用缴获的降落伞做的，看到林伯渠的眼镜腿断了，用绳子系在耳朵上还是将就戴着……斯诺从革命家俭朴的生活中，发现了"东方魔力"。他断言，这种力量是兴国之兆，胜利之本。1941年6月，爱国华侨领袖陈嘉庚带领"南洋华侨慰问团"，从新加坡回到中国慰劳抗日将士。蒋介石拨800元隆重接待陈嘉庚，陈嘉庚连续三天在国民党《中央日报》刊登罢宴声明：在此抗战中艰难困苦时期，望政府及民众实践节约，切勿消耗物力！后来，陈嘉庚到了延安。毛泽东用部队自力更生种的南瓜、豆角、西红柿和一碗鸡汤招待陈嘉庚，让他吃了一顿名副其实的粗茶淡饭。席间，毛泽东对陈嘉庚说，我没钱买鸡，这鸡汤是邻居老大娘知道我来客人，专门做好送过来的。陈嘉庚看到毛泽东招待他的价值1.5元的饭菜，对比蒋介石在重庆花800元宴请他的佳肴，站起来真诚地对毛泽东说：得天下者，共产党也！他从共产党的节俭中，看到了共产党得天下的历史必然！

◆ 节俭是一种责任

有关研究指出，现代工业社会中，每人每天大约消耗600 000千焦的能量，这至少是原始社会人均使用量的100倍。而人类基本生存每天所需要的食物能量没变，仅10 000千焦。这两者之间的差额被用于空间的加热和制冷、生产和运输等。由此可见，节俭节约并非只是私德问题，而是事关经济社会乃至地球村的永续发展，紧密联系着现代国民和公民的责任。节省一度电，节约一升油，不是一本简单的经济账，是我们在履行对子孙后代的一种责任，是为子孙后代创造积累财富。由此，收获的不仅仅是健康的生活方式，更重要的是得到了人们的赞许和社会效仿，是为社会和后代创造财富。风成于上，俗行于下。回溯历史，从井冈竹语、延安宝塔到西北坡会场，从"两个务必"到中央八项规定，中国共产党历来提倡"节俭养德"，反对贪图享乐。

◆ 节俭应体现为行动

"人无远虑，必有近忧"，树立起忧患意识，要注意节约资源，为未来铺平发展的道路。"思想上的巨人，行动上的矮子"。节约不只是一句口号，仅仅停留在"议论"上，更要从实际生活与工作开始，具体落实在行动上，广泛开展以节约为主题的群众性教育实践活动。例如，在党政机关和党员干部中开展"俭以养德向我看齐"教育实践活动，引导党员干部在崇尚节俭、反对浪费上发挥模范带头作用；在社区和家庭开展"俭以养德 人人行动"教育实践活动，号召全社会从每一个人做起、从每个家庭做起，让节俭节约蔚然成风；动员各行各业开展"俭以养德，见于管理"教育实践活动，把节俭节约理念融入实际工作生活中，形成一种习惯，并以节俭为荣，使之成为社会的时尚，形成整个社会节约的风气。

【互动空间】

你是一个懂得节约的员工?

1. 每次公事花钱时,你是否会斤斤计较?
2. 外出办事,如果能乘公交车你是否绝对不打车?
3. 对于其他同事的浪费行为,你是否会指出来并帮助他们改正?
4. 你是否认为节约不仅对企业有利,也有利于自己?
5. 你是否能够从每一个细微的地方为单位节约?
6. 在工作中,你是否会想尽办法节省耗材?
7. 你是否从不占企业的任何便宜?
8. 你是否是一个成本意识非常强,懂得控制成本的人?
9. 你是否向企业提出过如何节约的建议和方法?

结果分析:

回答"是"6个以上。你是一个懂得节约的员工,你知道为企业省钱就是在为企业创造利润,也是在为自己创造利润。每一个企业都需要你这样的员工。对你来说,如果能够发动身边的同事也和你一样节约,你将更加受到领导的赏识和重用。

回答"是"4个以上。你有一定的节约意识,但是还需要进一步增强。一个企业真正做到节约成本还需要全员的努力,员工更需要勤奋节俭的精神。推动企业发展的人并不是那些严格意义上的天才人物,而是那些智力平平但非常勤奋、埋头苦干的员工。如果你能够更加注意节约,你会成为一位出色的员工。

回答"是"3个以下。现实生活中,我们有些员工没有成本意识,他们对于企业财物的损坏、浪费熟视无睹,让公司白白遭受损失,自然也使企业的开支增大,成本提高。你就是这样的人。企业一旦遇到财务危机,需要裁员,你将是首先被裁掉的人。因此,不管你从事什么工作,都要注意节约,这是你走向成功的第一步。

第三节 涓涓细流汇成大海

罗马不是一天建起来的。

曹雪芹用10年时间写成《红楼梦》。

司马迁用18年的岁月写成《史记》。

李时珍用27年的时间写成《本草纲目》。

马克思奋斗了40年写成《资本论》。

哈维观察了8年揭开血液循环的奥秘。

瓦特用了12年改进冷凝机。

乔治·史蒂芬森用了15年的时间改进火车头。

爱迪生经过10 000多次实验终于"造"出钨丝。

荀子云:千里之行,始于足下;合抱之木,生于毫末;九层之台,起于垒土。

明朝洪应明著《菜根谭》：伏久者飞必高，开先者谢独早。知此，可以免蹭蹬之忧，可以消噪急之念。

全球著名投资家沃伦·巴菲特说，财富的积累是一个漫长的工程，每一个硬币都是开始的起点，那些不会抛弃小钱的人往往能走到财富的顶端。

成功是靠着一点一滴积累出来的，滴水可以穿石，锯绳可以断木。如果三天打鱼两天晒网，即使是天才，也不可能获得成功，只有点滴积累才能成功。

【行思探理】

荀子说：不积跬步，无以至千里；不积小流，无以成江海。世上任何事物都有其自身存在和发展的规律，任何成功都是一个质变的过程，要想促成事物的质变，就要脚踏实地地做好量变的积累工作，违背客观规律的速成就是在绕远道，长期积累是从量变到质变的过程，从点滴开始采撷，耐得住寂寞，积少成多，最后必定是袋满筐溢。

◆ 第一种采撷：从点滴做起

俄国作家果戈理的一个习惯就是身边常备一个本子，随时记下一切在社会上观察、体验到的事情，除了眼见的各种景物外，还有耳闻的各种有意义的话语。在这些记录里，天文地理花鸟虫鱼无所不有，既有多种动植物的名字和它们展示给作家并拨动他心弦的特别之处，也有挂在捕鱼狩猎者口头的俗语和朴实的但是耐人寻味的语言，还记录下了作者对社会、人生和事情的思考。这些记录为果戈理的写作积累了大量的有用的素材，他曾经不无得意地把自己心爱的笔记簿称为"手头的百科辞典"。

财富积累也需要从点滴开始，真正的财富积累途径是通过"适当"（既不高也不低）的常年平均报酬率加上时间的"复利"作用而实现的，并不是短期里进进出出的投机或梦想一夜暴富的赌博之类的东西。调查显示，改革开放以后，成为中国富豪的条件是1/3的人靠继承，1/3靠创业积累财富，另外的1/3是靠理财致富。很多人不希望经历过程，渴望能够买彩票中奖，中得巨额奖金是所有彩民的终极目标，但奖金对中奖者而言，大笔的彩票奖金几乎不能降低破产的可能性，而奖金换来的更多可能是各种各样的恶习。据美国国家经济研究局的一项调查显示，近20年来，欧美的大多数头奖得主在中奖后不到5年内，因挥霍无度等原因变得穷困潦倒。该项调查同时显示，美国彩票中奖者的破产率每年高达75%，每年12名中奖者当中就有9名破产，彩票中奖者对中奖得来的钱抱着随意态度，不像对辛苦挣来的薪金收入那么谨慎，甚至染上了能使钱财耗尽的奢侈品瘾。

◆ 第二种采撷：经得起失败

俗语讲："有钱不置半年闲。"投资不要低估风险，在选择一项投资之前，不要先问"我能赚多少"，而要问自己最多能亏多少。当代中国普通人参与理财渠道已经相当多元，但失败无外乎四个原因：第一，本金差异。没有本金，或者不想投入本金，却又想获得高额回报，取得成功不太可能；本金少对参与信托、股权、期货等高风险高收益的项目机会也少，选择只需要本金门槛少的理财项目，也不可能获得很高的收益绝对值。第二，舍不得花时间。一般人都很难做到利用时间"复利作用"持续投资，如基金定投，都想着短时间狠赚一笔，这种心理很难获得成功。第三,"富贵险中求"。P2P、股票、股票型/指数型基金、期货、贵金属、外汇等投资的收益率和风险成正比,选择高收益率,就意味着本金有很大可能损失。对自己风险承受能力认识的不足,最终将导致理财的失败;第四,精力投入,包含学习研究、短线操作、思考决策、行动等,需要你耗费精力,而选择傻瓜式理财不可能获得理想收益。

◆ **第三种采撷:善于利用机会**

中国改革开放40多年了,以人才为核心的知识红利已经到来。2019年7月23日,中国高科技领头企业华为发布2019届顶尖学生的年薪方案,入选的8人年薪最低限为89.6万元,最高限为201万元。这八人来自清华、中科院、港科大等学校,所涉研究方向包括人工智能、操作系统等领域。美国求职网站Glassdoor发布的2017年美国科技行业薪资报告显示,Google平均年薪为15.5万美元,微软平均年薪为14.4万美元,Facebook平均年薪为15.5万美元,折算成人民币差不多就是百万年薪。无论中国作为发展中国家还是美国作为创新型的高科技国家,知识红利已经悄然进入社会生活,富兰克林说,如果一个人将钱袋倒进他的脑袋里,就没有人能将它偷走,知识的投资常有最好的利润。要实现财富积累,投资自己是最划算的投资,巴菲特说,有一种投资好过其他所有的投资:那就是投资自己,没有人能夺走你自身学到的东西,每个人都有这样的投资潜力。

【互动空间】

年轻一族如何积累财富?

人生没有满分,就像背着一个永远装不满的筐,因为装不满,才会不停地为自己采摘,果实才会越来越多。追求的过程中,才会有更多的希望飘满前面的枝头。对刚刚步入工作岗位的年轻人来说,应该从哪些方面进行财富积累呢?

◆ **知识的积累**

一个人要想在某一个领域里挣钱,就一定要在这个领域里知道的比别人多,悟到的比别人多,做得比别人多,才能得到的比别人多。

◆ **资金的积累**

一个人要成功离不开机会,可机会往往需要钱,正确的做法是从收入中拿出10%去存起来,准备用这些钱去投资创业。起点越高,回报越大,应该快速完善第一桶金的积累。

◆ **时间的积累**

上帝给了每个人每天24小时,有的人用这24小时就富了,有的却穷了,为什么?其实就是有的人用这些时间做跟自己目标有关系的事情,而有的人没有去做。

◆ **经验的积累**

人无论做什么事情没有一次就可以做好的。量大(数量积累)是所有成功的关键,量大预示着会有很多的失败,但成功的概率也会随之提升。

◆ 人脉的积累

世界上所有的富人都是靠别人富有的。所以，要成功就不能单打独斗，成功由自己开始，成功靠大家帮助。

◆ 人品的积累

一个人能否成功，往往不是他的优势决定的，而是他的劣势限制了他的发展，这就是木桶原理——不是最高的木条决定装多少水，而是最低的木条限制它装多少水。

◆ 态度的积累

成功的路是艰辛的、曲折的，只有具备了积极、乐观、平和、坚持的心态，才能让你在成功的路上披荆斩棘、所向披靡。

第四节 你不理财，财不理你

日本趋势学研究者大前研一认为，今后整个社会的财富分配，会使富人更加富有，而人数最多的中薪阶层，除了一小部分能够挤入富有阶层，其他大多数则要沦为低收入或中低收入阶层。于是在中层忽然出现了一个很大的缺口，整个世界财富的三个层级随着中层的急速减少而被打破，这就是所谓的 M 型社会。

全球投资之父、邓普顿集团创始人约翰·邓普顿说，财富源于储蓄。

资本大鳄索罗斯说，理财永远是一种思维方法，而不是简单的技巧。

全球著名投资家沃伦·巴菲特说，借钱炒股，这是聪明人自取灭亡的最佳途径。

美国理财专家柯特·康宁汉说，不能养成良好的理财习惯，即使拥有博士学位，也难以摆脱贫穷。

美国学者托马斯·史丹利调查过上万名百万富翁，其中的 84% 都是从储蓄和省钱开始的；大约 70% 的富翁每周工作 55 个小时，仍然抽时间进行理财规划；这些富翁一年的生活花费占总财产的 7% 以下，即使没有工作收入、坐吃山空，平均也能撑过 12 年。

【行思探理】

英国哲学家培根说，习惯真是一种顽强而巨大的力量，它可以主宰人生。世界是不变的，唯一可以改变的是我们自己。如果想要致富，就一定要培养理财习惯。理财习惯虽然痛苦，但能拥有滚滚财源，理财就是循序渐进地培养"赚钱、存钱、省钱、钱滚钱"的习惯。股神巴菲特说，一生能够积累多少财富，不取决于你能够赚多少钱，而取决于你如何投资理财，钱找钱胜过人找钱，要懂得让钱为你工作，而不是你为钱工作。面对激烈竞争的社会和个人发展的不确定性，培养理财习惯进行"未雨绸缪"的规划就显得非常重要。

◆ 理财需积极

- 理财不分有无，正所谓"你不理财，财不理你"。千万不要告诉自己"我没财可理"，千万不要说"钱不多，等钱攒多一点再理吧"，要尽早学会投资理财。

• 理财不分多寡，无论你的收入是否真的很充足，都有必要理财。因为收入越高，理财决策失误造成的损失也就越大。合理的理财能增强你和你的家庭抵御意外风险的能力，也能使你的生活质量更高。

• 理财让"财"升值。理财请根据专业度、兴趣、精力，找到自己适合的理财方式，包括股票、基金、债券、期货等。理财一定设定好收益或亏损的阈值，动态关注，及时调整。

◆ 理财重在规划

理财是"马拉松竞赛"而非"百米冲刺"，比的是耐力而不是爆发力。要圆一个美满的人生梦，除了要有一个好的人生目标规划外，也要懂得如何应对各个不同人生阶段的生活所需，而将财务做适当计划及管理就更显其必要。

◆ 管理好时间很重要

年轻人最大的优势是时间，一个25岁的年轻人，按延迟退休来看，还有40年的职业生涯，不要相信年利10%的复利神话，每年固定投入两万块钱，获得4.5%的保本收益，只需要坚持15年，到退休时就已经滚动到了124万元之多。这就是时间的力量！

◆ 养成良好的理财习惯

有人说奶茶毁掉了很多年轻人，每天十几块钱，看似不多，积累起来可不得了。生活可以选择自己喜欢的方式，有些消费是贬值的，有些消费却是增值的。面对这个消费社会，拒绝诱惑并非那么容易，对自己辛苦赚来的每一分钱具有完全的掌控权要先从改变理财习惯下手。

无论你的收入是多少，记得分成五份：
• 增加对身体的投资，身体始终好用；
• 增加对社交的投资，扩大你的人脉；
• 增加对学习的投资，加强你的自信；
• 增加对旅游的投资，扩大你的见闻；
• 增加对未来的投资，增加你的收益。

这是一个良性循环的人生计划。身体将越来越好，朋友会越来越多。同时，你也有条件使自己各方面的羽翼丰满，思维宽阔，格局广大，性格成熟。而你，也就能够逐渐实现自己的各种梦想。学会理财，可以更好地体会到：人生是可以设计的，生涯是可以规划的，幸福是可以准备的。

【互动空间】

在校大学生如何理财？

◆ 学习理财知识——为财富增值做准备

大学生学习能力、理解能力和接受能力都比较强，可以多读一些与理财相关的书籍，或通过网络了解银行存款、货币基金、互联网理财、基金定投等理财产品的不同特点，不断积累理财知识，逐步培养主动理财的意识。

◆ **学会贷款——用明天的钱圆今天的梦**

如果财务状况较为紧张，可以申请助学贷款，大学生贷款利率比市场利率优惠，既可以减轻家庭负担，又可以培养自己的独立意识和责任意识。

◆ **学会兼职——让"增值"为以后的超前消费埋下伏笔**

可以适当兼职，一方面可以增加工作经验，为毕业后走上工作岗位奠定基础；另一方面也可以扩大收入来源，增加手中的可支配资金。这种理财"增值"方式，应该成为大学生理财的一个重要组成部分。

◆ **学会投资——为今后的个人理财"投石问路"**

大学生投资没必要局限于股票行业，可适当向其他投资方式倾斜。投资可起用小额资金，资金来源可从兼职所得和父母赞助两方面入手；尽管大学生做投资具有一定风险，但作为一种大胆尝试，能为今后的个人理财起到"投石问路"的作用，对理财意识的扩展有着积极的意义。

◆ **认识收益和风险——理解"双刃剑"**

收益和风险是孪生体，高收益必然伴随着高风险。在理财过程中，要正确评估自己的风险承受能力，选择适合自己的理财产品。不要盲目追求高收益，避免因触雷导致血本无归。

◆ **不做"月光族"——培养理性消费习惯**

当前，消费信贷类产品种类繁多，信用卡、花呗、京东白条之类的产品，如果真的需要，可以适度使用，以不超过自己的消费能力为宜。网络借贷产品，任何情况下都不要碰，否则就会落入陷阱，无法自拔，给自己带来沉重的债务负担和心理压力，严重影响学业，并让父母担惊受怕。

第五节　能力挣钱，智慧花钱

穷则独善其身，达则兼济天下。
物聚必散，天道使然。
身死留财，智者不为。
钱越花越富，越省越穷。
钱只是工具，不是目标，挣钱是能力，花钱是智慧。
有钱人花钱购入资产，穷人用钱购买负债。
穷人之所以会穷，并不是因为不会投资，而是因为不会花钱。
职业理财师认为，挣钱是一种能力，花钱是一种智慧，会挣钱的人智商出色，会花钱的人情商往往卓越。

第十一章 理财：把握财商的命脉

古罗马哲学家西塞罗说，追求财富的增长，不是为了满足一己的贪欲，而是为了要得到一种行善的工具。

比尔·盖茨认为，花钱花得有智慧，是和赚钱一样难的事。

美国钢铁大王、私人大规模慈善活动的倡导者卡内基在《财富的福音》中写道："应该好好记住，赚钱需要多大本领，花钱也需要多大本领。唯有如此才能有利于社会。"

【行思探理】

货币产生以后，货币具有的价值尺度和支付手段两个职能得到了彰显。获得货币即挣钱关系到人们的生活质量而成为"大众情人"，如何快速挣钱的能力更为人们所追寻。将货币转换为生产资料和生活资料是花钱的范畴，如何理性花钱成为个人修养和智慧的体现。

◆ 挣钱依靠能力

改革开放以后，随着市场要素的逐步释放，人们平等参与市场的机会越来越趋于平衡，一部分人先富起来了，但另一部分人还处于贫困中。同样的群体处于同样的社会环境中为什么还出现贫富分化，究其原因：一是客观要素，二是个人能力的差异。

- 时代机会和趋势的把握能力。孙中山说，天下大势，浩浩荡荡，顺之则昌，逆之则亡。360创始人周鸿祎说，有一个竞争对手永远打不败，那就是趋势。每个社会、每个时代都有自己发展的逻辑，符合时代趋势和逻辑发展的人更容易挣钱。马克思说："手推磨产生的是封建主的社会，蒸汽磨产生的是工业资本家的社会。"农业社会是以农业生产为基础的社会，勤奋的体力付出是挣到更多钱的基础；工业社会是以资本生产为基础的社会，掌握更多的资本更能够快速地挣钱；现代社会是以科学技术为基础的社会，知识红利和工程师红利逐渐释放，现在和未来的趋势是谁掌握了知识，谁就有更多挣钱的能力。移动互联网造就的"今日头条"（1983年出生的张一鸣）和"拼多多"（1980年出生的黄峥）就是典型例证。

- 行业和职业转换的能力。时势造英雄，小米总裁雷军说，"站在风口，猪也会飞。"每个行业都有每个行业的发展逻辑，夕阳行业和朝阳行业衰败与兴起交错。所处行业的不同决定了挣钱能力的多寡。而具体到职业，如电话接线员、铅字排版工、电报收发员、BP机传呼小姐、底片冲洗工等已经退出职场，铁匠、补锅、货郎、磨刀磨剪子、修钢笔、钟表维修正在逐步消失，2019年中国人力资源和社会保障部、国家市场监管总局、国家统计局发布了13个新职业信息，这些新职业包括人工智能工程技术人员、物联网工程技术人员、物联网安装调试员、大数据工程技术人员、云计算工程技术人员、数字化管理师、建筑信息模型技术员、电子竞技员、电子竞技运营师、无人机驾驶员、农业经理人、工业机器人系统操作员、工业机器人系统运维员。这些职业属于产业结构升级催生的高端专业技术类新职业，是科技提升引发传统职业变迁、信息化广泛使用衍生的新职业。随着市场经济的发展，以往的终生固定就业的模式将不复存在，职业转换将成为未来职业变化的趋势——就业部门或单位的转变、专业/工种/岗位的更换。在职业生涯中谁具备更好的职业转换能力，谁在市场中将获得更多收益。

- 冒险精神。世界是不确定的，机会是概率性存在。冒险精神不是赌徒心态，不是玩"ALL IN"的游戏，而是基于理性分析风险，并且把风险降低到最低程度的能力，否则这些人是不会成功的，或者说成功的概率极低。因为只知道迎着风险一意孤行，与买彩票的行为无异，就是碰运气而已。改革开放以后创业者层出不穷，第一代是以乡镇企业家为代表的农民，第二代是以房地产商为代表的资源获得者，第三代是以科学技术为代表的创业者。创业，必然要面对许多未知的风险和挑战，如果一个创业者缺少冒险精神，没有承担风险的勇气和担当，那么他永远无法体会到风险过后所带来的优厚回报。寻找到相应的行业，满足行业发展的需要，解决行业的"痛点"便能获得成功。但是，成功的人都是想尽一切办法把风险降低到最小程度，即可承受的范围。

◆ 花钱依靠智慧

2018年喜剧电影《西虹市首富》讲了这样一个故事：中年废柴男王多鱼因为继承二爷的遗产，摇身一变成为百亿富翁。但要拿到这笔遗产，还要在1个月内花掉10亿元。于是，王多鱼带领着一群和自己一样废柴的朋友开始糟蹋钱。但让王多鱼和观众们费解的是，这10亿元越糟蹋却越多：专挑要退市的股票买，却不想赚了1亿元；买了一片烂尾楼，却因为划入学区，反赚了10亿元……这虽然只是一部电影，但其情节又引发了社会的思考：有了钱该怎样智慧的花钱呢？

- 学会投资促进财富稳定增长

花钱要区分"投资"行为和"消费"行为，花钱是理财首先要掌握的学问与艺术。贫穷首先不是不会投资，而是把用来投资的钱都花销掉了。要按收入来安排开销，绝不轻易透支，查尔斯·狄更斯在《大卫·科波菲尔》中这样写道：挣20英镑，花掉19.96英镑的人，留给他的是幸福；挣20英镑，花掉20.06英镑的人，留给他的是悲剧。富有，并不是你每月工资挣得多，而是节余的多，节余下来的才是财富。所以，按照现代理财观念，每月必须至少先存下10%的收入，再消费。那些成为富翁的人，不一定收入很高；相反，许多收入比他们高的人，却没有成为富翁。这其中的原因就是，那些收入提高的人，没有很好地收缩欲望、减少支出，花销比赚的钱还要多，甚至还通过信用卡透支明天的收入，当然积累不了财富，成不了富翁。

- 学会扶危济困承担社会责任

2019年中国慈善榜恒大集团董事局主席许家印蝉联首善，这是继2012年、2013年、2018年后，许家印第四次荣登福布斯中国慈善榜榜首。许家印认为，只有富有爱心的财富才是有意义的财富，只有积极承担社会责任的企业才是最有竞争力和生命力的企业。在回忆起童年的艰难岁月时，许家印说，没有国家的恢复高考政策，我就离不开农村；没有国家每个月给我14块的助学金，我就读不完大学；没有国家改革开放的好政策，就没有恒大的今天。我一定要饮水思源，回报社会，一定要积极承担社会责任，一定要多帮助那些需要帮助的人。

- 投身公益事业收获社会声誉

公益事业属于非营利性行业，包括环保、教育、科学、文化、卫生、体育等行业。投身公益是参与社会财富的再次分配。中国古代捐款修路造桥、捐资助学都是积善的事情，当代中国已经走进了新时代，面临着新的发展机遇，公益事业的范围更广、参与的机会更多、参与方式更加多元，尤其是现代科学技术融入后，移动端用户可以开展多元的捐赠活动。有关数据显示，2014年中国个人捐助中移动端用户高达84%~85%。中国社会福利基金会的戚学森在接受《公益时报》记者时说：当我们真的能够从"小我"到"大我"，最后走向"忘我"，且因为这种大爱，让更多人受益的时候，一个人一生的价值才真正得以体现；他日回首往事，我们能够因此而快乐、无悔，这是最宝贵的东西。具体地说，投身公益实现精神的升华、灵魂的净化和自我人格的完善，在相互的友爱中，促进了了解和信任。

【互动空间】

赚钱 VS 花钱的职业测试

1. 职业测试：你有赚钱的能力吗？

每个人都渴望拥有财富，但是否拥有赚钱的能力呢？有的人天生就是赚钱的料，但更多的人是通过后天的学习、锻炼获得的。不妨先来考察一下：你具备赚钱的能力了吗？

（1）在买东西时，会不由自主地算算卖主可能会赚多少钱。
（2）在购买大件商品时，经常会计算成本。
（3）在与别人讨价还价时，会不顾及自己的面子。
（4）如果有一个能赚钱的项目而自己又没钱，会借钱投资来做。
（5）愿意下海经营而放弃拿固定的工资。
（6）对于自己想做的事会坚持不懈地追求并达到目的。
（7）喜欢阅读商界人物的经历。
（8）经常阅读财经方面的文章。
（9）对新鲜事物反应灵敏。
（10）除了当前本职工作还有别的一技之长。
（11）经常计划该如何找机会去挣钱。
（12）曾经为自己制订过赚钱计划并且实现了这个计划。
（13）在生活或工作中敢于冒险。
（14）在工作中能够很好地与人合作。
（15）善于分析形势或问题。
（16）善于应付不测的突发事件。
（17）在碰到问题时能够很快地作出决策。
（18）做事最重视的是达成的目标与结果。

结果分析：

每一个肯定的答案都记为 1 分。如果你的得分在 10 分以上，这意味着你已经具有一定赚钱的心理基础了，可能你还具备了较强的赚钱能力，你可以考虑选择一个项目大胆地去干；如果你的得分在 10 分以下，那么，你在准备投身某一个项目之前，不妨再学习或训练一下自己的赚钱技巧。

2. 职业测试：你属于哪种花钱类型？

（1）当市场和股票上升时，我感到：
A. 兴奋，受鼓舞。B. 热情，有灵感。C. 小心，谨慎。D. 怀疑，冷。

（2）我一般这样度过业余时间：
A. 学习一种技能。B. 帮助需要帮助的人们。C. 预先组织计划。D. 分析事情如何发展。

（3）当事情和我的财政相关时，我是：

A. 机会主义者。B. 情感主义者。C. 勤勉者。D. 实效主义者。

（4）我认为这是成功的投资者：

A. 大胆的、冒险的。B. 运用财富为社会作贡献。

C. 节约的、有责任心的。D. 有独立思想的。

（5）当评估某项特定的投资时，我相信：

A. 自己。B. 朋友。C. 最基本的事实。D. 理论。

（6）当我退休时，我会寻找更多机会：

A. 冒险。B. 自我发展。C. 和家人在一起 D. 学习知识。

（7）当你朋友的投资计划落空后，你一般会劝朋友：

A. 总会有这样的事情发生的，以后会好转。

B. 能坚持自己的信念就是最好的。

C. 在投资前，你应该对风险进行预测与研究。

D. 塞翁失马，焉知非福。

（8）如果收入和名望相同，金融公司的哪个职位是你最向往的：

A. 销售主管。B. 客户关系主管。C. 首席执行官。D. 研发中心主管。

（9）金融顾问值得我们信任。对此说法，我表示：

A. 强烈同意。B. 有些反对。C. 有些同意。D. 强烈反对。

（10）变得富有是普遍的愿望，不成为穷人是另一个普遍的愿望。你怎么衡量这两个愿望之间的比重：

A. 40%的人想变得富有/60%的人不想成为穷人。

B. 20%的人想变得富有/80%的人不想成为穷人。

C. 60%的人想变得富有/40%的人不想成为穷人。

D. 80%的人想变得富有/20%的人不想成为穷人。

结果分析：

序号	选项	花钱类型	指标解释
1	多数选 A	艺术型	拥有良好直觉的人
2	多数选 B	理想型	金钱并不是最重要的目标
3	多数选 C	看守型	自律是财政安全的关键
4	多数选 D	理智型	冷静分析一切

第六节 缺财商的，过得好吗

在这世界上，没有卑微的财富，也没有低贱的财商。

没有"智商"的人是傻子；没有"情商"的人是疯子；没有"财商"的人是叫花子。

犹太人财商培养时间表：孩子3岁时，父母开始教孩子辨认硬币和纸币；4岁时，孩子要学会简单的计算；5 岁时，让孩子知道钱币可以购买的东西；7 岁时，教会孩子看懂价格标签，培养"钱能换物"观念；8 岁时，教会孩子去打工赚钱，独立自主，并学会把钱存在银行里；9 岁时，教会孩子制订一周的支出计划，购物时要知道比较价格；10 岁时，教会孩子每周要省下一笔钱以备大笔开支之需；12 岁时，看穿广告包装的假象，设定并执行 2 周以上的开销计划，懂得正确使用银行业务术语。

洛克菲勒家族中流传着一句话：最傻的父母给孩子很多钱，有能力的父母会给孩子搭建人脉网络，最聪明的父母灌输给孩子价值观和责任感。

德国汉堡大学心理学教授迈尔斯曾提出要教育孩子的三大财富能力，即正确运用金钱的能力、处理物质欲望的能力和了解匮乏与金钱极限的能力，这三种能力将直接决定着孩子能否正确管理金钱。

《哈佛商业评论》整理的金钱教育价值观：（1）父母应该在孩子价值观形成的阶段和他们谈一谈节俭、预算、储蓄、慷慨、借贷这样的金钱价值观。（2）父母要让孩子参与到"工作"当中，培养他们自力更生创造财富的能力。（3）父母要教导孩子：金钱是工具，不是玩具，要超越物质本身，看到用钱买不到的东西，并真正理解金钱影响、改变世界的力量。（4）父母要让孩子加入到慈善和志愿者活动中，让他们享受到给予的美妙感受，从而更乐意付出，而非索取。（5）父母要让孩子认识到，无论时间还是金钱，都不是无限的资源；财富和家业光靠守是守不住的，只有不断创业，才能不被淘汰。

【行思探理】

财商，是一个人与金钱打交道的能力，是理财的智慧。其主要包括两方面：正确认识金钱及其规律的能力，正确使用金钱的能力。财商已成为与智商、情商并列的现代社会能力三大不可或缺的素质。如果说智商反映人作为一般生物的生存能力，情商反映人作为社会生物的生存能力，那么财商则是人作为经济人在经济社会中的生存能力。财商不仅仅应用于管理金钱、增加被动收入、学习理财投资、实现财务自由，也能够帮助人们在面对陷阱与危机之时保持清醒的理智，作出正确的判断。

◆ 财商帮你提高收入

财商与你挣多少钱没有关系，与你拥有多少财富也没有关系。财商的目标在于改变个人的思维，让金钱为我们服务，而不是成为金钱的奴隶。财商的终极目标只有一个，实现真正的时间自由。财商能够帮助我们认识到钱的工具性，然后才能帮助我们去赚钱，弄清它的本质才能掌握它的规律，才能优雅地、心安理得地赚钱。财商首先是一种思维方式，让人们放下眼前的"树叶"，抛开自己的贪婪之心，以一种更开阔的视角去面对金钱和事业。现代科学技术尤其是网络技术的发展为被动收入的产生创造了条件，思考如何用最少的精力做最多的事情，这样不仅能赚更多的钱，还能更轻松地赚钱，如利用网络平台实现知识收费。在人与人联系紧密的时代，要擅长借助外部力量，考虑能否通过借助他人的钱和他人的时间，把自己有限的资源发挥出最大化的功效，如开微信公众号，当运营到一定流量以后，可以招聘一些小助手帮自己处理一些事务，而自己可以有时间写更多的文章等。

◆ 财商帮你创造资产

现代人面临各种诱惑，金钱和物质的诱惑首当其冲。面临诱惑时如何实施积极的控制、作出正确的选择，需要的是情绪控制和自我控制。欲望如果不能得到有效控制，任其无限膨胀，将会毁灭一个家庭的幸福。财商是帮助家庭获得拥有美好生活的一种能力，它已经不仅仅局限于经济领域，而是涉及生活的很多方面，如合理安排支出、相互理解、深度沟通等，能促使家庭成员之间亲密关系的形成。在今天不断产生"风口"的时代，财商不是让大家采用赌徒心态，一夜暴富，不是赚快钱实现一劳永逸，而是培育富足的主观心态。真正富有的人，不是拥有最多的人，而是需求最少的人。有一技之长，有持续稳定的收入，能满足需求，带来价值感，这就是财务自由。中国流行"富不过三代"的说法，是说家庭财产的传承具有难以延续性。高财商的家庭对下一代能够进行更好的教育培养，能够规避一些风险。但是时间延长以后，不确定性使财产延续便成为小概率事件。"君子爱财，取之有道"，为创造更多的资产提供了伦理基础，今天的"道"就是依靠劳动、知识和智慧创造社会财富。

◆ 财商让你一生富有

财商是一种规划未来、掌控自我、营造幸福的能力。金钱是资源中的一种，一个具备财商的人，知道自己有什么资源，怎样利用现有的资源达到目标，这是一种能力。我们可以通过财商这个载体提高能力。现代社会对人的核心素养包括沟通与合作、创造性与问题解决、信息素养、自我认识与调控、批判性思维、学会学习与终身学习、公民责任与社会参与，财商与上述素养有密切的关系。一个人需要在生命的早期规划自己的未来，制订近期目标和远期目标。实现近期目标的一个个行动就是实现远期人生目标的过程，其中财务状况与生活幸福与否密切相关，要逐渐掌握运用自己的资源，为自己、为身边的人，以至为整个社会实现最大的价值和实现幸福人生的能力。美国教育基金会会长夏保罗说：一个人进入社会后，综合素质是最重要的；综合素质虽然包括很多内容，但首先表现为自信心，因此提高综合素质关键在于帮他建立自信心；而在诸多成功中，赚钱最能培养人的成就感和自信心。犹太民族占世界总人数的0.2%，掌握着世界36%的财富，拥有22%的诺贝尔奖获得者，50%的华尔街精英，50%全球最富有的企业家，这归功于犹太人超凡的财商智慧，即1+1>2的智慧。

【互动空间】

自我检测：8个选项你占了几个？

1. 工资收入之外没有投资理财收入来源。
2. 金融陷阱满天飞不知道如何分辨。
3. 梦想财务自由，但没有思路和行动路线。
4. 现金存款一堆，不知道如何做资产配置。
5. 不知道什么房产可以投资、什么房产不可以碰。
6. 不知道如何培养孩子、爱人、父母正确的财商。

7. 事业发展遇到瓶颈,无法突破。
8. 没有未来 10 年的愿景和目标,找不到努力方向。

结果分析:

如果觉得自己财商很高,不要沾沾自喜。请保持对财商的充分膜拜,继续再接再厉。如果觉得自己财商太低,也不要着急、不要慌张。以上 8 个问题,只要占了 3 个,那么你就需要认真对待了。

第十二章　创新：勤勉不懈，追求卓越

第一节　打开想象力的无限空间

工业时代是以知识为核心、以工程师科学家为核心的，到了互联网时代，则是以想象力为核心的。

古希腊哲学家亚里士多德说，想象力是发明、发现及其他创造活动的源泉。

美国科学家爱因斯坦说，想象力比知识更重要，因为知识是有限的，而想象力则可以囊括整个世界。

法国启蒙思想家狄德罗说，想象，这是种特质，没有它，一个人既不能成为诗人，也不能成为哲学家、有机智的人、有理性的生物，也就不成其为人。

美国作家爱默生说，幻想情趣横溢，想象则自发而生；幻想是与我们称为男人、女人的木偶、小狗玩游戏，想象则是关于思想与现实事件之间真实联系的知觉和肯定；幻想使人乐，想象则使我们开阔和升华。

现实世界是有限的，想象的世界却是无限的。想象力把有限的知识和经验充分调动起来并加上跨越时空的想象力配方，就可以获得别人得不到的东西和难以进入的领域，超凡的想象力常常与卓越、成功紧密相连，成为"创新"一词里最重要的基本构成元素。

【行思探理】

鲁迅曾讲过一个笑话：大热天的正午，一个农妇做事做得很辛苦，忽而叹道："皇后娘娘真不知道多么快活。这时还不是在床上睡午觉，醒过来的时候，就叫道：'太监，拿个柿饼来！'"近些年来，"贫困限制了想象力"成为网络热词，然而，事实是没有文化的无知会限制我们的想象力，僵化的思维会限制我们的想象力，除了物质贫穷，心灵的贫穷更会限制人类的想象力。德国哲学家康德说，想象力在认识的活动中，要受到理解力的束缚，要受到概念的限制。而中国人从来不乏想象力，古有"后羿射日""精卫填海"等脍炙人口的传说，近有《三体》科幻小说、"墨子"号量子通信卫星……使我们的想象力少有限制，"让思想冲破牢笼"，解放想象力、发展想象力，今天让想象力成为社会进步的重要力量正当其时。

◆ 想象力释义

想象是人在头脑里对已储存的表象进行加工改造形成新形象的心理过程。想象能够预见未来，法国历史学家狄德罗说，想象是人们追忆形象的机能，完全失去这个机能的人是一个愚昧的人。想象力是我们每个人都拥有的能力，今天的现实都是过往想象力的展示和释放，是能动的知识，是创造力和智慧的必要背景，英国哲学家布莱克说，今天在实践中证明的东西，就是过去在想象中存在的东西。想象力是真正驱动我们前进的动力，也是我们赖以生存的基础，想象的过程，是我们通过感官获取了外界的信息和数据后，再在自己的脑海中进行再创造。奥地利诗人里尔克说，如果你的日常生活似乎是乏味的话，那么就不要责怪它；责备你自己吧，责备自己没有诗人那样的想象力，以唤起日常生活的丰富性；因为对于一个创造者来说，没有贫乏这回事，不存在无足轻重的贫乏之地。在这个再创造的过程中，外界的信息和数据，就是我们的感官所接收到的所有元素的总和，我们会将所有元素打乱、排列、变形，重新形成不同的元素组合，并在此基础上对其进行扩展。英国哲学家休谟说，人的想象当然是非凡的，充满着遥远的不寻常的景物，无拘束地闯入时空中最漫无边际的地方，以便避开被习惯弄得太熟悉的那些物体景象。

　　想象力并不神秘，就在我们日常生活中，一般来说有八个种类：（1）有效的想象力。将信息结合在一起，以协同新的概念和想法。（2）智力（或建设性）想象力。当从不同的信息中考虑和发展假设，或者思考哲学、管理或政治等领域的各种意义问题时，这种想象力就会被利用。（3）幻想想象力。创造和发展故事、图片、诗歌、舞台剧和神秘建筑等。（4）移情想象力。帮助一个人在情感上了解其他人从他们的框架和参考中体验到的东西。（5）战略想象力。关注"可能是什么"的愿景，通过将机会转化为心理场景来识别和评估机会的能力。（6）情感想象力。涉及表现出情感倾向并将其延伸到情感场景中。（7）梦。梦是一种无意识的想象形式，由在特定睡眠阶段出现的图像、思想、情感和感觉组成。（8）记忆重建。检索我们对人、物体和事件的记忆的过程。

◆ 走出心理舒适区

　　心理舒适区是一个人所表现的心理状态和习惯性的行为模式，人会在这种状态或模式中感到舒适，舒适区如同村上春树的比喻：抛舍不下这份舒适惬意的温暖，就像寒冬早晨不敢钻出热乎乎的被窝。想象力不仅能够让你看见更大的世界，更能够让你看见更真实的自己。走出舒适区又是实现目标的关键，或者说是达到奇迹的路径，停留在心理舒适区，自己给自己画个圈，很"小确幸"、很"佛系"，在这个圈子里感觉安稳如意、驾轻就熟、轻松搞定，一切无须改变。但是，只有离开舒适区去学习新知、挑战自己，才能在收获成果的时候享受真正的舒适，只有改变才有变好的可能，害怕没有用。

　　今天，中国正在进入以想象力支撑的经济形态，云计算、物联网、大数据等新一代信息技术迅猛发展，以新技术、新产业、新业态、新模式为主要特征的新经济扑面而来，"未来已来""未来已经存在，只是尚未流行"，中国迎来最好的创新时代，不要总说机会都被别人抢光了，马云说，这几年，我在网上看到大家说得最多的话就是，百度、阿里巴巴、腾讯把中国所有的创新、创意、创业的机会拿走了。这让我想起20年以前，我怪比尔·盖茨，我怪IBM，我认为这些公司把我们的机会拿走了。但事实上，这20年来，还是有无数的创业者把握住了机会。作家王小妮说，任何个人，对于下一秒钟他将面对什么，都茫然不知，遍看天下，无一例外。对未来，每个人都属于"盲人骑瞎马，夜半临深池"。未来到底会怎么样，自己努力了是否就能成功，这个谁也说不好。自己能做的就是不断努力，不断开发想象力，然后把成功与否交给运气。俞敏洪说，不要一开始就说我要有一个清晰的梦想才去做，不需要；需要的是你们要保持每一天都知道自己的生命还会前行，知道未来你需要有一个展示自己的机会；而这个机会是你今天每一块砖每一块砖搬过来，最后才能形成一个大楼的模型。一年创造50亿元销售额的55°杯是典型的想象力转化的产品，通过将用户"痛点"转化为对产品的设计与再造，重新定义了杯子这个生活中最平常的物品，"少喝烫水，送你一杯子，暖你一辈子"在互联网上成为爆款，这种颠覆性创造的源泉是想象力。当一个能够更大程度发挥个体创造力的平台出现时，想象力经济时代就已经到来。

◆ **以知识引领想象力发展**

法国作家雨果说，想象就是深度，没有一种精神机能比想象更能自我深化，更能深入对象。想象力是不自由的，它是基于你自身的所有知识、记忆、技能等元素而产生的一种高级认知活动。知识不仅帮助人们认识世界的全貌，认识人类本身，而且帮助人们超越自己，去追求现实中没有的东西，知识不仅是通向科学探索的必需的和首要的步骤，而且将事物幻想为比眼见的更伟大、更奇、更美，也更能觉察到事物的缺陷。知识的不断积累，会逐渐培养出丰富的想象力，世界潜能激励大师安东尼·罗宾斯说，想象力能带领我们超越以往范围的把握和视野。想象力出众之人，也往往会有学习更多知识的渴望，反过来促进知识的积累。知识是想象力最重要的支撑，没有知识支持的想象力是"无源之水""无本之木"，知识中所包含的想象力，是无数世界顶尖天才们耗尽人生的极限累加起来的。

自由的思想和怀疑的精神让知识将先贤们的所学所知与所想象所创造都糅合在一起，然后再传承给后来者，后来者不断发挥想象力，不断增加新内容，促进知识不断积累、壮大、更新。日本设计师高桥浩评价说，所谓天才人物，本来就是指那些十分富于幻想的人。天才人物总是积极主动地使用想象力，他们在思考问题时总是用幻想来开道，在幻想的遥远彼岸获得启示之后再返回到现实之中。"我知道"是最能扼杀想象力的，自以为是的知晓只会让心灵的大门关闭，对一切要保持敬畏感和新奇感，要把很多日常觉得最普通的事情重新想象创新。马云说，未来不是知识的竞争，而是创造力和想象力的竞争，是学习能力的竞争，是独立思考的竞争；如果你像机器一样思考，那么问题就会接踵而至；世界上有很多专家，但没有人是未来的专家，现在的专家，都是面向过去的专家，要学会开始用想象力和未来对话。

◆ **以想象力引领未来发展**

不要轻易预言人类的未来是人类发展的经验，但是人类发展是有其规律的，人类社会已经经历农业时代、工业时代和互联网时代，即将进入以想象力支撑的新时代。美国成功励志导师马登博士预言：有朝一日，人们将把想象力作为教育者、开发者和幸福的创造者加以利用，并把它当成一门科学来教授，这样的时代终会来到，那时，人们将会学会如何控制和引导自己的头脑，以便使它向着富有开创性的方向发展。在努力汲取想象力的源泉知识基础上，美国火箭专家戈达德认为，昨天的梦想就是今天的希望、明天的现实。我们的想象力从日常生活中走来又不囿于日常生活，就像一艘船，飘荡在无边无际的海洋，但最终目的还是要回到陆地。《科幻世界》杂志社副总编辑姚海军说，想象力很多时候可能没有用，但在某一个时刻会生根发芽，因为有这颗种子，就有很多可能性。培养想象力就是让很多的可能性转化为现实性，成为我们日常生活的有机组成部分。

第一，凡事多问几个"为什么"。"黄金圈"理论认为黄金圈法则：三个同心圆。最里面的一个是 Why，是目的、理念；中间的是 How，具体的操作方法和途径；最外面一个是 What，希望达到的成果。遇到问题最通常的反应就是开始着手解决问题，没有真正弄清问题就直接行动，结果就容易导致在错误的方向上浪费太多的时间，但是对于问题的解决却无济于事。因此，超越现实的逻辑基础和框架，充分发挥大脑积极性和主动性，才能主动思考、观察，寻求解决问题的最好方法。

第二，充分发挥科学幻想的作用。科学的幻想是根据有限的科学假设（某些东西的存在，某些事件的发生），在不与人类最大的可知信息量（如现有的科学理论，有据可考的事件记录）冲突的前提下，虚构可能发生的事件。敢于想象从古至今尚无而未来可能会有的东西，这就是幻想，这是人的大脑、思维和智慧中最可贵的功能，也是创新的萌芽和生长点。科学幻想不是异想天开，2015 年科幻电影《查派》中，人类记忆可以用电脑存储，随时下载上传；2017 年硅谷创业者埃隆·马斯克宣布创立脑机接口公司，借助本片情节向媒体描述自己"在人脑中植入细小电极，用来上传和下载人类思想"的大胆创意。在科学的基础上开展幻想，激励我们挖掘每个人想象力的极限，把美好生活一步一步变成现实。

第三，对事物特征的综合是想象的有效办法。任何事物都有不同的特征，我们可以综合想象，以形成某种新事物的形象。在科学研究领域、技术开发领域和日常生活领域，大多数的新思想、新创意、新成果，都是运用综合性想象力的产物。综合性想象力的运用，是建立在"自然和思想两个世界自己展现出的那种崇高和令人惊奇的秩序"（爱因斯坦）基础之上的。在我们这个世界上，任何表面不相干的事物之间都内在地存在着一种和谐的秩序和关联性。综合性想象的奇特功能，就是运用已有的知识、学问、经验、方法，在广泛收集生活事实材料的基础上，挖掘出它们之间的内在关联性，重新组织这些材料，使之成为一个新的事实世界。这样，一种新的思想体系，一种新的技术开发，一种新的方法，一套新的生活经验，或者一个新的生活领域，一个新的财富途径，也就因此而创造出来，产生出来了。

第四，运用丰富的联想发挥想象。依据事物的外部特征，在它们之间建立广泛的联系，从而最终解决问题或者创造新的物质形象。联想在不同的事物之间寻找相似性、关联性，进行再思考，实现由此及彼，或由彼及此。联想是对已有的知识、学问、技巧的举一反三，触类旁通，从而产生认识的飞跃，获得新的灵感和智慧。一个人不学会联想，学一点就知道一点，他的知识不仅是零碎的，孤立的，而且是有限的，他的发明创造的道路也就堵塞了。联想是人的一种自然禀赋，人是情感和思想的生命物，无时无刻都存在联想。平庸无聊的人，把丰富的联想用于低级、庸俗甚至粗野的插科打诨的调侃或一时的感官之乐中；而想有所作为的人则把联想的能力提升为一种再创生活、创造财富和成就事业的必备智慧。

第五，现实生活中充分运用，锻炼和提高想象力的现实化的能力。现实生活中，好的想象力转化需要执行力，头顶着天空的事情做的人很多，脚踩着大地的事情做的人很少。我们不缺乏想象力，而是缺乏把想象力转化为现实的人，"我怎么做得到"是大多数人的疑问，只要能够把大事情逐级分解，一个环节一个环节慢慢去做，总能做得到。一个人掌握的资源毕竟是有限的，无论有什么资源，都可以想方设法去对接资源，不仅帮助你自己，也可以帮助你的资源更好地成长。如果没找到方法，就继续寻找。执行是自动自发自觉的行为，很多人虽然有着清晰的目标和计划，但却懒得去行动，执行力几乎为零，甚至在有人监督的情况下，执行力依然低效。不在困难面前轻易缴械投降，坚决执行到底才可能实现最终的成功。

【互动空间】

以小组为单位，讨论并完成以下任务。
1. 报纸的用途有哪些？请举例 13 种以上并加以说明。
2. 请用飞艇、鸭梨、猴子、快乐四个词，以尽可能简短的语句编成一个有创意的故事。
3. 请列举手机的 5 个缺点，并加以改进。
4. 假设你流落荒岛，可以拥有一本书，你会选择哪一本？为什么？

第二节　世界上没有不能弹奏的曲子

莫扎特在学生时代，曾和老师海顿打过一次赌。莫扎特说，他能写出一段老师弹不了的曲子。老师不相信，莫扎特便将一段曲谱交给了老师。

海顿未及细看便满不在意地坐在钢琴前弹奏起来，仅一会儿的工夫，海顿就弹不下去了，于是他惊呼起来：这是怎么回事？我两手分别弹响钢琴两端时，怎么会有一个音符出现在键盘中间位置呢？

接下来海顿以他那精湛的技巧又试弹了几次，还是不成，最后无可奈何地说，真是活见鬼了，看样子任何人也弹奏不了这样的曲子了。

只见莫扎特接过乐谱，微笑着坐在琴椅上，胸有成竹地弹奏起来，海顿也屏住呼吸留神观看他的学生究竟会怎样去弹奏那个需要"第三只手"才能弹出来的音符。

令老师大吃一惊的是，当遇到那个特别的音符时，莫扎特不慌不忙地向前弯下身子，用鼻子点弹而就。海顿禁不住对自己的高徒赞叹不已。

人们对莫扎特的这一逸闻都饶有兴趣。尽管在公开演奏场合他从未表演过用鼻子去弹钢琴，但这种打赌所表现出来的变通思维，在他的不朽作品中处处闪光。

莫扎特"世界上没有不能弹奏的曲子"的思想蕴涵的"变通，才能把不可能变成可能"与中外创新思维有异曲同工之妙。

中国作家鲁迅说，人生的旅途，前途很远，也很暗。然而不要怕，不怕的人的面前才有路。

美国作家爱默生说，智慧的可靠标志就是能够在平凡中发现奇迹。

法国作家司汤达说，一个具有天才禀赋的人，绝不遵循常人的思维途径。

英国博物学家赫胥黎说，大凡实际接触过科学研究的人都知道，不肯超越事实的人很少会有成就。

意大利自然科学家布鲁诺说，智力绝不会在已经认识是真理上停止不前，而始终会不断走向尚未被认识的真理。

第十二章　创新：勤勉不懈，追求卓越

【行思探理】

2014 年，习近平在文艺工作座谈会上提出，要实现中华文化的创造性转化和创新性发展。

创造性转化，就是要按照时代特点和要求，对那些仍有借鉴价值的内涵和陈旧的表现形式加以改造，赋予其新的时代内涵和现代表达形式，激活其生命力。创新性发展，就是要按照时代的新进步新进展，对传统的内涵加以补充、拓展、完善，增强其影响力和感召力。创造性转化和创新性发展告诉我们，"世界上没有不能弹奏的曲子"的确是存在的，转换思路、思维和方法是可以达到预期效果的，转换、转化、变通能够有效应对客观变化的世界。

◆ 创造性转化和创新性发展要有勇气应对变化

"明镜所以照形，古事所以知今"。唯物辩证法认为，运动是普遍的、永恒的、无条件的，静止是暂时的、有条件的，任何事物都是绝对运动和相对静止的统一。当前，世界正处于前所未有的大发展、大变革、大调整时期，变则通，通则久，需要与时俱进，革故鼎新。主动求变，以变应变，才能抓住机遇，走向辉煌。反之，怕变、拒变、不识变、不求变、不应变，就跟不上时代步伐，陷入被动，甚至遭遇"滑铁卢"。要实现梦想，就要敢于面对变化，只有变通，只有切合实际的行动，才能适应这个变化万千的世界。

◆ 创造性转化和创新性发展要有信心学会转化

转化是对传统和过往的既定原理、公理或者规则规律的再认识，它们是世代相袭的思维方式、行为方式及其产生的习俗、制度和文化等，具有鲜明的时空特征即时间上的历史性、延续性和空间上的拓展性、权威性，挑战难度大。鲁迅说，同是不满于现状，但打破现状的手段却不同：一是革新，一是复古。复古意味回到从前，与社会发展的方向违背，社会的进步和科学技术的发展恰恰建立在对传统的创造性转化和创新性发展基础上，对创新者而言，变革给人以慰藉，哪怕是变得更坏，就像我坐马车旅行时发现的那样，换个姿势后即使碰伤了，我也常常觉得舒服。马克·吐温说，想出新办法的人在他的办法没有成功以前，人家总说他是异想天开。即使面对嘲讽也要敢做"第一个吃螃蟹的人"。鲁迅说，既然像螃蟹这样的东西，人们都很爱吃，那么蜘蛛也一定有人吃过，只不过后来知道不好吃才不吃了，但是第一个吃螃蟹的人一定是个勇士。法国科学家费尔马说，作出重大发明创造的年轻人，大多是敢于向千年不变的戒规、定律挑战的人，他们作出了大师们认为不可能的事情来，让世人大吃一惊。

◆ 创造性转化和创新性发展要善于改变自己的思维定式

对待变与不变，必须摒弃形而上学，即孤立、静止、片面的思维方式，而应该用辩证的观点去观察和实践。应该懂得，任何事物变是绝对的，不变是相对的；一些事物是不变中有变，变中有不变；不变，不是一成不变，变也不能瞎折腾，胡变乱变；想变敢变，还要能变善变，有些需要见招拆招、以变制变，有些则需要以不变应万变。中国人讲究"内方外圆"。方是方针、准则，也就是不变的原则；圆是随机应变的转化与发展，就是将不变的原则转化和发展为合理性。美国科学家爱因斯坦说过，我们的科学史，只写某人某人取得成功，在成功者之前探索道路的，发现"此路不通"的失败者统统不写，这是很不公平的。人类是群体动物，思维方式也有群体的特征，美国作家爱默生说，在群体里容易按照他人的想法生活，在孤独中容易按照自己的想法生活；但值得记住的只是那些在群体中保持独立的人。保持独立的是少数人，多数人是服从于绝大多数人的思维的，害怕偏离日常的思维成为别人眼中的"异端"，思维定式是抵消转变和发展的挡箭牌，形成的思维狭隘、谬误，墨守成规禁锢了思想，扼杀了创新和发展。美国科学家贝尔说，创新有时需要离开常走的大道，潜入森林，你就肯定会发现前所未见的东西。

【互动空间】

你是一个懂得变通的人吗？

1. 请你写出所能想到的带有"土"字偏旁的字，写得越多越好。（时间：5分钟）
2. 请列举砖头的各种可能用途。（时间：5分钟）
3. 请举出包含"三角形"的各种物品，写得越多越好。（时间：10分钟）
4. 尽可能想象"△"和什么东西相似或相近？（时间：10分钟）
5. 把下列物件按照性质尽可能分类：鸭、菠菜、石、人、木、菜油、铁。（时间：5分钟）
6. 请说出一只猫与一台冰箱相似的地方，说得越多越好。（时间：5分钟）
7. 给你两个圆（○○）、两条直线（∣∣）和两个三角形（△△）请组成各种有意义的图案。（时间：15分钟）
8. 请你根据以下故事情节，用简洁的语言（不超过100字）写出故事的各种可能的结尾，写得越多越好。（时间：40分钟）

古时候，有兄弟三人。大哥、二哥好吃懒做，三弟勤劳聪明。三人长大后都成了家。有一天，三兄弟在一起喝酒，大哥、二哥提议："从现在起，我们三人说话，互相不准怀疑，否则罚米一斗。"酒后，大哥说："你们总说我好吃懒做，现在家里那只母鸡一报晓，我就起床了……"三弟直摇头说："哪有母鸡报晓之理？"大哥嘿嘿一笑说："好！你不信我的话，罚米一斗。"二哥接下去说："我没有大哥这么勤快，因此家里穷得老鼠撵得猫吱吱叫……"三弟又连连摇头，二哥得意地说："你不信，也罚米一斗。"后来……

计分与解释：

第1~4题，每一个答案为1分；第5题，每一个答案为2分；第6~7题，每一个答案为3分；第8题，每一个答案为5分；然后统计总分。如果你得分在100分以上，变通能力很好；81~100分，变通能力较好；61~80分，变通能力中等；41~60分，变通能力较差；40分以下，变通能力很差。

结果分析：

1. "土"在右方，如灶、肚、杜等；"土"在左方，如址、墟、增等；"土"在下方，如尘、塑、堂等；"土"在上方，如去、寺、幸等；"土"在中间，如庄、崖、匡等；全部由"土"构成的字，如土、圭等；或"土"蕴含在字中，如来、奔、戴等；以及其他，如盐、硅等。在上述"发散性"思维中，能写出后两类含"土"的字，则说明思维已具有一定的变通性，因为此时的"土"已不像前面几种"土"那么显而易见了。

2. 列举砖头的用途，如果说出了造工房、造烟囱、造仓库、造鸡舍、造礼堂……只能说明你的发散思维处于较低级的阶段，因为你所列举的各种用途，其实都属于同一类型：用于建筑材料。如果你还回答出打狗、赶猫、敲钉子、做家具垫脚、铺路、压东西、自卫武器等等，你的思维就具有一定的变通性，因为上述用途已涉及几种不同的类别。如果你的答案是一般人所难想到的，你的发散思维就具有一定独特性。

3. 包含"三角形"的物品大致有以下几类：（1）物品中所包含的正规三角形，如红领巾、三角旗、三角形铅笔等；（2）物品含近似三角形，如金字塔、衣钩、山岳形积木等；（3）物品中含有三角形的三个角的特点，构成主观三角形，如三脚插座、三极管、斜面等；（4）立体三角形，如锥体、漏斗、衣帽架、舞蹈造型等。说出的种类越多，说明发散思维的变通性越好；每一种类中说出的物品越多，说明发散思维的流畅性越好。

4. 和"△"相似或相近的东西有：馒头、涵洞、峭石、山峰、堡垒、城门、隧道口、喷水池、橱窗、问讯窗口、尼龙秧棚、坟墓、萌芽、彩虹、乌篷船、抛物线、仙鹤戏水、镜片、电视机屏幕、枪洞、子弹头、树荫、海上日出、跳水、弯腰、插秧、拱桥、盾牌、活页夹、天边浮云、英文字母"D"等等。回答得越多，发散思维的流畅程度越高。

5. 这些物体可分为以下类型：（1）植物：菠菜、木；（2）动物：鸭、人；（3）生物：菠菜、木、鸭、人；（4）食物：菠菜、菜油、鸭；（5）矿物：石、铁；（6）含铁物：铁、菠菜；（7）浮水性强的物体：木、菜油、鸭；（8）常用泥性种植的产品：菠菜、木、菜油；（9）燃料：木、菜油；（10）建筑材料：木、石、铁。

以上的分类肯定没有把全部可能的分类都包括在内，你可以运用自己的思维发散能力创造新的分类，创造的类别越多，你的发散思维能力越强。

6. 猫和冰箱的相似之处相当之多：两者都有放"鱼"的地方；都有"尾巴"（冰箱后部的电线犹如"尾巴"）；都有颜色等等。

7. 两个圆、两条直线和两个三角形，可以组成各种有意义的图案。比如：从具体形象出发，可组成"人脸"或组成"落日与山的倒影"；也可从抽象角度考虑，组成等式：△○=○△；还可以把抽象与具体结合起来，组成"△｜○○△"，表示两山（具体）相距100米（抽象）等。上述图案组成得越多，表示你的变通程度越高。

8. 此题没有固定的答案，所写的故事结尾越多、越离奇，说明你的总体变通能力越高。

第三节 "经验"并不永远正确

中国古代著名思想家孟子说，尽信书则不如无书。
古希腊著名思想家亚里士多德说，思维从疑问和惊奇开始。
古希腊哲学家苏格拉底说，问题是接生婆，它能帮助新思想的诞生。
英国经济学家沃尔特·白哲特说，我们不会把常识僵化并使它变成信条。
法国批判现实主义作家巴尔扎克说，打开一切科学的钥匙毫无异议的是问号。
美国石油大王约翰·洛克菲勒说，如果你要成功，你应该朝新的道路前进，不要跟随被踩烂了的成功之路。

中国地质学家李四光说，一些陈旧的、不结合实际的东西，不管那些东西是洋框框，还是土框框，都要大力地把它们打破，大胆地创造新的方法、新的理论，来解决我们的问题。

创新是以新思维、新发明和新描述为特征的过程，是对过往经验的有效"扬弃"。哥白尼创新提出"日心说"、开普勒提出"行星三大运动定律"、爱因斯坦的相对论和量子力学……没有"永远正确"的经验，永远正确意味着永远不会有任何发展，要发展就要有在条条框框面前敢想敢干的勇气，有敢于创新的能力。

【行思探理】

经验是人们在同客观事物直接接触的过程中通过感觉器官获得的关于客观事物的现象和外部联系的认识，是在社会实践中产生的，它是客观事物在人们头脑中的反映，也是认识的开端。爱尔兰剧作家萧伯纳说，经验使我们恍然大悟地认识到，我们为什么常常不从经验中吸取教训。美国记者乔希·比林斯说，经验犹如一所大学校，它能使你认识到自己是个什么样的傻瓜。英国小说家德拉·梅尔说，经验犹如一盏明灯的光芒，它使早已存在于头脑中的朦胧的东西豁然开朗。但是经验只是认识的初级阶段，不能完全成为指路明灯，美国短篇小说家安布罗斯·比尔斯说，当一个人在浓雾弥漫之中陷入污秽的泥淖而泥浆已经没到脖子处的时候，经验就宛如初升的曙光出现在他的眼前并向他揭示：他不应该走这条路。经验有待于升华为理论，理论源于实践，实践又检验理论，循环往复，不断演进。在不断演进过程中，经验也会不断暴露其缺陷，美国作家马克·吐温说，经验是一种智慧，它会告诉我们，我们业已养成的习惯，很可能是一个令人讨厌的老朋友。如何理性认识经验，如何让经验成为创新的起点而不是羁绊我们的思想牢笼是我们必须认真对待的问题。

◆ 发现问题是走出经验的基础

迄今为止，人类社会还有很多未解之谜，自然的、社会的、思维的问题都需要人们去解答，但是人们无法超越自己的时代给出超越时空的答案，人们能够给出的答案都是建立在其所处时代能够达到的经济条件、社会条件、认识条件和技术条件等之上，在一定时期内人们的认识转化为人们的经验，并得到广泛认同，但是随着时间的流逝，原有的解答人们开始不满意，需要新的答案来解决问题。从书本中可以发现问题、从经典中可以发现问题、从实践中可以发现问题、从现实生活中可以发现问题、从变化中可以发现问题，问题构成了现实世界，世界为我们提供了无数的问题，为我们给世界贡献智慧提供了无限可能。

◆ 科学质疑是走出经验的条件

质疑就是心有所疑，提出问题，以求解答，南宋哲学家陆九渊说，为学患无疑，疑则有进，小疑则小进，大疑则大进。我们提倡善于质疑、敢于质疑，但不轻信、不盲从，凡事多问几个为什么，想一想是否合乎实际，是否真有道理，中国近代思想家胡适认为，科学之精神的处所，是抱定怀疑的态度；对于一切事物，都敢于怀疑，凡无真凭实据的，都不相信。这种态度虽是消极的，然而有很大的功劳，因为这个态度可以使我们不为迷信与权威的奴隶；怀疑的态度也是建设的、创造的，是寻求真理的唯一途径……中古的信徒基于信仰，现代的科学家则基于怀疑。敢于质疑，就是面对权威、权贵和经典，对事情的看法要基于事

第十二章 创新：勤勉不懈，追求卓越

实，提出不同的见解，要有"君子和而不同，小人同而不和"的雅量，要有"吾爱吾师，吾更爱真理"的胆量，要有"艺高人胆大"的勇气，基于我们的知识、常识和经验，对不符合科学和常理的事情，要保持理性的怀疑。

◆ 实践检验是走出经验的关键

人们在社会活动中不断将已经获得的认识固化为经验，人生经验、生活经验、社会经验是不同层次的表达，更具体的如根据地经验、土改经验、斗争经验、农业经验、改革经验、特区经验、中国经验、文学经验、艺术经验、创作经验是不同领域的具体运用，经验应用的广泛性和深度是具有概念的概括力和普遍性的，但是英国哲学家休谟告诉我们：我们之所以取得经验，常常并不是依靠什么理性的原则，而是依靠生活中的某种习惯的原则。习惯是人们在社会生活中长期形成的生活方式，西班牙哲学家乌纳穆诺说，当你开始依照习惯行事，你的进取精神就会因此而丧失。经验是指经过实践而取得的知识和技能（《现代汉语词典》），经验与实践紧密相连，实践的形式非常多元，既有物质资料生产的实践，又有以科学研究为代表的思想实践等，无论哪种形式的实践都是随着时代发展不断变化的，变化的实践当然要有变化的经验对实践进行总结，而在变化过程中实践也不断抵消原有经验的空间，拓展新的经验的空间，俄国作家车尔尼雪夫斯基说，实践，是个伟大的揭发者，它暴露一切欺人和自欺。新的经验必须要有实践的继续检验才能够成为经验，马克思说，人的思维是否具有客观的真理性，这并不是一个理论的问题，而是一个实践的问题。

【互动空间】

爬楼梯测试

你是否墨守成规。一家知名广告公司招聘策划人员，张诚也加入了应聘的队伍。通过笔试和面试后，张诚和另外两位求职者得到复试的机会。直到复试那天张诚才知道，主考官是公司的艺术总监杰克·杨。

杰克·杨在自己办公室接待了三位求职者，但是他并没像其他考官一样，出一些奇怪的测试题，也没有立即考核他们的创造力，而是大手一挥，让张诚他们跟着他一起上十楼的董事长办公室。杰克·杨的办公室在六楼，张诚和两位求职者只得跟着爬楼。楼梯很窄，杰克·杨在前面慢悠悠地走，三位求职者跟在后面。他们想要保持比较正常的速率前进，但是受到了不小的牵制，没人主动超越杰克·杨。走着走着，大家的心情很急躁，但是都刻意地压抑着。

从六楼到八楼，两层楼的距离花了平时3倍的时间。杰克·杨依旧一声不响地走在前面，全然不顾身后求职者的表情。快到九楼时，性急的张诚终于按捺不住了，一个箭步超过了杰克·杨。很快，张诚就捷足先登，到了十楼。不过令张诚惊讶的是，整个十楼是用来做仓储的，根本没有什么董事长办公室。

就在张诚感到茫然不解时，其他三人也到了十楼。张诚看到另外两位求职者暗里还在不住摇头，对张诚的沉不住气表示惋惜。不过，杰克·杨宣布的录用结果却大出他们所料——张诚最后被留了下来，杰克·杨的理由是：干广告这一行，需要超越和创新，如果墨守成规、没有进取心，那不是公司需要的人才。

第四节　对不起，平庸不是我的选项

没有失败，只有放弃。

每朵花都有盛开的理由。

你可以平凡，但不能平庸。

当你休息的时候，别人还在奔跑！

智慧本身就隐藏在我们的脑海中，消除惰性，敢于超越自己的人，会使自己的智慧充分显现，使自己获得最后的成功。

在通往成功的道路上，只有勤奋刻苦、努力拼搏的人才能够弥补自己的不足，超越平庸，取得最后的胜利。

诸葛亮说，夫志当存高远，慕先贤，绝情欲，弃疑滞，使庶几之志，揭然有所存，恻然有所感；忍屈伸，去细碎，广咨问，除嫌吝，虽有淹留，何损于美趣，何患于不济。若志不强毅，意不慷慨，徒碌碌滞于俗，默默束于情，永窜伏于凡庸，不免于下流矣。

中国著名地质学家李四光说，我们要记着，作了茧的蚕，是不会看到茧壳以外的世界的。

每个人都是赤手空拳来到这个世界的，有的人成功，有的人失败，都有着各自原因。条件不会摆放在每个人面前，学会没有条件的时候自己去创造条件，才可能走近成功。伟大或是渺小，高尚或是卑劣，全都因为我们自己。在现实生活中，做事情不要一味地模仿别人，而是要去探索其中的原因，简单地模仿只能使自己陷入困境，以不甘平庸的精神状态，用创新追求自我超越，追求人生价值。

【行思探理】

创新是习近平在不同场合讲话中提及的高频热词。创新思维，是因时制宜、知难而进、开拓创新的科学思维。

◆ 创新是涵盖多元领域的系统

1912 年，美国经济学家熊彼特在《经济发展理论》中首先提出创新理论，他用生产技术和生产方法的变革来解释经济发展，认为虽然资本和劳动力数量可以推动经济生活的变化，但有一种变化来源于体系内部——创新。创新是建立一种新的生产函数，把一种从来没有的关于生产要素和生产条件的新组合引入生产体系。这个过程就是不断地破坏旧的结构，然后再创造新的结构。熊彼特指出创新包含了五种类型：第一，产品创新，也就是消费者还不熟悉的新产品或者产品的一种新的特性。第二，过程创新，采用一种新的生产方法——生产技术的变革，包括新工艺、新设备、新的组织方式的采用。第三，市场创新，即开辟一个新的市场，促进企业生存与发展的新市场研发、开发等。第四，原材料的创新，获得一种新的原材料或者半成品的供应来源。第五，体系创新，即组织管理创新，实现一种新的组织，如创造行业垄断，或者打破行业垄断，实现资源更有效的配置。

第十二章　创新：勤勉不懈，追求卓越

从熊彼特"创新"概念产生至今，该概念的内涵和外延仍然在不断发展完善。技术创新、制度创新、组织创新、产品创新等系统性创新成为社会竞争的利器，从个体发展、企业发展、社会进步到国家发展不同组织形态都强调创新。产品创新要实现商业价值，组织创新要实现流程再造，技术创新要实现技术进步，文化创新要实现思想革命。创新还成为人们开展社会活动的方式，政府推动创新政策、企业主导创新活动、社会享受创新成果，形成了多元主体协同推动创新活动开展的格局，使所有人都能够从创新中受益，不仅促进了经济增长、创造了就业机会，而且提高了居民生活质量，提升了居民健康水平，进而服务社会公益，改善社会环境。

◆ 创新需要思维方式的支持和改变

打破思维定式。思维定式具有相对稳定性、规范性、自动性的特征，给人们思考问题设置了思考的框架，形成了思维惰性，可能导致思想的僵化。创新性思维要求在形成思维定式之前先确立自己的见解，在形成思维定式之后尽量减轻影响。要依靠实践消除思维定式的影响，适当地转换工作方法或者调换工作领域，以期在新的环境刺激下有新的突破，最根本的办法是自觉转换自己的思维方式，遇到任何问题多观察、多比较、多联系，才能有效地消除思维定式的影响，找到解决问题的好办法。

打破思维惯性。惯性是物理用语，表示物体保持自身原有的运动状态或静止状态的性质。人们凭直觉，很自然地将以往经验用于实际，惯性思维使人们不自觉地依赖于经验而忽略了对现实真实情况的理性分析，把以往的经验运用于已经发展了的现实中，从而导致决策和实践上的失误。人们习惯于已有的思维方式，而不是对新信息进行重新审定，调整以往的旧思维模式，所以在认识活动中，人们可以通过自己的努力，减少盲目性，建立一种不断突破"自我"的思维方式。思维具有时代性，要达到一定高度就要不断超过已有的"框架""界限"，才能不断形成新的"框架"，毛泽东提出"实践、认识、再实践、再认识"的认识论总公式，使人们把正确的认识建立在不断发展的新的水平上，不断克服旧认识的局限，使正确认识不断发展，处于一个常新的状态中。

学会逆向思维。逆向思维的核心是创新。人们习惯于沿着事物发展的正方向去思考问题并寻求解决办法。其实，逆向思维是从事物的反面提出问题的一种思维方法，反其道而思之，在质疑中寻求突破，在发难中拷问已知，在反思中独辟蹊径，往往会取得意想不到的效果。从结论往回推，倒过来思考，从求解回到已知条件，或许会使问题简单化，解决它也变得轻而易举，甚至因此有所发现，这就是逆向思维的魅力。

◆ 创新习性需要学习思维训练方法

脑力激荡法。此法强调集体思考的方法，着重互相激发思考，鼓励参加者于指定时间内，构想出大量的意念，并从中引发新颖的构思。脑力激荡法虽然主要以团体方式进行，但也可在个人思考问题和探索解决方法时，运用此法激发思考。

六六讨论法。此法是以脑力激荡法作基础的团体式讨论法，将大团体分为六人一组，只进行六分钟的小组讨论，每人一分钟，然后再回到大团体中分享及做最终的评估。

七何检讨法（5W2H检讨法）。此法之优点是提示讨论者从不同的层面去思考和解决问题。5W是指：为何（Why）、何事（What）、何人（Who）、何时（When）、何地（Where）；

2H 是指：如何（How）、何价（How Much）。

曼陀罗法。此法是一种有助扩散性思维的思考策略，利用一幅类似九宫格图的图表，将主题写在中央，然后把由主题所引发的各种想法或联想写在其余的八个圈内，此法也可配合其他方法从多方面进行思考。

属性列举法。此法强调使用者在创造的过程中观察和分析事物或问题的特性或属性，然后针对每项特性提出改良或改变的构想。

希望点列举法。这是一种不断提出"希望""怎样才能更好"等的理想和愿望，进而探求解决问题和改善对策的技法。

目录法。比较正统的名称是"强制关联法"，意指在考虑解决某一个问题时，一边翻阅资料性的目录，一边强迫性地把在眼前出现的信息和正在思考的主题联系起来，从中得到构想。

资料来源：摘自：蔡纪. 学点创新思维训练法［J］. 企业管理，2018（1）.

【互动空间】

拒绝平庸的 15 句金玉良言

1. 为自己的成功画出一张蓝图。
2. 做最充分的准备得到最好的结果。
3. 懂得思考。
4. 成功需要一个燃烧的渴望。
5. 态度决定一切。
6. 努力不一定成功，但成功者一定努力。
7. 有相信自己的胆量，有相信别人的雅量。
8. 激情是成功人生的原动力。
9. 没有试过，就不要说自己不行。
10. 没有人可以限制你的成功，除非你自己。
11. 信念是种子，播什么种，结什么果。
12. 逆境是一所培养天才的学校。
13. 竞争对手不是用于追赶而是用于超越的。
14. 全世界最成功的人都是推销自己的高手。
15. 掌声既是给别人的也是给自己的。

第五节　做好创新准备

未来属于创新者。
智者一切求自我，愚者一切求他人。
每天叫醒自己的不是闹钟，而是梦想。
为得钢骨洒热血，我命由我不由天。

梦想能达到的地方脚步也能。

心里想得诺贝尔奖，反而得不到诺贝尔奖。

现代管理学之父彼得·德鲁克说，创新是企业家的具体工具，也就是他们借以利用变化作为开创一种新的实业和一项新的服务的机会的手段。

乔布斯说，领袖和跟风者的区别就在于创新。

熊彼特说，创新应当是企业家的主要特征，企业家不是投机商，也不是只知道赚钱、存钱的守财奴，而应该是一个大胆创新、敢于冒险、善于开拓的创造型人才。

【行思探理】

2019年爆款国产动画片《哪吒之魔童降世》讲述了中国神话传说中的人物哪吒逆天改命的励志故事，哪吒"我命由我不由天，别人的看法，都是狗屁""你是谁，只有你自己说了算""若命运不公，那就和他抗争到底"的惊世话语留给人们深深的思考。哪吒逆天改命不是偶然，背后有着令旁人汗颜的付出与努力才是答案。"我的人生我做主"，在以创新为主导的时代，积极投入创新才能够实现逆天改命。

◆ 创新不惧怕失败

失败是创新的常态，据调查，创新的平均失败率为85%～95%。2002年，时任Handspring公司新产品开发主管的彼得·斯基尔曼启动了一项设计竞赛的实验，也就是后来著名的"棉花糖挑战"。实验很简单，要求4名队员组成团队，用18分钟建造起一个独立结构，成绩以最终高度来判定。可能用到的东西包括：20根意面、1米长的胶带、1块棉花糖和1根绳子。棉花糖需要放在最顶端。斯基尔曼花了5年时间，针对不同群体的700多人进行了该项实验。什么人的成绩最好？答案是幼儿园的孩子们。为什么幼儿园的孩子们能够战胜训练有素的工程师？因为他们没有去勾画完美无缺的策略，而是大胆投身于任务之中，不断尝试，得到反馈，然后再次尝试。孩子们也是唯一要求增加意面数量的人群——他们不忌惮失败，也不受惯例约束。

创新者都有一个共同点，他们都经历过失败。有些人很早就经历了失败，有很多人失败了一次又一次，而且几乎每个人都注定会再次失败，但他们也因此得出一个深刻的结论：失败令人进步。你得把失败看作是开端或中途，永远别把它当作终点。通过试错控制失败的概率就离成功更近一点，正如塞缪尔所说，曾经尝试过，失败了，没关系，再尝试，再失败，这次失败就会好很多了。

◆ 创新需要克服不良心理

创新是实现从0到1的转化，需要具备足够的胆识、智慧和担当，今天我们身处"大众创业，万众创新"的时代，每个人都是这个时代的参与者和实践者，要发挥人们的创新潜能需要克服一些不良的心理，树立良好的创新心态。

其一，克服惰性心理。要想充分发挥创新潜能，必须克服消极、对付、懒散的惰性心理，树立不怕苦、不怕难、不怕死，努力奋斗，孜孜以求的探索性心理，其表现为意志坚强、兴趣盎然、坚韧不拔，有一种不到长城非好汉的精神境界。

其二，克服中庸心理。只有形成竞争型的求异心理态势，才能使创新的潜能得到开发。任何一个人，如果总是依据一种不偏不倚的心理做事，以调和折中态度处理问题，不用说潜能发挥不出来，就是已显现出来的创新能力也会慢慢转变为"无能"。在发明创造过程中，一味相信现有的什么都正确，持"向来就是如此"的心理，不敢想、不敢闯、不敢争，那将一事无成。

其三，克服畏惧心理。只有形成知难而进的心理胜势，这胜势才有利于创新潜能脱颖而出。出现畏惧心理是正常的心理，但是畏惧心理又时常使人做不成事，完不成工作任务，这也是屡见不鲜的。畏惧，使人丧失了奋斗的目标和信心；畏惧，使人放弃了对事业的追求和渴望；畏惧，使人失去了成功条件和机会。英国数理逻辑学家怀特海说过，畏惧错误就是毁灭进步。任何人都有巨大的创新潜能，而创新潜能的发挥往往要受许多心理因素的影响，尤其是畏惧心理因素，它不仅阻碍创新潜在能力的发挥，而且还会将发挥出来的创新潜能毁掉。

◆ 开展精准创新

创新不是随意的行为，创新是以为用户服务为目标，用户真实的需求是创新方向，任何产品最终价值的实现，用户是实施与检验方，用户购买产品或服务只是表象，本质是用户想要让自己的生活在特定情境中有所进步，因此才把这些产品或服务拉进生活中。深度理解用户真正需求是非常重要的，直接关系到创新的产品或服务的真实实现。而用户真实的需求往往有功能维度、情感维度以及社会维度等需求，要把用户的需求做在前边，为用户创造满足其更高层次的需求，让用户的生活更为方便，让用户能够参与需求的构建，让用户在构建过程中受益，并让用户参与产品开发、产品设计及售后服务。最好能以用户需求为中心去匹配产品模式和服务模式，有针对性地解决用户在体验中不断出现的新痛点，有步骤、有方法地开展产品或者服务的精准创新，最大程度、最充分地以满足客户的眼前需求和现实需求进行创新是成功创新的必要基础，创造客户需求则是伟大创新的必然逻辑。

创新是在流动的市场需求过程中产生的创造性活动，在恰当的市场需求时间内创新才是有效的，不同阶段的市场需求对创新的要求是不同的，创新过程和创新内容也要与时俱进。一般认为，创新市场需求分为前导需求时期（潜在需求，市场没有现成的产品或者服务）、新导需求时期（市场新产品或者服务已经存在，但没有被市场认知和接受）、现导需求时期（产品逐步成熟，市场接受度逐步增加）和后导需求时期（产品或者服务进入寿命周期的衰退期，需求逐步萎缩甚至消失）。创新最关键的时期是前导需求、新导需求和有竞争的现导需求阶段。前导需求时期是消费者学习、认识产品或者服务过程，新导需求是产品或者服务通过社会的选择和适应的过程，现导需求是产品或者服务通过反馈而改进的过程。创新过程本身就是一个反复试验、试错和纠错的过程，其不确定或不可控因素很多，需要根据变化的情况及时调节创新投入和实施过程，这样才能更好地实现产品或者服务创新的总体目标。

【互动空间】

你的创新能力有几分？

1. 你认为那些使用古怪和生僻词语的作家，纯粹是为了炫耀。
2. 无论什么问题，要让你产生兴趣，总比让别人产生兴趣要困难得多。

3. 对那些经常做没把握事情的人，你不看好他们。
4. 你常常凭直觉来判断问题的正确与错误。
5. 你善于分析问题，但不擅长对分析结果进行综合、提炼。
6. 你的审美能力较强。
7. 你的兴趣在于不断提出新的建议，而不在于说服别人去接受这些建议。
8. 你喜欢那些一门心思埋头苦干的人。
9. 你不喜欢提那些显得无知的问题。
10. 你做事总是有的放矢，不盲目行事。

评分方法（每题有三个答案，可选其中一个：**A.** 是，**B.** 不确定，**C.** 否）

题号	分 值		
	A	B	C
1	-1	0	2
2	0	1	4
3	0	1	2
4	4	0	-2
5	-1	0	2
6	3	0	-1
7	2	1	0
8	0	1	2
9	0	1	3
10	0	1	2

结果分析：

得分 22 分以上，则说明被测试者有较高的创新思维能力，适合从事环境较为自由，没有太多约束，对创新性有较高要求的职位，如美编、装潢设计、工程设计、软件编程人员等。

得分 21～11 分，则说明被测试者善于在创造性与习惯做法之间找出均衡，具有一定的创新意识，适合从事管理工作，也适合从事其他许多与人打交道的工作，如市场营销。

得分 10 分以下，则说明被测试者缺乏创新思维能力，属于循规蹈矩的人，做人总是有板有眼，一丝不苟，适合从事对纪律性要求较高的职位，如会计、质量监督员等职位。

第六节　今天，我依然选择创新

在过去相当长一段时间里，中国处于全球产业链的中低端，大量生产出口劳动密集型和资源密集型产品，为发展付出了高昂的资源和环境代价，走创新驱动发展之路势在必行。

在全球正在经历的新一轮科技和产业革命中，以创新寻求高质量发展的中国，正逐渐从"跟跑"到"并行"甚至在某些领域"领跑"。世界知识产权组织（WIPO）发布的2019年全球创新指数（GII）显示，中国连续第四年保持上升势头，排在第14位，超过日本、法国等国，较2018年上升3个位次，是中等收入经济体中唯一进入前30名的国家，在领先的创新国家中稳稳占据一席之地。

互联网、大数据、人工智能和实体经济深度融合，正在催生传统制造业的"基因突变"，以数字经济、网络经济、平台经济、分享经济、协同经济等为代表的新经济快速发展，线上线下融合、跨境电商、智慧家庭等新业态纷纷涌现。高铁、移动支付、共享单车和网购被称为"新四大发明"，载人航天、探月工程、量子通信、射电望远镜（FAST）、载人深潜、超级计算机实现重大突破，"可上九天揽月，可下五洋捉鳖"成为现实。

新时代，创新成为引领发展的第一动力，创新创业也成为越来越多年轻人的职业选择。如今中国社会既有克里斯坦森所说的"颠覆性创新"和各种"黑科技"的不断涌现，也有不少企业基于长期经验积累作出的持续性创新；既有革命性的"大创举"，也有成功可能性较高的中等规模创新以及渐进性创新，创新种类更加多元，创新的计划与执行更为灵活。

创新发展正从少数人参与和受益，拓展为大众创新普惠受益，包括创新者、生产者和各类消费者都能共享创新发展的成果。在新发展理念下，不少大企业加快成长为巨无霸、一大批创新创业"小巨人"企业加速成长，中小微企业科技含量明显提升，"独角兽"和高速成长企业大量涌现。

【行思探理】

创新过程往往伴随高不确定性、高风险、回报周期长的困扰，没有成功经验可以借鉴，没有既定模式可以遵循，犯错失败在所难免。所以，必须树立正向激励导向的社会氛围，提高人们创新意愿，降低创新所需要市场元素的成本，促进创新成为人们的自然选择。

◆ 创新需要涵养宽容失败的氛围

成功铺设第一条大西洋海底电缆的美国科学家威廉·汤姆逊曾经概括自己的奋斗过程：有两个字最能代表我50年内在科学进步上的奋斗，那就是"失败"。失败是常态，成功是幸运，列宁谈认识论的根源，可以用来解释探索容易失败的原因：人的认识不是直线（也就是说，不是沿着直线进行的），而是无限地近似于一串圆圈、近似于螺旋的曲线，这一曲线的任何一个片段、碎片、小段都能被变成（被片面地变成）独立的完整的直线，而这条直线能把人们（如果只见树木不见森林的话）引到泥坑里去。的确，人们对客观事物的认识过程，绝非像照镜子那么简单，一眼就能看透其本质、洞悉其规律，只能在探索中积累经验，在实践中破疑前行。在这一过程中，出错、失败在所难免。面对探索未知中的失误给予鼓励，才能有更多创新者放下心理包袱，创造力的源头活水才能充分涌动，被称为"硅谷精神布道师"的皮埃罗·斯加鲁菲曾说，硅谷人对失败有种特别的惊喜，"哇，你居然已经失败过三次，这么棒！"因为这意味着你离成功又近了一步。真正的强者，不是意味着从未失败，而是无惧失败。我们用发展的眼光鼓励参与创新的人们，肯定他们的努力，宽容他们的失败，培根说，只见汪洋就以为没有大陆的人，不过是拙劣的探索者。

第十二章 创新：勤勉不懈，追求卓越

◆ 创新需要探索和开发的平衡

在创新过程中一般存在两种创新方式，即探索式创新和开发式创新。在创新资源约束的条件下，如何取舍和选择创新方式，平衡两种创新方式的收益将考验创新者的智慧。

探索式创新注重创造新产品、新技术和新知识，侧重于研发全新的产品或服务，尝试发现新机会，力求引入新知识和新技术，开辟新的市场，通常会产生一系列异质性的产品创新和工艺技术创新，从而有利于组织开发全新的产品或进入一个全新的市场领域，主要目的就是脱离现有的产品和市场而开发全新的产品和市场，以此来获得先入者的领先优势。其关注未来市场和消费者的需求，关注企业的长期发展，通过关注潜在消费市场建立长期竞争优势。当然，探索式创新不是一蹴而就的，在短期内需要大量的固定资本投入，需要相当漫长的时间去拓展和整合现有知识和技术，这个漫长的过程具有相当大的产出不确定性，产品和服务主要是迎合未来潜在的客户和市场的需求，主要目标是对未来市场的占有，往往会牺牲短期的财务绩效。

开发式创新注重改进现有技术和产品，通过提高产品和服务质量巩固现有市场和消费者，侧重对现有产品或服务的改进和提高，挖掘现有市场的潜力，通过降低价格、提高质量来满足现有消费者的需求，保持着短期的竞争优势，通常强调对信息和知识深度的挖掘。其创新具有一定的渐进性和连续性特征，专注于对现有产品和技术进行渐进性的改进，根据企业成功产品的经验，避免失误、减少成本、提高效率，可获得规模经济，从而获得持续稳定的收入。其所关注的重点在于当前客户和市场需求，并通过对现有产品的逐步改进和完善来提高客户满意度。对现有客户需求和市场需求的关注，以及对现有产品和技术的优化及改良，将同样有助于新产品绩效的增加。

◆ 创新需要处理服务与监管的关系

创新能力是一个国家的战略能力，国际经济竞争的实质就是创新能力的竞争。设计何种服务和监管模式促进创新，处理好服务与监管之间的关系，保证创新成果的不断涌现和国家竞争力的逐步提升，成为社会关注的焦点问题。

服务创新者。企业是创新的主体，创新具有很大的不确定性和风险性，需要时间和资金的投入。创新不是由政府规划和审批出来的结果，只能由市场主体分散决策，独立决定。要为创新提供保障措施，强化企业创新主体地位，真正调动企业家参与创新的积极性。

制度服务。强化知识产权的运用和保护，打击盗版和假冒产品，保护创新收益的合法性和合理性，保证回报预期，增强创新动力。

市场服务。营造公平、透明、有序的市场竞争环境，打破行政垄断、所有制歧视、区域市场分割、弱化产业政策的准入限制，加快垄断行业的改革，创造更多公平竞争的机会，使创新成为创新主体的自觉选择。

实施"鼓励创新，事后规范"的管理原则，向新动能、新产业、新业态倾斜，采用秉持包容审慎的监管理念，给创新创造一个"观察期"，尝试"鼓励创新，事后规范"的管理原则，为新产品、新模式、新业态进入市场拓宽空间。

【互动空间】

荒岛逃生记

题目背景：私人飞机坠落在荒岛上，只有6人存活。这时逃生工具只有一个仅能容纳一人的橡皮气球吊篮，没有水和食物。

角色分配：（1）孕妇：怀胎八月；（2）发明家：正在研究新能源（可再生、无污染）汽车；（3）医学家：经年研究艾滋病的治疗方案，已取得突破性进展；（4）宇航员：即将远征火星，寻找适合人类居住的新星球；（5）生态学家：负责热带雨林抢救工作组；（6）流浪汉。

结果分析：

流浪汉："驾驶热气球去求生很危险，你们几个人要么对人类有贡献，要么是一尸两命；与其让你们冒险，不如让我去冒这个险，我一定会带人回来救你们的。"

宇航员：受过专门的生存训练，那也就意味着他搭乘热气球之后，活下来的机会最大。那么他找来救援人员以救活其他人的可能性也最大。

此外，剩下的4个人，却正好组成一个最佳的团队，也只有这些人通力配合才能在荒岛上存活下来，等到宇航员找来援兵。

很多人选择了孕妇，可这个题目的立意并不在于讨论生命的价值孰轻孰重，而是权衡利弊，寻找最优的求生方案。选择孕妇的人可能是仁慈的，可是却没有考虑这个方案的可操作性，试问一个站着都困难的孕妇如何操控热气球逃生，又怎么能把所有生的希望都寄托在一个行动不便的孕妇身上呢？

下篇 拓展素养

第十三章　自信：天生的优胜者

第一节　自信点亮人生之路

美国思想家、文学家爱默生说，自信是人生的第一要诀。

英国思想家、作家弗朗西斯·培根说，人人都可以成为自己命运的建筑师。

美国科学家爱因斯坦说，自信是向成功迈出的第一步。

人生，是一场充满惊险的旅程，坎坎坷坷，遍布荆棘。谁也不能卜知自己的命运，要想前进得久一点，需在行囊中装上一种叫作自信的东西。

自信是成功的秘诀。它是一种力量，一种潜在的、可贵的、强大的力量，有了它，就可以干出一番惊天动地的伟大事业来。它是做人的信条，一个人不可能事事顺利，不管遇到什么困难，不管历经多少失败，都要努力去战胜困难，要像那无所畏惧的苍松一样，傲然挺立。自信是一种拥有，一股勇气。就是凭借着这股激情，我们才能开拓自己的人生道路，尽情描绘明日的七彩世界。

自信给我们以勇气与力量，有了它，失败就会离去，成功还在前方不远处；有了它，生活充实有趣，生命仍然绚丽多姿。自信，是一颗火热的太阳，让人享受到它的温暖；自信，是心底的一颗宝珠，什么时候用它，什么时候就会发光；自信，是一盏明灯，照亮自己，跨步前行。

【行思探理】

自信是一笔巨大的财富，能产生巨大的"正能量"，自信对其他能力和品质的培养能发挥很大的作用。所以说，自信是成功的秘诀。

◆ 自信是健康之树

自信是一个人对自己的一种肯定，是一种积极的正向评价。自信心是相信自己有能力实现目标的心理倾向，是推动人们进行活动的一种强大动力，也是人们完成活动的有力保证，它是一种健康的心理状态。没有自信的人，一辈子都无法获得真正的健康。他总是在犹豫不决中徘徊，总是在因循观望中退却。他脑子里天天在打仗，心里面时时起冲突，仅有的气血都消耗在无谓的内心矛盾中，长久处于这样的心态，则会导致心理的失衡，影响到个人的心态、性格和健康。例如，《红楼梦》中林黛玉身体本来就很虚弱，又因为父母双亡寄人篱下的缘故，心理失衡，动辄心痛伤神，终日病恹恹的，年纪轻轻就香消玉殒。

◆ 自信是力量之源

自信的心态使人相信自己的行动能力，产生行动的愿望，从而敢于放开手脚，践行理想。留意观察会发现，自信的人往往是精力充沛的人，行动迅速敏捷。而不自信的人瞻前顾后，畏手畏脚，犹豫不决。李开复说，所谓自信，就是要在认识自己的基础上充分相信自己：相信自己可以在面对困难和挑战的时候，将自己最大的潜能释放出来，相信自己可以在理想和兴趣的引导下坚定不移地走向成功。

◆ 自信是成功之基

戴尔·卡耐基在调查了很多名人的经历后指出，一个人事业上成功的因素，其中学识和专业技术只占15%，而良好的心理素质要占85%。有自信心的人能够正确地实事求是地估价自己的知识、能力，能虚心接受他人的正确意见，敢于尝试新的领域，能更快地发现和发展自己的兴趣或才华，也更容易获得真正意义上的成功。

◆ 自信是人格之魂

相对而言，在一个群体当中，自信的人往往能够脱颖而出并成为这个群体的核心。因为自信的人思考问题更加积极，作出决策更加果断，出现问题更勇于承担责任，他的精神具有很强的感染力。因此往往成为其他人的寄托，从而被赋予了更多的人格魅力。

【互动空间】

自信度测试

1. 你认为自己很有魅力吗？
A. 是。 B. 否。

2. 你觉得自己是幽默的人吗？
A. 是。 B. 否。

3. 你认为自己是一个招人喜欢的人吗？
A. 是。 B. 否。

4. 你认为你的优点多于缺点吗？
A. 是。 B. 否。

5. 你认为自己的个性很强吗？
A. 是。 B. 否。

6. 你总是觉得自己比别人差吗？
A. 是。 B. 否。

7. 对别人的赞美，你持怀疑的态度吗？
A. 是。 B. 否。

8. 你正在做的是你的专长吗？
A. 是。 B. 否。

9. 危急时，你很镇静吗？

A. 是。B. 否。

10. 你懂得服装搭配吗？
A. 是。B. 否。

11. 你与别人合作愉快吗？
A. 是。B. 否。

12. 买衣服前你通常先听取别人的意见吗？
A. 是。B. 否。

13. 你经常欣赏自己的照片吗？
A. 是。B. 否。

14. 你每天照镜子超过三次吗？
A. 是。B. 否。

15. 你经常希望自己长得像某某伟人或者明星吗？
A. 是。B. 否。

16. 你很少对人说出你真正的意见吗？
A. 是。B. 否。

17. 一旦你下了决心，就算没有人赞同，你仍会坚持做到底吗？
A. 是。B. 否。

18. 你为了不使他人难过，而放弃自己喜欢做的事吗？
A. 是。B. 否。

19. 你会为了讨好别人而打扮吗？
A. 是。B. 否。

20. 你勉强自己做许多不愿意做的事吗？
A. 是。B. 否。

21. 你会任由他人来支配你的生活吗？
A. 是。B. 否。

22. 你经常跟人说抱歉吗，包括有时并不是你错了的情况下？
A. 是。B. 否。

23. 如果在并非故意的情况下伤了别人的心，你会难过吗？
A. 是。B. 否。

24. 你经常听取别人的意见吗？
A. 是。B. 否。

25. 如果想买性感内衣，你会尽量邮购，而不亲自到店里去吗？
A. 是。B. 否。

26. 如果店员的服务态度不好，你有想找他们经理投诉的想法吗？
A. 是。B. 否。

27. 别人批评你，你会觉得难过吗？
A. 是。B. 否。

28. 在聚会上，你经常等别人先跟你打招呼吗？
A. 是。B. 否。

29. 在聚会上，如果你穿得不正式，你会感到不自在吗？
A. 是。B. 否。
30. 如果在聚会的时候想上厕所，你会一直忍到宴会结束吗？
A. 是。B. 否。

评分方法：

题号	分 值 A	B
1	1	0
2	1	0
3	1	0
4	1	0
5	1	0
6	0	1
7	0	1
8	1	0
9	1	0
10	1	0
11	1	0
12	0	1
13	1	0
14	0	1
15	0	1
16	0	1
17	1	0
18	0	1
19	0	1
20	0	1
21	0	1
22	0	1
23	0	1
24	0	1
25	0	1
26	1	0
27	0	1
28	0	1
29	0	1
30	0	1

第十三章 自信：天生的优胜者

结果分析：

得分在 22~30 分之间：别人可能会认为你很自大狂傲，甚至气焰太盛。你不妨在别人面前谦虚一点，这样人缘才会好。

得分在 15~21 分之间：说明你对自己信心十足，明白自己的优点，同时也清楚自己的缺点。

得分在 8~14 分之间：说明你对自己颇有自信，但是你仍或多或少缺乏安全感，对自己产生怀疑。你不妨提醒自己，在优点和长处各方面并不输给别人，特别强调自己的才能和成就。

得分在 8 分以下：说明你对自己显然不是特别有信心。你过于谦虚和自我压抑，因此经常受人支配。从现在起你尽量不要去想自己的弱点，多拿自己好的一面去衡量。先学会看重自己，别人才会真正看重你。

第二节　自信源于好心态

自信人生二百年，会当击水三千里。

自信是一种心态，就是勇敢地将自己的能力展现出来，该出风头时就出风头，不惧人言，不拘泥于前人之法。如果拥有这份自信，又没有受任何外界的影响，那么你所体现出来的就是做你能力范围之内的事。

但是人的能力终究是有限的，每个人都有自己做不到的事，总会有人对你无能为力之事作出这样或那样的否定评价，甚至是诋毁中伤。这时，你往往会受到打击，会由于对自己某项具体行为的不自信，而导致对自己能力的不自信，认为自己窝囊，什么事情都不行。最后的结果是整个人像蜗牛一样缩在壳里，连应有的能力都展示不出来。人在遭遇困厄时，最难得的是相信自己。

遥想孔子在左右为难之际，犹尚发豪言壮语："文不在兹乎！"尚以天命为任，果真有惊无险，渡过难关。人在困顿不堪之时，当思孟子挚言，"天将降大任于斯人也，必先苦其心志，劳其筋骨，饿其体肤，空乏其身，行拂乱其所为，所以动心忍性，曾益其所不能。"抱着天降大任的心态，人生还有什么过不了的关，有什么渡不过的河呢？

一个人的自信应该是与生俱来的，这种权利谁也无法剥夺。只要坚信自己能行，就会获得唯你独有的成功。精诚所至，金石为开。即使困难再大，我们也可以走出困境，因为我们相信，是我们误入了困境，而不是困境抓住了我们；即使磨难再多，我们都可以踏平坎坷，因为我们坚信，是我们误读了人生，而不是人生欺骗了我们。

自信，并非意味着不费吹灰之力就能获得成功，而是说战略上要藐视困难，战术上要重视困难，要从大处着眼、小处动手，脚踏实地、锲而不舍地奋斗拼搏，扎扎实实地做好每一件事，战胜每一个困难，从一次次胜利和成功的喜悦中肯定自己，不断地突破自卑的羁绊，从而创造生命的亮点，成就事业的辉煌。

【行思探理】

要做到自信，需要有一个良好的心态。对于自己能做的事情相信能够做好，对于自己不能做的事情坦然处之或努力学习做的方法。

◆ 相信"天生我材必有用"

在强大的对手或者宏大的目标面前，质疑自己的能力，这是一件很正常的事情。因为每一个清醒的人，他都会进行自我反思。但把对自己能力的质疑变成了否定，则是走向极端了。人在任何时候都不能否定自己存在的价值，要坚信自己是一个有用的人。五个指头各有长短，用处不一，但是无论少了哪只指头，还真弹不了钢琴。做不了太阳，那就做星星吧，同样可以光芒四射；做不了大海，那就当小溪吧，同样水声潺潺；做不了大树，做小草也同样拥有春夏秋冬。

◆ 关注自我，少比别人

信心的丢失往往来源于两种比较：一是拿自己的能力和既定的目标进行比较，二是拿自己的能力同别人的能力进行比较。当既定的目标和别人的能力高出自己时，则使人自惭形秽，妄自菲薄。周瑜就是拿自己的才华同诸葛亮相比，落得一命呜呼，英年早逝。实际上，周瑜又何尝不是雄姿英发，人中豪杰！生活中要避开这样那样的比较，所谓"人比人，气死人"。如果真要比，也应该比得更全面一些，左右前后都比较一下：他人骑大马，我独跨驴子；回顾挑柴汉，心下较些子。这样就能"比上不足，比下有余"。

◆ 自信源于"知己知彼"

过于自信和过于不自信，都是源于对主观事物和客观事物的错误分析。低估了自己则是"涨对手之志气，灭自己之威风"，低估对手则是狂妄自大，不可一世。真正的自信应做到合理地估计彼此的状态，做到"知己知彼，百战不殆"。曾有这样一句话，"没有自信不自信，只有准备充分不充分。"我们为什么有时会不自信，往往是因为准备得不够充分。找到自信的办法便是积极应对，思虑周详，对每一步、每一个环节都考虑周到，多设想几种可能情况，多准备几套实施方案，提前多预演几次，当你做到这一点时，事情的发展应该了然于胸，从容应对。

◆ 物我两谐，方成自信

自信应当是一种积极的心态，这种心态体现在包容和大度，体现在"物为我用""万物皆备于我"，做到物我两谐，既不否定自我，也不否定别人。自信的两端是过于谦卑和过于骄傲。过于谦卑者，否定自我价值，生活在他人或外物的阴影中，丧失了自主性，因为他人和外物的强大而不敢驾驭；过于骄傲者，否定他物价值，目无一切，视他人和外物的价值如无物。不能保持大度的心态，排斥、抵触身边人或事物的优点、价值，则不能说是自信的心态。

【互动空间】

保持自信的心态

保持自信心态的8条建议，比对一下自己，看看你做到了几条？
1. 要自信，绝对自信，无条件自信，时刻自信，即使在做错的时候。

2. 寂寞空虚无聊的时候看点杂志，听听音乐，没事给自己找事干，可以无益，但不能有害。

3. 不要想太多，尤其是负面的想法，定时清除消极思想。

4. 学会忘记一些东西，那些痛苦的、尴尬的、懊悔的记忆，为阳光的记忆腾出空间。

5. 敢于尝试新事物，敢于丢脸，热爱丢脸，勇于挑战。年轻时多犯几次错误，有好处。但能一步到位的，一次就对的，就别出岔子。

6. 每天都是新的一天，烦恼痛苦不过夜。每天早晨以乐观热情的心情迎接新的一天，即使昨天被人扇了一个大嘴巴。

7. 承认自己的不聪明、不勇敢，这样在面对别人的优秀时，可以坦然，并给予发自内心的赞美。

8. 做人的最高境界不是一味低调，也不是一味张扬，而是始终如一的不卑不亢。

第三节 克服心底的自卑

奥地利心理学家奥威尔说，自轻自贱的人，必定是自卑的人；或者说自卑的人，必定是自轻自贱的人。

自卑者总是一味轻视自己，总感到自己这也不行那也不行，什么也比不上别人。这种情绪一旦占据心头，结果是对什么也不感兴趣，忧郁、烦恼、焦虑便纷至沓来。无论对待工作，还是对待生活都是心灰意冷、万念俱灭，失去了奋斗拼搏、锐意进取的勇气。倘若遇到困难或挫折，更是长吁短叹，怨天尤人，抱怨生活给予自己太多的坎坷。这与现代人应该具备的自信气质和宽广的胸怀是那样的格格不入。

之所以感到"巨人"高不可攀，是因为你在跪着。站起来你就会惊异地发现，自己并不比别人矮多少，自己身上也有许多闪光点。自怨自艾只能带你走向消沉，只有用一种"天生我材必有用"的豪情来面对生活，才是成功的起点。

战胜自卑的过程，其实也是磨炼心态、战胜自我的过程。身处逆境之中如果你不停地抱怨命运，认为自己是世界上最不幸的人，那么你就无法摆脱自卑的情绪。消除自卑就不要用别人的标准来衡量自己，道理很简单，因为他人的优势你不完全具备，他人能做到的事情有的你可以做到，但有的无论你的愿望多么强烈，实则很难做到，反之也如此。

要以一种平和的心态对待自己，在充分认识到自己的长处和短处后，不要总是把注意力始终停留在自己的短处上，你停留的时间越长，黑色的阴影就越重；消除自卑就不要在意别人对你的评价，只要你认为是对的，走自己的路让别人去说吧。

【行思探理】

人的自卑心理来源于心理上的一种消极的自我暗示，即"我不行"。正如哲学家斯宾诺莎所说，由于痛苦而将自己看得太低就是自卑。这也就是我们平常说的，自己看不起自己。"解铃还须系铃人"，由自卑转为自信，还要靠自我的心理暗示。

◆ 昂首挺胸，雄姿英发

心理专家告诉我们，懒惰的姿势和缓慢步伐，能滋长人的消极思想；而改变走路的姿势和速度可以改变心态。快速走路能表现出超凡的信心，他的步伐仿佛告诉整个世界：我要到一个重要的地方去办一件很重要的事，更重要的是我会在20分钟内成功。因此抬头挺胸走快一点，你就会感到自己的信心在滋长。

◆ 正视别人，不卑不亢

正视别人等于告诉人家，我很自信，我不比你差。不正视别人通常意味着：在你旁边我感到很自卑，我感到什么都不如你，甚至怕你。因而要经常练习正视别人，使自己的眼睛为自己工作，就是让自己的眼神专注别人，以增强自信。同时，与人讲话看着别人的眼睛也是一种礼貌的表现。

◆ 自我暗示：我能行！

在完成一项事情之前，暗示自己"我能行""我能出色地完成这项工作"，这就产生了我要努力把这件事做好的信念，脑子里也随之兴奋起来，自然就会想出"如何去完成这项工作"的方法，就会排除各种困难，直至成功。

◆ 敢于发言，自信表达

当众发言是克服羞怯心理、增强人的自信心、提升热忱的有效突破口。所以你不要放过每次当众发言的机会，当众发言既壮大胆量，又练就口才，是信心的"维生素"。尽量争取当众发言，畅谈自己的见解，不要怕说错，这样恐惧感就会逐渐消除，就会不断增加信心。

【互动空间】

你是自卑的人吗？

《做自己的心理医生》一书提供了一组测试题。在测试结果中，可以发现你是不是自卑的人，并找到自卑的原因。

1. 与周围人相比，你的身高如何？
A. 相当矮。B. 差不多。C. 高。
2. 早晨你在照镜子时，第一个念头是什么？
A. 再漂亮点就好了。B. 想精心打扮一下。C. 别无它想，无所介意。
3. 当你心爱的异性被比你优秀的同性追求时，你会怎样？
A. 灰心丧气 B. 向竞争者发起挑战。C. 毫不在乎。
4. 老师打过分的试卷发下来之后，同学要看怎么办？
A. 不给看。B. 把打分的题目折起来，其余让朋友看。C. 随他们怎么看。
5. 如果你在某些方面不管如何努力，总是输给竞争对手，会怎样？
A. 甘愿认输。B. 继续努力。C. 在其他方面竞争。
6. 如果能够再次出生，你想做：

A. 异性。B. 同性。C. 同性、异性均无所谓。

7. 是否想过几年后会有使你不安的事？

A. 常想。B. 没想过。C. 偶尔想。

8. 被朋友起过绰号，挖苦过吗？

A. 常被。B. 没有过。C. 偶尔有。

9. 参加体育运动时，常常有力不从心的感觉吗？

A. 常有。B. 没有。C. 偶尔有。

10. 你受周围人们的欢迎和爱戴吗？

A. 受。B. 不受。C. 不知道是否受。

11. 如听到朋友在说你喜欢的人的坏话，会怎样？

A. 断然反驳。B. 有所担心。C. 让别人说去。

12. 被异性称作"不知趣的蠢东西"时，你会怎样？

A. 不在乎。B. 因难过而流泪。C. 恶语回敬人家。

评分方法：

题号	分 值		
	A	B	C
1	5	3	1
2	5	3	1
3	5	3	1
4	5	3	1
5	5	3	1
6	5	1	3
7	5	1	3
8	5	1	3
9	5	1	3
10	1	5	3
11	1	5	3
12	1	5	3

结果分析：

12~25 分：自卑的原因在于环境的变化。平时没有自卑感，是个自信者，只有进入人才济济的环境时，才有所感觉。

26~36 分：自卑的原因在于理想过高。不满现状，一心想出人头地，与周围人计较长短胜负，过于追求虚荣。

37~48 分：自卑的原因在于信心不足。做事情之前，往往先下自己不行的结论，事实上并非如此。因此，要注意了解周围人们的真实情况。

49~60 分：自卑的原因在于性格懦弱。易用消极悲观的眼光看待事物，对自己的体魄和外貌缺乏自信，看不起自己的长处。因此，要更积极主动地看待工作和学习，使自己经风历雨，坚强起来。

第四节　用自信面对挫折

人的一生所遇沟壑无数，挫折是不可避免的。德国哲学家尼采说过，我们没有悲观的权利。将挫折放大，一些小事情就使你悲观，如此一来，生命岂不被痛苦占据？

法国文学家巴尔扎克说，苦难对于天才是一块垫脚石，对能干的人是一笔财富，对弱者是一个万丈深渊。挫折只不过是强者成功路上的一块垫脚石。这是因为，他们在面对挫折时，并不畏缩，而是微笑地迎接一切。这微笑并不是漫不经心的，相反地，它恰恰反映了一个人有足够的勇气接受挫折的挑战。这样，他们才能清醒地审视挫折，从中发现自己的错误与不足，然后想方设法在今后去修正与弥补。同时，在努力战胜挫折的过程中，他们锻炼出更顽强的意志，铸就了更坚利的精神之剑，更有助于在今后的路上披荆斩棘，勇往直前，最终摘取成功的桂冠。

人人愿得到成功，成功会带来快乐，挫折会带来痛苦。面对挫折，有人杞人忧天，有人期盼明天，有人把失去当作永远的失去，有人把失去当作重新得到。挫折的到来，也就意味着你要经受考验。所以，我们在面对挫折时，应该勇敢地、微笑地迎接它。如果你鼓起勇气，尽自己的最大努力去战胜挫折，那么你就会发现，挫折的阴云被驱散后，头上是一片多么美的天空。让我们含笑面对人生道路上每一个挫折吧！

【行思探理】

遇到挫折，是选择总结经验，继续进取，还是沉溺于挫折的痛苦中，不能自拔？许多历史和经验告诉我们：挫折是必然的，你必须吸取教训，纠正缺点，弥补不足，增强自信心，方可成功。反之，则会永远地坠落下去。你必须静下来，以一颗平常、乐观的心，理性地来面对着生活中的挫折。

◆ 允许出错，树立正确的挫折观

要对挫折形成正确的认识，挫折是暂时出现的困难，不等于彻底失败。相反，正是挫折和教训才使我们变得聪明和成熟，所谓"吃一堑，长一智"。经常保持自信和乐观的态度，充分认识到挫折对于成功的重要意义，将会减轻挫折带来的痛苦。许多人都是完美主义者，实际上"人非圣贤，孰能无过"，因此我们应该在心理上包容自己，允许自己出现一些错误，不需过于追求完美。习近平曾说，要正确对待一时的成败得失，处优而不养尊，受挫而不短志，使顺境逆境都成为人生的财富而不是人生的包袱。

◆ 学会减压，甩开心理的包袱

人在遭遇挫折时，往往会感到缺乏安全感，使人难以安下心来，更重要的是会在一定程度上打击人的信心，工作和生活都会受到影响。这时需要学会自我调节，给自己减压。首先

第十三章　自信：天生的优胜者

是倾诉发泄，向亲朋好友倾诉你遭受的不愉快，或者用哭泣、唱歌、运动等形式发泄心情的不快，改变内心的压抑状态，以求身心的轻松，从而把目光投向未来。其次学会自我安慰，能容忍自己，接纳自己，学会用自己的优点表扬自己，找回失去的信心，心怀坦荡、情绪乐观地争取成功。

◆ 正视挫折，追求人生的升华

真正的勇士，能够正视人生的挫折。能进行冷静分析，从客观、主观、目标、环境、条件等方面找出受挫的原因，采取有效的补救措施。当然，你也可以调整预期目标，通过别的途径实现目标，或者实现新的目标，达到"失之东隅，收之桑榆"的效果。还有些人"塞翁失马，焉知非福"，在遭遇挫折时奋发向上，将自己的情感和经历转移到更具挑战性的工作中去，升华到更有益于社会的高度。

【互动空间】

测测你抗挫折的能力如何？

心理学上所说的挫折，是指人们为实现预定目标采取的行动受到阻碍而不能克服时，所产生的一种紧张心理和情绪反应。

1. 在过去的一年中，你自认为遭受挫折的次数：
A. 0～2次。B. 3～4次。C. 5次以上。
2. 你每次遇到挫折时：
A. 大部分都能自己解决。B. 有一部分能解决。C. 大部分解决不了。
3. 你对自己才华和能力的自信程度：
A. 十分自信。B. 比较自信。C. 不太自信。
4. 你对问题经常采用的方法是：
A. 知难而进。B. 找人帮助。B. 放弃目标。
5. 有非常令人担心的事时：
A. 无法工作。B. 工作照样不误。C. 介于A、B之间。
6. 碰到讨厌的对手时：
A. 无法应付。B. 应付自如。C. 介于A、B之间。
7. 面临失败时：
A. 破罐破摔。B. 使失败转化为成功。C. 介于A、B之间。
8. 工作进展不快时：
A. 焦躁万分。B. 冷静地想办法。C. 介于A、B之间。
9. 碰到难题时：
A. 失去自信。B. 为解决问题而动脑筋。C. 介于A、B之间。
10. 工作中感到疲劳时：
A. 总是想着疲劳，脑子不好使了。B. 休息一段时间，就忘了疲劳。C. 介于A、B之间。
11. 工作条件恶劣时：
A. 无法工作。B. 能克服困难干好工作。C. 介于A、B之间。

12. 产生自卑感时：
A. 不想再干工作。B. 立即振奋精神去干工作。C. 介于 A、B 之间。
13. 上级给了你很难完成的任务时：
A. 顶回去了事。B. 千方百计干好。C. 介于 A、B 之间。
14. 困难落到自己头上时：
A. 厌恶之极。B. 认为是个锻炼。C. 介于 A、B 之间。

评分方法：

题号	分值 A	分值 B	分值 C
1	2	1	0
2	2	1	0
3	2	1	0
4	2	1	0
5	0	2	1
6	0	2	1
7	0	2	1
8	0	2	1
9	0	2	1
10	0	2	1
11	0	2	1
12	0	2	1
13	0	2	1
14	0	2	1

结果分析：

19 分以上：说明你的抗挫折能力很强。

9~18 分：说明你虽有一定的抗挫折能力，但对某些挫折的抵抗力薄弱。

8 分以下：说明你的抗挫折能力很弱。

第五节 相信自己，没有不可能

爱尔兰剧作家、诺贝尔文学奖获得者萧伯纳说，有自信心的人，可以化渺小为伟大，化平庸为神奇。

古希腊哲学家苏格拉底曾说过，一个人能否有成就，只看他是否具有自尊心和自信心这两个条件。

很多人常为自己的平庸而对很多事不抱过大的希望，他们现实地避免选择更大的目标。实际上，他们都忽略了自己的超大潜能。在生命的竞赛中，你会发现，只要你设定目标，打开心扉，世界就会向你打开财富之门。其实，大多数上锁的门只存在你的心中。拿破仑·希尔说，信心是"不可能"这一毒素的解药；心存疑惑，就会失败；相信胜利，必定成功；相信自己能移山的人，会成就事业；认为自己不能的人，一辈子一事无成。

毛遂在平原君手下做门客的时候，主人三年不曾听过其姓名，谁想到他会成为关系赵国生死存亡的重要砝码？周瑜以几万众与曹操比敌，谁能料到他会让曹操的几十万大军在谈笑间飞灰湮灭？创业失败的史玉柱债务累累，一夜之间沦为"中国首负"，谁又料到短短几年他又东山再起？南非"刀锋战士"奥斯卡·皮斯托瑞斯，一名失去双腿的不幸儿，谁会料到他会代表南非几千万众参加伦敦奥运会冲击金牌？

是的，这些看上去不可能的事情，最后都实现了！是的，我们渺小，我们不够强大。正因如此，我们没有了患得患失的精神压力，以平常心积极争取，反而得到超常发挥达到自己梦寐以求的成功。曾经名不见经传的蹦床冠军何雯娜在获得金牌之前，她的教练对她说："你可以放开比了，反正别人连你是谁都不知道，你只要发挥好就可以了，你跟别人没法比，因为别人毕竟有名气，平时训练就有名气，就比你好，只要你能参加，能进决赛就是成功了。"结果简直出人意料，何雯娜站上了最高领奖台。

相信自己，努力去尝试一次。大家都听过龟兔赛跑的故事。敏捷的兔子为什么会失败？磨蹭的乌龟为什么能够先于兔子到达终点？难道仅仅是因为兔子的失误吗？我想更重要的是乌龟的坚持，看似不可能胜利面前的坚持。如果乌龟半途放弃了，它哪能体会到胜利的喜悦。拿破仑有句名言：胜利不站在智慧的一方，而站在自信的一方。没有什么是不可能的，只要你想，并为了你的目标而不断努力奋斗。

【行思探理】

当困难来临时，很多人选择了逃避和退让，实际上他们忽略了"潜能"的存在。勇敢面对困难，能让人取得更高的成就。

◆ 主动接受挑战

当一件看似"不可能"的艰难工作摆在你面前时，不要选择逃避，也不要花过多时间去设想糟糕的结局，最好怀着一颗感恩的心去接受它，用行动争取属于自己的荣誉。面对诸多现实问题，你也许会用"说起来容易做起来难"来反驳这些思想，其实，很多看似"不可能"的工作，并不像你想象得那样复杂。当你耐心分析、梳理，把它"普通化"之后，常常可以想出有条理的解决方案。

◆ 学会藐视敌人

"战略上藐视敌人，战术上重视敌人。"在困难面前，很多人的做法是夸大了困难，低估了自己的能力，从而使自己背上了沉重的负担，限制了自己潜力的发挥。在面对强大对手的时候，要学会给自己打气，把困难想得简单一点。松下幸之助在推销产品时的一次经历：遇到一个长得很"彪悍"的客户，又高又大看上去很凶，松下一见到他的时候一下子就失去了底气。不甘心的松下后来想到了一个主意，就是把这位客户想象成一只狗熊，大大的憨憨的，于是下次再见面的时候，松下就完全克服了畏惧感。

◆ 方法得当，四两何惧千斤

阿基米德曾经说过一句话，给我一个支点，我可以撬起整个地球。这位思维缜密的科学家能说出这样的豪言壮语，并不只是因为他的豪迈，更是因为他掌握了撬起地球的杠杆原理。实际上，只要掌握了原理和方法，摆在我们面前的困难都会迎刃而解。正如宝剑在手，那么屠一头牛和杀一只鸡并没有多大区别。在巨大的困难面前，我们要做的不是慌乱，而是自问有没有找到解决的方法和途径。当年毛泽东运用马克思主义的基本原理，指导人民军队和强大的敌人顽强斗争，取得了一个又一个的胜利。正因为方法在手，毛泽东同志可以自信地说："一切反动派都是纸老虎。"

【互动空间】

胜利行进图

相信自己的一种做法便是将自己的目标写下来，并一步步勾勒出"胜利行进图"。你可以试一试。

我的最终目标		
阶段目标1	阶段目标2	阶段目标3
解决途径	解决途径	解决途径
可能的失败及应对措施	可能的失败及应对措施	可能的失败及应对措施
我的胜利宣言		

第六节 自信+努力=成功

美国总统威尔逊说，要有自信，然后全力以赴——假如具有这种观念，任何事情十之八九都能成功。

"自信是成功的关键"，"成功"是每个人追求的最终目标，而自信是它的前提。我们无论在学习中还是在生活中，都会遇到许多大大小小的挫折，这时，面对你的有两条路：要么就此沉沦下去，一蹶不振；要么相信自己，重新来过。失败是成功之母，而自信是成功之基。如果你选择了后者，那么你就为成功点亮了一盏宝石灯。

成功等于百分之一的天才加百分之九十九的汗水，可见努力所占的分量是多么重大。如果自信和努力你都做到了，那么一朵灿烂的成功之花就会悄然绽放。在我们人生的道路上，也不会是一帆风顺的，但我们必须相信自己，靠着坚持不懈地努力，在自己的人生中留下坚实的足迹。

第十三章 自信：天生的优胜者

"自信+努力"，你的身上获得了源源不断力量，正如一辆汽车拥有了不断驱进的车轮，快速向前，势不可挡。有了自信和努力，那像天上的星星般遥不可及的成功，也会变得触手可及。

【行思探理】

自信和努力是分不开的，它们相辅相成，互相促进，只有它们紧密地结合在一起，才会结出坚实的果实——成功。自信是人生的发动机，努力是发动机的燃油。

◆ **自信引导努力**

自信使人有克服困难的勇气和自强不息的力量，自信的心态使人相信自己的行动能力，产生行动的愿望。在困难、挫折和失败面前，自信的人能保持乐观的心态，积极采取措施，努力克服困难，排除障碍，从而转败为胜。而不自信的人，连"想都不敢想"，失去了付诸努力的勇气。

◆ **自信源于努力**

人的自信从哪里来？源于在实践中获得的积累，源于努力取得的胜利。成功学往往误导人们，只要自己认为自己自信了，自己就会自信起来，所以成功学常常在"意念"上下功夫，每天咬牙跺脚喊口号：我自信！我今天比昨天还自信！这样的行为也能建立自信，但这种自信就是一种无缘无故的自信，要么是张狂的，要么是短暂的。自信是一种结果，而不仅仅是口号。当你做一件事情成功了，你就有信心做好下一件事；当你把小事做好了，你就有信心挑战再大一点的困难……如此循环往复。能让人自信的真正的原因是看到自己能力在某方面的突出表现，看到自己业绩的成果，看到别人对自己的肯定。总而言之，自信源于努力。

◆ **不付诸行动等于没信心**

只有信心而不付诸行动，无异于无信心。许多人都制定了自己的人生目标，从这一点来说每一个人似乎都像一个谋略家。但是，相当多的人制定了目标之后，便把目标束之高阁，没有投入到实际行动中去，结果到头来仍然是一事无成。所以如果你对自己有信心，相信自己一定可以成为自己想要做的人，那么就付诸行动吧。相对来说，制定目标倒是很容易的，难的是付诸行动。制定目标可以坐下用脑子去想，实现目标却需要扎扎实实的行动，只有行动才能化目标为现实。

◆ **赶紧去做第一件事**

万事开头难。要干成一件事情，人们总是觉得迈第一步困难重重，总是下不了决心。于是便迟疑不决，犹豫不定，今日推明日，明日推后天，这样推来推去便延误了时间，曾经的设想束之高阁。一个人要做一件事，常常缺乏开始做的勇气。因此，当你心中产生了一个伟大的设想，要趁热打铁，抓紧时间去完成第一步。有了勇气下决心开了头，似乎再往下做就会是顺理成章的事情了。

◆ 一步步靠近目标

1984年，在东京国际马拉松邀请赛中，名不见经传的日本选手山田本一出人意料地夺得了世界冠军。当记者问他凭什么取得如此惊人的成绩时，他说了这么一句话：凭智慧战胜对手。原来，每次比赛之前，他都要乘车把比赛的线路仔细地看一遍，并把沿途比较醒目的标志画下来，比如第一个标志是银行；第二个标志是一棵大树；第三个标志是一座红房子……这样一直画到赛程的终点。心理学家得出了这样的结论：当人们的行动有了明确目标，并能把自己的行动与目标不断地加以对照，进而清楚地知道自己的行进速度和与目标之间的距离，人们行动的动机就会得到维持和加强，就会自觉地克服一切困难，努力达到目标。

【互动空间】

你是一个努力进取的人吗？

拿破仑说"不想当将军的兵不是好兵"，中国还有一句古话是"人往高处走，水往低处流"。这些都说明人应该上进，应该努力的提升自己，实现自身价值。做下面的心理测试题，看看你是否是个努力进取的人？

夏天，一位年轻人坐在公园的椅子上看书，看样子像是考生，只见他在看一本像是英文的参考书。突然，他合上书本，请猜猜他合上书本的理由。

1. 突然觉得要下雷阵雨的样子，于是匆忙合上书本，准备回家。
2. 因为想睡觉，于是以书本为枕，在椅子上开始午睡。
3. 因为觉得时间紧迫，于是看了一下英文之后，打算立刻再读别科。

◆ 答案分析

选择1：雷阵雨，是会淋湿书本、头发，令人感觉不太舒服的事物。故选此答案的人，是想回避此种情况，显示是属于自我防卫本能比较强的人。你的不安比别人强一倍，对可能威胁到自我的危机相当敏感。因此，一旦察觉自己身处危机的状况时，通常会力争上游、发挥潜力。倘若陷入低潮的话，也能化危机为转机，及早摆脱困境。

选择2：午睡，显示乐观的潜在心理。此种人的循环性气质很强，容易受当场的气氛感染。一旦感觉情绪低落时，可以借着运动、休闲来变换心情，或是改变工作、生活环境，让自己轻松一下。如此一来，便能摆脱困境，重新出发。万一遇到极度低潮的状况，换个新工作或是改变根本的环境，都是不错的主意。

选择3：改念别科，表示可能性或上进心。此种人原本提升自我的欲望就很强。因此，当陷入低潮时，可以去找德高望重的人开导，不然就是阅读名人传记，接受精神上的刺激。因为这样可以激发上进心，不会被一点小小的挫折击垮。

第十四章　淡定：让人生不再寂寞

第一节　凡事要看得开

　　法国文学家雨果说，世界上最宽阔的是海洋，比海洋更宽阔的是天空，比天空更宽阔的是人的胸怀。

　　仅仅热爱生活、追求幸福是不够的，还要具备一种看得开的能力，既对名利看得开，又对人生充满希望。

　　生活不如意，事业不顺利，并不说明你无能，更不说明你无德，谁也不一定把握得住自己的命运，这取决于许多主客观条件，但生活的态度却是可以由个人选择的。

　　在非洲草原，有一种吸血蝙蝠随处可见。它小得有些不起眼，不过吸血的本领却一流，据说每年死在吸血小蝙蝠嘴下的野马不计其数。这种现象骇人听闻，看上去吸血蝙蝠太狠毒了。但经过研究人们发现：吸血小蝙蝠吸取的血量对于野马来说其实是微不足道的，真正使野马死去的原因根本就不是失去的这些鲜血，而是野马在被小蝙蝠袭击之后的暴怒和剧烈运动。也就是说，如果野马能够按捺住怒气，不理会吸血小蝙蝠的袭击，任凭小蝙蝠吃个饱，它也不会失去多少血，更不会因此丧命。面对强敌，人们常常依靠勇气和毅力来唤醒无尽的潜力，最终获得胜利的往往是自己；可是当面对微不足道的小事时，人们往往不能沉着冷静地处理，结果小事扰乱了人们的心绪和生活，使人们最终在琐碎的烦恼中终其一生。

　　人生只有短短几十年，何必太计较得失进退，只要尽力就好！一切看开一些，少些欲望，也就少些失望，多些满足。做人一定要看得开些，否则就会走进死胡同。心胸要开阔一些，那样你才活得潇洒。

【行思探理】

　　人的一生不可能万事如意，每个人都会遇到自己的多事之秋，即使称不上命运多舛，也大多经历过起伏坎坷。看一个人是不是真正的英雄，不能看他风光无限的时候，而是要看他"败走麦城"身陷低谷之时，所谓"逆境中方显英雄本色"。

　　◆ **乐活：留得青山在，不怕没柴烧**

　　人生常有困境，却无绝路。你可以输得一塌糊涂，但你并没有彻底失败。所谓"留得青山在，不怕没柴烧"，只要留住了星星之火，总会有它燎原燃烧的时刻。这时要做的，是保住青山，蓄藏实力，作为他日东山再起的本钱。而不能一时冲动，把本钱输了个精光。比如刘邦和项羽争霸时，刘邦屡战屡败，每次落荒而逃，但他终不气馁，耐心地迎来了战局变化的时候；而项羽垓下一战，便觉得无颜见江东父老，从此饮恨乌江。后人感慨项羽：胜败兵家事不期，包羞忍耻是男儿；江东子弟多才俊，卷土重来未可知。

◆ 豁达：不计一城一地之得失

通透豁达而有大局观的人，不会拘泥于一事一物，在某一个地方较真。如果那样做，便是钻进了牛角尖了。诚然，我们在生活中要有竞争的观念，不轻言放弃，但更多的时候要从大局着眼，从长计议。

◆ 忍耐：塞翁失马，焉知非福

上帝为你关起一扇门的同时，也会为你打开一扇窗。所谓"有得必有失，有失必有得。"事物都具有两面性，凡事还需从益处和害处辩证地看，就像塞上老翁丢了一匹马，何尝不是一件好事呢。当生活中遇到一点不如意，不必急着生气、动怒。当你心平气和地看待这件事时，或许你会发现令你惊喜的一面。马超和曹操对峙，马超的援军不断增加，曹操每次听到马超加兵添众，就面带喜色，他手下的人感到很奇怪。马超兵破之后，曹操才说出了玄机："其众虽多，人心不已，易于离间，一举可灭。"一件事情的好与坏，取决了当事人思考的角度罢了。

◆ 释怀：不以物喜，不以己悲

人生不如意事十有八九，有些人因为得到了一些物质的财富就欢天喜地，高兴得手舞足蹈；而在失去一些东西时则会痛哭流涕，情绪一落千丈。如果没有心静如水的定力，就会经常心生浮躁，患得患失。面对人生的坎坷曲折、生活的艰难困苦，心为物役，人生的大半就会在悲观的心情中窒息心智，难以感受到生命的乐趣。古人云："心为形所累"，人的欲望越大，生活的压力也必定随之增大，人生中如果能少一点欲望，就会多一份轻松与洒脱。物之于我，不妨做到"得之泰然，失之怡然"。

【互动空间】

战胜外界的困难，首先要摒除内心的困扰，做到心静如水。以下设计的这张表格，对于洗涤内心有一定帮助，你可以试试。表格的项数无限，读者可以根据个人情况增减。

请列出目前所有让你困扰的人、事、物（无论大小）		
事项	原因	解决方案
1.	1.	1.
2.	2.	2.
3.	3.	3.
4.	4.	4.

续表

请列出目前所有让你困扰的人、事、物（无论大小）		
事项	原因	解决方案
5.	5.	5.
6.	6.	6.
7.	7.	7.
8.	8.	8.
9.	9.	9.
10.	10.	10.

第二节　寻找精神的快乐

快乐就像是一种魔方，能给任何年龄的人带来生机和活力，能让萎靡者找到生活的动力，让默默耕耘者在无意中收获，让脆弱者变得坚强，让强者更富有韧性，让智者在无言中享受。

快乐是一个人的境地，是一个人的视野，我们只要快乐地生活就不会有烦恼。快乐源于我们自己的心灵，不要感觉自卑，人都是伟大的，没有谁比谁矮一截，自己要相信自己。快乐源于善待生命，不因进退而消长的豪放精神和细腻情怀。因此，快乐的人总能微笑着面对生活，他有着吞吐日月俯览世界的浩然之气，他在喧闹中能得到一份宁静一份坦然，他对生活里所有潜在的美好事物总是赞许的，他从不计较一城一地的得失。他即使受到了意外的伤害也能保持优雅的风度，只是淡然一笑。他甚至喜欢风浪喜欢峭壁，就像赏花观月。他是平凡而伟大的乐观者。真正的快乐不属于小情小调，也不在缥缈的天国，而是沙漠上的驼铃，不经过饥渴的煎熬，不经过艰险的劳顿，不去迎战死神，不去征服浩渺的风沙，就听不到驼铃流出的奇妙的快意。如果躺在温软的沙发上摇动金铃，那只能听到没有意义的音响，因为真正的快乐是无法在豪华客厅里模拟的，只有那种乐观者才能达到这快乐的极境。

【行思探理】

快乐的心情不是与生俱来的，它虽有先天的基因，却主要来自后天的修炼，快乐诞生的前提是：你必须有使自己快乐起来的愿望。

◆ **精神的快乐能促进身体的健康**

在医生接触的病人中，有70%的人只要消除他们的恐惧和忧虑，病就会自然好起来。即使身患绝症的人，如果他们顽强一些，快乐一些，也会活得更久，创造生命的奇迹。

美国的梅育诊所在记录了15 000名胃病患者的病症之后发现，其中4/5的胃病患者的病因并非是生理因素，相反，精神上的恐惧、忧虑、憎恨、极端的痛苦才是胃病的病根。

《神经性胃病》一书的作者约瑟夫·蒙泰格博士说,你吃的食物不会引起胃溃疡,引起胃溃疡的是折磨你的心事。

◆ **精神的快乐源于心灵的感受**

快乐源于心灵的真实感受,好心态就像普洒大地的阳光,让你的内心充满温暖,好心态就像一颗魔力药丸,让你心中时刻充满欢乐。幸福的感觉同物质拥有程度没有直接的关系,关键在于心态。心中有快乐,走到哪里,遇到什么事情都可以找到快乐的元素,收获快乐,传播快乐。

想要从纷繁的生活中获得快乐非常简单,真正的快乐往往不是来自财富与权力,而是存在于日常的小事之中。真正的快乐是乐观的生活,并坦然地面对生活给自己带来的一切,哪怕人生旅途中有痛苦与失败,也要学会乐观面对。之所以善良者远比贪婪者更容易获得人生中的快乐,真实原因在于善良者从来不会在心灵上背负任何让自己不安的事情。快乐不是拥有了什么,而是源于对现实生活的态度:积极向上的生活态度总是会寻找到现实生活中隐藏着的各种快乐。

【互动空间】

你有快乐的心理素质吗?

试着回答以下问题,"是"积 1 分,"否"不得分。
1. 你是否尽可能让自己精神愉快?
2. 你是否对同学友善?
3. 别人犯错误时,你是否会尽可能从好的角度解释他们的行为?
4. 你是否总觉得别人能够成功?
5. 你是否会尽量不去想悲观的事情?
6. 你是否每天都有快乐的感觉?
7. 你是否会对无法改变的事实不予理睬?
8. 你是否总能找到自我安慰的办法?
9. 你是否能忽略别人的挖苦?
10. 你是否能态度诚恳地接受别人的批评?
11. 你能否就不成熟的想法征询别人的意见?
12. 你是否常对快乐的时光念念不忘?
13. 你是否认为所有的征兆都是好的开始?
14. 你是否对小动物充满爱心?
15. 你受到挫折时能否释放出来?

结果分析:

10~15 分:表明你具备相当出色的快乐心理素质。

6~9 分:表明你有一定的快乐心理素质。

0~5 分:表明你的快乐心理素质较差。

第三节　安于自己的位置

拿破仑曾经说过，不想当将军的士兵不是好士兵，说的是志向。

有人说，当不好士兵的士兵，当不了将军，说的是行动。

一支军队，将军指挥有方，士兵服从调动，这样的军队才能纪律严明，训练有素；如果士兵不安于做士兵，人人都想当将军，个个勾心斗角，一个军队无法团结，又怎能打败敌人呢？士兵要出色地完成自己的任务，才是个好士兵。

人之于社会，均有自己的位置，我们应正确认识自己的位置，充分认知自己位置的重要性，脚踏实地，干好自己的工作。有的人风风光光，有的人默默无闻，对于整体来说，都是同样不可缺少的一部分。

【行思探理】

安于自己的位置，就是要求我们在工作中不骄不躁、专心致志、踏踏实实，它既是沉重的责任，也是淡定的心态。

◆ 安于自己的位置源于内心的淡定

随着社会经济发展和就业观念转变，跳槽已经不是什么新鲜事，但也有相当多的"闪跳族"，并没有积累丰富的职场经验就急于跳槽，或多或少显示出了职场上的一种浮躁心态。生活中，一些人不安于自己的位置，"这山望着那山高"，是因为他还不清楚自己的价值所在，没有找到自己的"初心"。俗话说"吾心安处便是故乡"，只有保持内心的淡定，肯定自身工作的价值，才能摆脱焦躁的心态，安心去做好一件事情。

◆ 安于自己的位置才能创造更大成就

不想当将军的士兵不是好士兵。但是，"不想当士兵"的士兵绝对当不了将军。很多人"吃着碗里的，看着锅里的"，得陇望蜀，但如果你在现在的位置上都没有干出什么名堂，有什么理由可以担任更大的职务，负起更多的责任？因此，要像习近平对广大青年要求的那样，要立足本职、埋头苦干，从自身做起，从点滴做起，用勤劳的双手、一流的业绩成就属于自己的人生精彩。

◆ 安于位置不等于安于现状

安心做好自己分内的事情，但并不意味着就安于现状，这是两码事。安于位置指的是"着手"的问题，安于现状指的是"着眼"的问题。着眼是发展的目标，是人生的志向。袁隆平安于位置，所以作出了举世瞩目的成绩；但他到现在也没有安于现状，他依然为了实现他的两大目标而奋斗。如果他安于现状，那他一辈子就是一名普通的技术员罢了。作为一名士兵，既要学会坚守士兵的职责，也要学会从将军的角度思考问题，为今后的晋升打下基础。踏踏实实在自己的岗位上做出更好的成绩来，这便是安于位置而不安于现状，相信我们都能在自己的位置上，作出不平凡的业绩来。

【互动空间】

安于位置还是另找高明，问问自己

不管是安于位置还是别处高就，你的目标都是为了更好地实现自己的价值。跳槽大军的人头攒动，是否也令你内心有跃跃欲试的想法？在跳槽之前，你得先问自己几个问题。

1. 是否还有刚开始时的"激情"？

递交辞职信之前，不妨再回想一下，当初为什么会爱上这个工作，应把造成目前不良状况的最坏因素排除出去。

2. 自己的劳动是否被认可？

有人在职场上遇到了挫折，或者因为工作业绩差受到批评，他们希望换个环境，减缓自己的压力。如果没有弄明白自己因为什么原因到了这一步，离开或许意味着下一个尴尬的开始。如果你对自己究竟在什么地方有欠缺并不十分清楚，不妨约你的上司谈谈，向他解释你目前的感受，问问他，你如何做才能更好。你也许能从上司的言谈中，弄明白你还能在这个行当走多远。

3. 你觉得自己会有远大的前程吗？

也就是说，你觉得自己有可能被提升吗？或者，前面是不是一条死胡同？你的职业有时候如同结交的异性朋友一样，你总想知道，有一天，你能否得到一声意味深长的承诺，否则，你就该抽身退出了。

4. 你感到工作给你带来了快乐吗？

有些人因为性格内向，特别不愿意在众人面前讲话，每当遇到那样的场合，都觉得是在受刑；还有的人对所从事的工作感到力不从心，为无形的压力所苦。

5. 你觉得自己不再忠实于本职工作了吗？

你怨恨目前的工作，对它毫不关心。你的目光看着别处，给一些招聘广告回信，与一些招聘咨询处打听消息，接受面试。所有这一切，说明你已开始背叛原先的工作。到了这一步，还有没有挽回的余地呢？

其实，即使你已经得到了新的工作，但在离开之前，你最好设法和你的上司取得沟通，或许愿意给你更高一些的报酬来挽留你，或许他们会给你很多建议，即使这些都没发生，打个招呼都是好的，买卖不成人情在嘛。

第四节　用乐观的心态面对失败

英国小说家萨克雷说，生活是一面镜子，你对它笑，它就对你笑；你对它哭，它也对你哭。

贝多芬说，苦难是人生的老师，通过苦难，走向欢乐。

美国第 16 任总统林肯说，我主要关心的，不是你失败与否，而是你对失败是不是甘心。

生活中有晴天也有雨天，有欢乐也有痛苦，有成功也有失败。人生之路，一帆风顺者少，曲折坎坷者多。失败在所难免，我们一生必然会与失败打交道，遭遇失败是一件再自然不过的事情。

积极的心理态度和确定的目标是走向一切成就的起点。人人都会有许多难题，那些具有积极心理态度的人能从逆境中求得极大的发展。良好的心态对一个人来讲是至关重要的，也是乐观生活必不可少的一个因素。只有当我们具备了一个良好的心态时，才会有良好的发展。一个拥有乐观心态的人，他的生活无疑是充满了欢声笑语。这样的人一定活得丰富多彩吧！从一个乐观人的角度来讲，并不是他的生活里就没有辛酸挫折，只是他们习惯于把悲痛转化为力量。他们会不断地提高自己，每一次的突破都是他们创造的奇迹，因为他们学会了如何寻找快乐。相反，消极心态的人，在他们的世界里，总是把简单的事情复杂化，缺乏自信。每次遇到挫折就会变得诚惶诚恐，面对困难却始终找不到一个突破口，发展下去恐慌就会占据了整个心灵，精神崩溃。前者与后者形成了鲜明的对比。在工作中，两种不同的心态在面对同样一件事情的时候，情况也将大有不同，后者在办事效率上也就大打折扣了。相比之下，我们为何不做一个乐观的人呢？

不要因为摔过跤而不敢奔跑，不要因为风雨而诅咒生活，不要因为迷了路而忽视了旅途风光。只有一步步品味失败、战胜失败、享受失败，才能找到生活的闪光点，享受成长中的每一面的精彩。

【行思探理】

失败可以是一块垫脚石，也可以是一块绊脚石，这决定于你的态度是积极的还是消极的。坦然面对失败，对于成功大有帮助。

◆ 坦然面对，做好随时应付失败的准备

下雨天不会淋湿身的人是因为他随身带着伞，随时有着应付下雨天的准备，如果我们平时保持乐观的心态，有着随时应付失败的准备，那么，在遭遇挫折时，可以把打击的程度减到最小。因此，平时要有随时应付失败的心理准备，要明白任何失败的发生都是有可能的。失败并不能证明自己无能，造成失败的原因有很多，也许是计划上的漏洞，也许是行动上的一次大意疏忽，也许是时机的不成熟，也许仅仅就是运气。学会理智地面对失败，在困境中就不会茫然无措、无所适从。一个不敢面对和承认自己失败的人，他才是真正的失败者。

◆ 自我调整，尽快走出失败阴影

失败不仅是结果，更是态度。当事情搞砸的时候，不要立刻为自己挂上"失败者"的标签。当你想象自己如何糟糕，你很可能就会变成那个样子。反复多次地自称为失败者，不但在心理上会承受巨大的压力，还会产生强烈的心理暗示，限制自己潜能的发挥。如果失败了，你也不妨对自己说："那好呀，没有什么了不起，我可以再来一次了。""幽默"和"自嘲"是宣泄积郁、平衡心态、制造快乐的良方。当你遭受挫折时，不妨采用阿Q的精神胜利法，如用"吃亏是福""破财免灾""有失有得"等想法来调节一下你失衡的心理，或者"难得糊涂"，冷静看待挫折，用幽默的方法调整心态。

◆ **理性分析，在失败中寻找成功的希望**

"跌倒了再站起来，在失败中求胜利"，这是历代伟人的成功秘诀。要想真正战胜失败，关键是要学会昂首挺胸，正视失败，从中吸取教训，下次不再犯同样的错误。只有愚蠢到不可救药的人才会在同一个地方被同一块石头绊倒两次，这样的人也无法从失败中把握未来，实现命运的转折。

◆ **坚定信念，不因挫折而放弃追求**

面对失败的挑战，一定要拥有坚定不移的信念。不要恐惧失败，要懂得失败乃是成功必经的过程。焦点不要对着过错与失败，应对准远大的目标。失败时，千万不能气馁，要坚韧不拔，矢志不移。世界上有无数强者，即使丧失了他们所拥有的一切东西，也不能把他们叫作失败者，因为他们仍然有一种不可屈服的意志，有一种"待从头，收拾旧山河"的乐观心态，而这些足以使他们从失败中崛起，走向更伟大的成功。向这些百折不挠的生活强者学习，我们也能将失败像蛛网那样轻轻抹去，只要我们心里有阳光，只要我们面对失败时依然微笑，我们就能说："命运在我手中，失败算得了什么！"

【互动空间】

失败时必须问自己的 5 个问题

遭遇失败时，人们往往会自卑，感到无能为力。但失败也是吸取教训、重新开始的机会，如果这时认真思考下面几个问题，或许你会获得更多。

1. 我从失败中学到了什么？

你要为所犯的错误承担责任。当然，失败也可能不完全是你的错，成功的人从来不为失败找借口或抱怨他人，而是坦然承担责任。所以，试着客观看待挫折，列出清单，一步一步认真总结才好。

2. 我的能力是否亟待提高？

遭遇挫折是否也代表你在某方面的能力不足？该怎样弥补？或许，你可以读书、上课或向人请教。制订计划，努力提高自己的能力吧。

3. 我能向谁学习？

身边有没有可以求助的人？如果上司、同事或朋友能够理解，你可以多征求他们的意见。很多人都觉得求助意味着无能，真是大错特错。你开口求助，表示你渴望学习和改变，朋友当然会很乐意！

4. 如果重来一次会不会有不同的处理方式？

当初是否还有其他途径？可否换一种方式处理？"后见之明"或许能让你发现原来还有别的方法解决问题。

5. 接下来该怎么办？

制订行动方案。你想一如既往还是有所不同？好好审视自己的目标吧。失败并不意味着你要放弃，或许你只需换种方式而已。所以，你应重新审视目标，调整实施计划。

我们应该把失败看作吸取教训、走向成功的垫脚石。生命中的每段历程，都有积极乐观的一面。多问问自己这五个问题，或许你就能茅塞顿开。

第五节　大事坚持原则，小事学会变通

爱迪生说，伟大人物的最明显的标志，就是他坚强的意志，不管环境变换到什么地步，他的初衷与希望仍不会有丝毫的改变，而终于克服困难，以达到最初的目的。

大事坚持原则，小事学会变通。

有一个国王，长得十分丑陋，他一只眼睛瞎了，一条腿还瘸着。他想请人画一张令自己满意的画像。第一个画家将国王画得英俊潇洒，风流倜傥，因为画师画得太假，国王一看勃然大怒。第二个画师想，虚假的画激怒了国王，那就如实地给他画吧。哪知国王一看自己那么丑，怒火中烧。此时，第三名画师将画呈给国王。国王接过一看，不禁连连称叹，赞不绝口，立即重赏该画师黄金千两。原来，这是一幅狩猎图，只见国王一条腿站在地上，一条腿蹬在石头上，睁着一只眼，闭着一只眼，正是一幅豪迈的"弯弓射大雕"画面。这位画家在变通中坚持了原则，这是极高的生存智慧。

坚持是一种伟大，有了坚持，便有了"愚公移山"的壮举，有了"精卫填海"的毅力，有了"夸父追日"的热烈。变通是一种智慧，有了变通，便有了"田忌赛马"的胜利，有了"庖丁解牛"的快意，有了"曹冲称象"的机智。既能坚持原则又会灵活变通的人，他的人生将是何等惬意。

【行思探理】

大事坚持原则，小事学会变通。实际上，原则和变通是相辅相成的，在生活的智慧中应做到二者并举。

◆ 原则是立足的根本

原则是对人生方向的整体性引导。它遵循传统的道德规范，又不失做人的个性。关乎众人之事，关乎国家民族之事，关乎家庭和谐之事，关乎集体发展之事，关乎个人名誉之事，关乎基本利益之事，都是我们要坚持的原则性的东西。

坚持原则，是一种"安能摧眉折腰事权贵"的豪迈，是一种"知其不可而为之"的弘毅，是一种"咬定青山不放松"的执着，是一种"我自岿然不动"的淡定。

原则是人的内在品质。内心没有的东西，外表就无法显露；内心有了，外在自然而然就能表现出来。人的心灵杰出，行为才可能杰出；人的内心美好，气质才会美好。人的气质、能力在很大程度上正是由人的内在品质决定。

◆ 变通是处事的智慧

变通是达成目标的具体方法。变通之人，只需一个好思路，就能开辟一条出路；只需一个转变，就能看到别样的明丽风景；只需灵活一点，就能进退无碍；只需摒弃一份固守，就

能获得一次新生；只需举力打破，就能创造一个新局面；只需改变一个想法，就能获得一份成功；只需机变为用，就能赢得天下。

学会变通，是一种"柳暗花明又一村"的惊喜，是一种"为有源头活水来"的清新，是一种"凭风好借力、送我上青云"的爽畅，是一种"远近高低各不同"的多姿。

◆ 变与不变在于"通"

君子有所为，有所不为，为与不为之间，取决于原则。智者可以变，也可以不变，变与不变之间，取决于"通"。变通的本意是为了更好更快地达成目标，不能达成目标，变就失去了意义。正如你的房间里面有门有窗户，如果每天舍弃门而从窗户里爬上爬下，这便是"不得其门而入"；当门前已经起火而窗户尚能逃生，如果不跳窗户而从正门经过，这便是"飞蛾扑火"。走门还是走窗子，取决于方便或应当，而不是一味地执着，也不是一味地求新。

【互动空间】

应变技巧培养

做事灵活，懂得适时变通的人，总是能够取得比别人更高的成就。因此，办事要想高人一等就更需要变通。应变技巧不是与生俱来的，它是可以通过不断的学习和锻炼培养出来的，它并不像人们所想象的那样不可捉摸。

1. 善于改变自己的思维定式。"山重水复疑无路，柳暗花明又一村"，只要我们不拒绝变化，并且善于变化自己的思维习惯，善于改变自己的观念，我们就能走出困境，进入新的天地。

2. 要审时度势打破常规。世界著名科学家贝尔纳说，构成我们学习最大障碍的是已知的东西，而不是未知的东西。莎士比亚说，别让你的思想变成你的囚徒。爱默生说，宇宙万物中，没有一样东西像思想那样顽固。人们常常习惯按所谓既定的规则行动，结果不敢越雷池半步。对于遵守常规的人来说，一切都是不可能的；而对于一个喜欢打破常规的人来说，一切都是可能的。

3. 要忠恕而行换位思考。"肯替别人想，是第一等学问""上半夜想自己的立场，下半夜想别人的立场"。著名企业家李嘉诚是一位十分擅长换位思考的人，他有一句名言：与人合作，你能分到十分，你最好只拿八分或七分，这样你就会有下一次合作。

4. 学会变通要善假于物。"君子性非异也，善假于物也"，不管自恃有多大本事，个人的力量毕竟是有限的，但是却可以借用外力，使自己强大起来，这也算是一种变通。借助别人的力量，自己就可以变得强大起来，这就是借的变通术。

第六节　淡泊明志，宁静致远

"宠辱不惊，闲看庭前花开花落；去留无意，漫随天外云卷云舒。"

随着时代的进步，每个人疲于奔命地忙着工作和应酬，而精神却越发的空虚，人也变得异常浮躁，就这样深陷于世俗的泥潭之中无力自拔。金钱的诱惑、权力的纷争、宦海的沉浮，或喜、或忧、或惊、或迷……只有真正经历了大风大雨的人，才能做到宠辱不惊，一切都是那么自然、真切，来去自如，平静如常。这样淡泊，才能放下这一切纷扰，使内心恬然开阔。

唯有淡泊，方能看开一切，世间的俗事不过只是在"蜗牛角上校雌雄，石光火中争长短"，唯有宁静，方能排除干扰，用心如一，志致高远。在物欲横流的今天，我们会面对很多诱惑，又有几人可以做到淡泊？如果你能懂得淡泊并能做到坚守淡泊，那么你是幸福的，快乐的。

【行思探理】

淡泊者须有云水气度、松柏精神，不为名利所累，不为繁华所诱，从从容容，宠辱不惊。淡泊宁静是修身明志的最佳心灵空调。

◆ 宁静淡泊是内心超脱尘事的精神自由

在纷繁复杂的尘世间，拥有一份属于自己的宁静，实在是一种独特的享受。拒绝外来的诱惑，独自徜徉于自己营造的淡泊的氛围里，沏一杯香茗，放一段音乐，让疲惫的身心在宁静中好好地放个假。

什么也不做，就静静地思索，让思绪在宁静中飘得很远很远。人的欲望永远无止无休，或许只有在离开这个世界的时刻，才会恍然大悟，原来自己的一生竟都有各种不同的欲望，短暂的一生竟来不及细细享受阳光，品味细雨，感受自然。

◆ 宁静淡泊是不以物喜不以己悲的豁达心境

"塞翁失马，焉知祸福"就是一种宁静淡泊的心境。外表的潇洒只是一道景观，内心的淡泊才是一种境界。努力让自己保持一种超然清静的心境，任云卷云舒、心风轻云淡。

淡泊明志，宁静致远，虽历经沧桑，依然淡定从容。

◆ 宁静淡泊是心如止水，但不是一潭死水

宁静淡泊，并非一潭死水，是"镜湖流水漾清波"的清逸，而不是"妾心枯井水"般的死寂。谢安石隐居多年，犹中年东山再起；诸葛亮躬耕南阳，却心藏三分决策。他们都是宁静淡泊的人。

【互动空间】

如何做到淡泊

古今中外有识之士都能做到宁静淡泊，原因有"不为"的精神。

1. 不为名所累。不能刻意追求，更不能用不正当手段沽名钓誉。人活一世，不能整天为名所累。那种醉心于"名"者，其实不明白，名是求不出来的；只有踏实肯干，实干苦干，做出了成绩，名就会自然而然地来到你的面前。

2. 不为利所扰。正当的利，比如老百姓的利益，当然要去谋，而且还要千方百计地去谋。但对那些不正当的利，是万万不能为其所趋。有些人有利就干、无利不干，唯利是图。这些人忘了一个简单的道理"千里之堤，溃于蚁穴"。那些贪图小利之人，往往会被利所迷，最终惹祸上身。

3. 不为情所误。亲情、友情、战友情、同事情，这都是应该有的感情。关爱家庭、亲人、朋友是人之常情，但怎么关爱，却应认真思考和严肃对待。不讲亲情、友情，那是尽人情，但打着亲情、友情的旗号而徇私情，拿利益做交易，损公肥私，那是绝对不能允许的。要向老一辈革命家学习，恋亲不为其徇私，念旧不为其谋利，济亲不为亲撑腰。

第十五章　自觉：让优秀成为习惯

第一节　养成读书的习惯

法国作家雨果说，书籍便是这种改造灵魂的工具；人类所需要的，是富有启发性的养料；而阅读，则正是这种养料。

书给我们带来了遐想和乐趣，带来了智慧的源泉和精神的力量。读书能增长知识，开阔眼界；读书能明白事理，增强能力；读书能陶冶性情，德润人心。沿着书籍构成的阶梯，学做人，学做事，攀上一个又一个科学的高峰。争取不断超越，走向卓越。

读书不仅对我们的学习有着重要作用，对道德素质和思想意识也有重大影响。一本好书，可以影响人的一生。培根说，读史使人明智，读诗使人灵秀，数学使人精密，格物之学使人深沉，道德哲学使人庄重，逻辑与修辞使人善辩；凡有所学，皆成性格。在知识领域的更多涉猎，能帮助人格的不断完善。

"平时功课那么多，哪里有时间看书？""工作那么忙，还看什么书呀？"读书的时间还是靠人挤出来的。昔人读书有三上：马上、枕上、厕上，只有愿意读，哪里都可以看书。鲁迅先生说，时间就像海绵里的水，只要你愿意挤，总是有的。

【行思探理】

书是人类进步的阶梯，我们不仅要做到"勤"读书，还要做到"会"读书。

◆ 开卷有益，养成读书的习惯

读书，从小处说，可以开阔视野，丰富人的精神生活；从大处讲，可以传承文化，提升人的精神境界以创造出新的文明。"腹有诗书气自华"，我们应该树立通过读书培养气质、增长才干、终身读书终身受益的意识。

◆ 学贵有恒，读书需要勤奋和毅力

毛泽东在长沙求学时期曾写过一副对联勉励自己用功读书，持之以恒："贵有恒，何必三更起五更眠；最无益，只怕一日曝十日寒"，这副对联体现了毛泽东对积学贵有恒精神的称道。读书学习贵在坚持，"锲而舍之，朽木不折；锲而不舍，金石可镂"。

◆ 善于思考，勇于突破

"学而不思则罔，思而不学则殆。"读书时，要善于独立思考，如果读张三的书，便觉得张三有理，读李四的书，就觉得李四很对，到头来莫衷一是，不知所措。因此，我们应用思想去读书，有理性地分析书中的观点，结合实际吸收书中的精华部分，做到务求其实，书为我用，而不可人为书所累，为书所役，"尽信书不如无书"。

【互动空间】

你会读书吗？

读书有道，一凭勤奋和毅力，二靠规律和方法。凭勤奋和毅力可以水滴而石穿，靠规律和方法能够事半而功倍。我们应该讲究读书的方法，学会智慧地阅读。

1. 你有清醒的头脑吗？

要想获取最佳的读书效果，必须保持自己清醒的头脑。笔者在中学时，常有同学终日孜孜读书，刻苦用功，最终精疲力竭，学习成绩不升反降。所谓保持清醒的头脑，是指在读书时不仅注意用脑卫生、劳逸结合，更要清醒地了解自己的特点，找到适合自己的读书方法。

每个人学习特点各不相同：或记忆超群、或耐力持久、或精于推算、或善于想象……应运用系统的科学方法，可以系统地解剖自己、设计自己；运用心理学的方法，可以调节自己的学习心理；运用生理学的方法，可以找出自己最佳的生物钟，等等。

2. 你会积累吗？

书山万丈平地起，积累知识最重要。积累知识，其内容有两个方面：一是指基础知识，就是平时打下的基本功；二是指最近知识，相当于效果明显的"速成大法"。基础知识的积累，相当于武侠中扎扎实实刻苦修炼的基本招式，一招一式中规中矩，马虎不得；基本功可以提升自身的文化水平、业务素质、认识能力等，同时决定着今后发展的潜力。最近知识的积累，像武侠中的武术秘籍，现学现用，落地开花，立竿见影，效果明显，可以补偿自己经验的不足，迅速地调节自己的知识结构。但基本功仍然是最重要的，在缺少基本功的情况下学习速成秘籍，要么学成了花拳绣腿，要么落得走火入魔。

3. 你有方向吗？

书海无涯易迷航。方法胜于勤奋，而方向胜于方法。在大海中航行如果迷失了方向，则会事倍功半，不得其所。了解自己读书的优势，确定自己的主攻方向，胜过在黑暗中苦苦摸索。至于读书的方向，习近平曾指导青年说，选择那些与所从事的工作关系密切、自己爱好和有兴趣的书来读，力争在有限的时间内取得最佳的读书效果。

4. 你会整合吗？

读书的过程就是获取知识信息的过程。书上得来终觉浅，要出成果须躬行。古人云，尽信书不如无书，在读书的过程中要加深思考，立足实际，整合各家观点，相互攻讦，相互参考，所谓"他山之石，可以攻玉"，在比较和借鉴中获得新的成果。

5. 你能宽容吗？

读书必须有宽容的心态，有宽容自有精彩。会宽容自有精彩的人生，有宽容自有精彩的生活。读书就是引领人们从狭隘走向广阔的过程。学会宽容，就是努力使自己变得胸襟开阔、头脑不那么固执、思想不那么僵化、眼界不那么狭隘，尽可能地尊重多样性，珍视个性，从多种角度看待万物，容纳"一个世界，多种声音"。

第十五章 自觉：让优秀成为习惯

第二节 轻易别说"我不知道"

"没文化"一词，已经被我们演绎出了新的含义：它不再指没有接受多少教育的人，而是指在某一领域了解甚少的人。如果你对某一领域说"我不知道"，你就是这个领域中"没文化"的人。

当你在请教别人问题的时候，当你需要别人帮助的时候，当你迫切地想得知一件事的时候，如果你得到了"我不知道"的回答，是不是很失望？一句"我不知道"，看似是解决所有问题的万金油，有时真实而无奈，有时圆滑而精妙，但结果都令人沮丧。"不知道"，对于听众而言，意味着遭到拒绝，意味着毫无价值。说"我不知道"的人，缺乏的是主动性。

【行思探理】

千万别说"我不知道"，应该成为一种理念：成为我们兢兢业业履行本职的理念，成为我们加强学习的理念。不说"我不知道"，关键在平时的积累，尽量让自己知道得更多。

◆ 注重知识积累

诚然，在信息时代，你不可能做到无所不知、无所不晓。但在有些问题上说"我不知道"，可能会被别人视作无知和肤浅。因此，平时多花一点工夫去学习，通过学习丰富自己的内涵，加强知识的积累，避免"一问三不知"。

◆ 干一行精一行

如果你对所在领域的知识说"我不知道"，则暴露了你在专业上的不精进。我们应该"精于"自己的职业，这是负责任的职业道德和追求卓越的人格品质。

◆ 真不知道也要弥补

"哦，这个……我还真不知道。"当然，……你可以不知道，但须做一点其他的事情来弥补。要么继续提供帮助，帮助他寻找答案或者解决问题；要么自己回头寻找答案，充实自我，以备下回有人问同样的问题。

【互动空间】

代替"我不知道"的几种说法

千万别说"我不知道"，在你想说"我不知道"的场合，你可以试着用下面几句话替代它。

1. 让我再想一想（问一问别人），等一下答复您好吗？

在他人请你帮助或者向你了解情况的时候，你无法在短时间内作正确而且周全的回答，千万别说"我不知道"，这是一种很没礼貌也不负责的态度。你可以委婉地提出让自己再考虑一下，或者向别人了解一下，这样不仅消解了不答的尴尬，还让别人觉得你是一个严谨稳重的人。当然，要言而有信，如果你说过要答复，就应尽快给予答复，食言就又不好了。

2. 这方面您比我有经验，能听听您的看法吗？

在同别人聊天时，当谈及的话题是你未涉及的领域，或者在和同伴一起处理问题时，恰恰这个问题你不能解决，这时，你可以说，这方面您比我有经验，能听听您的看法吗？这样，在表达"我不知道"的意思之外，还表达了"我在虚心学习"这层意思。毕竟，谦虚是一种美德，"缺少谦虚的人就是缺少见识"。懂得向他人学习的人会赢得尊重，同时也给了别人一个表现自我的机会，或许他在热情地化解了你的难题的同时，还对你心存感激。

3. 这个不是我负责（了解）的领域，不过我可以让某某来帮你解决。

如果你简短地回答"我不知道"，你仿佛在告诉别人：第一，我这里没有你想要的东西；第二，我对此不感兴趣。第一层意思是我们要表达的意思，而第二层意思是他感受到的言外之意。这意味着，你粗鲁而不友好。在别人需要帮助的时候，你应该尽可能地给别人提供他需要的信息。即使你不会，没有关系，给他推荐一位会解决的人；不管结果如何，别人都对你心存感激。不管你提供的信息最后有没有帮助，但是总比什么都不提供要好很多。

第三节　根治拖延的恶习

北宋的政治家司马光说，凡百事之成也在敬之，其败也必在慢之。

伟大的诗人歌德曾经说过，我们拥有足够的时间，只是要善加利用，如果我们一味地找借口为自己开脱，那我们就会被时间抛弃，就会成为时间和生活中的弱者，一旦这样，我们将永远是弱者。

很多人都有这样那样的目标、想法，但最终实现者寥寥。因为他们只是有过设想，并未付诸行动，到最后，一些不急切的事情慢慢地演变成亟须解决的问题。

懒惰心是每个人都会有的，只是我们要懂得该如何去控制它。人的心理和生理作用，总会在潜意识中引导我们做令我们舒适的事情。清晨的闹钟响了，你的两个指头可能会很自然的关掉它，让你身体的其他部位免于打扰；繁杂的工作摆在面前，你的眼睛可能会转移到精彩的电视剧或激烈的球赛中去——要警醒啊！这个时候，你要庄重地告诉自己：哦，我正在逃避！

我们不是天生的懒惰者，我们只是不自觉地选择了拖延和逃避，只是为了不去搭理我们不愿意面对的事情。把昨天该完成的事情拖延敷衍到今天，把今天该完成的事情延迟到明天……"明日复明日，明日何其多！"拖延是对生命的挥霍。拖延在人们日常生活中司空见惯，如果你将一天时间记录下来，就会惊讶地发现，拖延正在不知不觉地消耗着我们的生命。

丘吉尔说，一个人绝对不可在遇到危险的威胁时，背过身去试图逃避；若是这样做，只会使危险加倍，但是如果立刻面对它毫不退缩，危险便会减半；绝不要逃避任何事物，绝不！让我们克服拖延和逃避的恶习，勇敢地面对吧！

【行思探理】

拖延和逃避是一种最危险的恶习，"一件事情还不急着做，那么今天是做呢，还是不做？"很多人被主动和惰性拉来拉去，不知所措，无法定夺……时间就这样一分一秒地浪费了。

◆ 认识拖延症的危害

办事拖拉是很多人的通病。拖延的现象是很普遍的，有专家推算，全球可能有近10亿的人患有拖延症。拖拉的习惯看似小事，但害处很大。在拖延中，人们所面对的问题和麻烦不但不会减少，反而会更多、更严重，越是拖延心理压力会越大，在紧张焦虑中思维行为和效率都极低，事情结果往往很糟糕。拖延行为会使人们浪费时间和精力，难以达到生活工作中的预期目的。

◆ 找到拖延的根源

拖延行为反映的是畏惧、怯懦、厌倦、焦虑等心理因素。喜欢拖延和逃避的人通常也是制造借口与托词的专家，如果你存心拖延逃避，你就能编成千上万的理由来辩解为什么什么事情也无法完成，面对事情应该完成的理由却想的少之又少，把"事情太困难""太昂贵""太花时间"等种种理由合理化。这类人通常对自己缺乏自信，因害怕做不好事情而迟迟不肯动手，他们无法接受承诺，只想找借口，实际上就是逃避现实。

◆ 在行动中根除拖延的恶习

克服拖延和逃避的习惯，将其从自己的个性中根除。有许多方法可以克服这种恶习：第一，调整目标。你很想达到这个目标，也为之努力，但长期的付出看不到想要的结果，或者没有达到自己预设的目标，或与目标差得太大，从而产生一种挫败感，且连续的挫败，会让你在下次的实践或者目标面前畏首畏尾，不敢追求自己的目标，形成拖延和逃避。可以尝试着降低期望，以获得满足感和成就感。第二，列一下计划，分清轻重缓急。多数有拖延症的人没有明确的时间管理和分配意识。要想改变现状，不妨对要做的事情制作一张清单，然后进行排序，以区分轻重缓急。第三，把自己的日程表填满。羚羊能在面临狮子的一刹那启动全身的潜能，在很短的时间内逃离危险。其实人也一样，大多数人都能在有限的时间完成紧急的任务，恰恰相反，但很少有人能在充裕的时间内完成看上去不紧急的任务，这是因为他们没有把任务放到日程表里面。

【互动空间】

克服拖延习惯的五个步骤

为什么人们对于现状明明不满意，可是却不愿意努力去改变呢？那是因为他们知道任何改变都会把他们带向另一个未知，而大部分人对于未知都有一种恐惧的心理，唯恐有不测。如果你想实现自己的目标，建立起属于自己的事业，那么，就得抓紧时间，把握现在。如果你不知如何下手，可以按照《目标成功的动力：快速达成目标的12种方法》一书中提到的方法，尝试如下步骤：

1. 写下四个已经拖延很久但得马上拿出来的行动。可以是找工作、减肥、戒烟、跟已经绝交的好友交谈或重新联络一位老朋友。

2. 在这四个行动之下各写下这些问题：为什么我先前没有行动？是不是当时有什么困难？回答这些问题有助于你认识踌躇不前的原因。
3. 写下你拖延那四个行动而觉得快乐的理由。
4. 写下如果你不马上改变会造成的后果。
5. 你要写下那4个行动后的所有快乐。你要写得越多越好，这样才会鼓起你的劲。

人生短暂，不容蹉跎，你在人生中真正能抓住的时间就是现在、就是今天。

第四节 让自律成为一种习惯

战国时思想家孟子说，无以规矩，不成方圆。

南宋大学者朱熹说，不奋发，则心日颓靡；不检束，则心日恣肆。

古希腊哲学家柏拉图说，第一场而且是最重要的一场胜仗，就是战胜自己。

有这样一则寓言：一天，风筝和线手牵手在天空中飞翔，过了一会儿，风筝不耐烦地对线说："老兄，请放开我，不要限制我自由活动的空间。"线劝道："老弟，不行啊！我的责任就要限制你。否则，你就会失去飞翔的自由。"风筝不听劝告，拼命地摆脱线的束缚，然而就在它将线挣断后不久，便一头栽进了无底的深渊。风筝之不幸，在于不知道那根线是它生命的一部分，那根限制他自由空间的线，恰恰是给予他自由的柱子。

古人云"修身、齐家、治国、平天下。"自律，是人生成功的起点。在《圣经》中，赞誉并不是给予那些"攻城掠地"的骑士，而是给予那些"主宰自己灵魂"的人们。今人有言：自律之人最自由。对于追寻梦想的我们，如果说要把优秀成为一种习惯，那么，也把自律带上路吧。

【行思探理】

自律是可以培养的，而且没有人可以替代你自己。

◆ **正心：树立所以立身的美德**

你思想里的境况，全在乎你把什么思想放在你心里。人选择正确的思想并且坚持不懈，就能够结出积极的果子。生活的各个领域的成功，都建立在特定的思想和行为的基础上。例如，富兰克林曾经设置了"成功进度表"，表格中设置了"节制、缄默、秩序、决心、节俭、勤奋、真诚、正义、中庸、清洁、宁静、节欲、谦逊"13项，将他的生活建立在这13种美德之上。

◆ **修身：制订适合自己的行为习惯**

自律不能是偶尔为之，它必须成为你的生活方式。最佳的方式是为自己制订行为的目标和常规，特别是在你视为重要的需要长期坚持的领域。例如，每天运动30分钟、每天睡觉超过8小时、每天进行早读，等等。

第十五章 自觉：让优秀成为习惯

◆ **自省：建立一个跟踪考核的机制**

曾子说，吾日三省吾身。在一个行为形成习惯的早期，这个行为是不确定、不稳定的，因为它还没有形成习惯，而你也没有在这个行为中尝到甜头。建立一个跟踪考核的机制，成为好习惯养成的关键。

◆ **反馈：让胜利的喜悦激励下一步**

不要把注意力放在自律的难度上，要把目光转移到自律的结果上来。自律一旦变成一个人的人格特征，并且刻意而持续地应用，就会在其他领域受益，更有力量达成各个领域的目标，人生的境界也会逐步提高。

自律是每个人都可以培养的品格，从小事情着手，每天进步一点点，一直到你生命的每一天。

【互动空间】

测试你自律起来能到什么程度

现在的社会充满了诱惑力，很多时候是要靠自己的把握。但是想要做到自律可不是一件简单的事情，那么你自律起来能到什么程度呢？试着做一遍以下20道题。

1. 当你因为娱乐耽误了计划好的重要工作，你会不会后悔？
2. 当被人要求做一件事情，并且你知道这件事情有很大的难度时，你是否会认为这是一个有趣的挑战？
3. 你今天是否做了时间支配计划？
4. 如果某项工作应当在当月5日完成，但你知道即使6日完成也没有人批评你，你会在5日完成吗？
5. 你是否在没有人要求下，为自己设定工作目标及完成截止日期？
6. 你经常仔细地计划你的资金吗？
7. 你通常能准时缴付各种账单吗？
8. 你是否善于记录、存放各种资料？
9. 如果你需要用某一证件，你能否自己在一两分钟内找到它？
10. 你是否经常主动做一些分外工作？
11. 你能长时间自动自发地工作吗？
12. 你是否经常计划如何使用你的时间？
13. 如果你需要赶一项任务，你能否一连数天都每天工作12小时以上？
14. 如果某件事你不乐意做，但有上司要求你做，你会拒绝吗？
15. 你总是能专注地工作，而不会受外界干扰吗？
16. 如果某项工作很重要，即使没有人强迫你，你也会自发地做好它吗？
17. 有一项重要的工作需要加班，而这天晚上恰又有你非常喜爱的球赛，你会选择加班吗？
18. 碰上棘手的难题时，你总是首先想办法自己解决吗？
19. 你需要一些资料却无法得到，你会立即找人提供帮助吗？

20. 你不存在多次决心做某件事却最终因为主观原因没有做成的情形，对吗？

评分方法：

回答"是"得1分，回答"否"得0分。

结果分析：

15~20分：你自律的样子能惊天动地。你的自律性很强，没有达到你想要的标准的时候你是不会受到任何动摇的，身边的人经常会觉得你是很可怕的人，你的毅力和坚定让别人感到佩服。

10~14分：你自律起来可以影响身边的人。你是一个有正能量和影响力的人，你的自律性会带动自己身边的朋友，大家看到你自律的样子也会忍不住想要去改变自己。

5~9分：你自律起来可以改变自己。你觉得自己身上有很多的缺点，你看到自律的人的时候你会有一种惭愧的感觉。好在你是一个有毅力的人，你自律起来可以改变自己，所以你是一个容易成功的人。

5分及以下：你需要加强自律的训练。你是一个容易受人影响的人，你很想自律起来，但是只要身边的人一引诱你立马就前功尽弃了。生活中，你需要谨慎交友，好的朋友可以引导你向上，不好的朋友随时可以让你堕落。

第五节　比别人先行一步

法国军事家拿破仑曾说，我的军队之所以打胜仗，就是因为比敌人早到5分钟。

中国有句俗语："笨鸟先飞。"实际上，这只先飞的鸟，绝对不是一只"笨鸟"。

先飞的鸟儿是智者。这只鸟将是一场变革的先行者，它率先辨清了局势，并第一个将理想付诸行动，这将是一只领先于群体的"出头鸟"。我们可以想象，在它的感召下，多少只鸟儿将陆续从憩息中醒来，紧紧跟随在它的后面。

先飞的鸟儿是勇士。这只鸟将是一片天空的开拓者，它走在了队伍的前面，承担最大的飞行阻力，这将是一只敢于挑战的"领头雁"。凡是它飞到的地方，都是鸟群不曾到过的新鲜天地。

做一只敢于先飞的鸟儿吧，在黎明破晓的时候，在你跃跃欲试的时候，又何必因为别人的安静而害羞？

【行思探理】

比别人快一步，看似简单但做起来并不容易。如何做到比别人先行一步呢？

◆ 成功就要比别人快一步

"一步领先，步步领先"。成功要有抢先一步的意识，谁抢占了先机，谁就掌握了主动权。我们常会说，机会只会垂青有准备的人，而快一步的目的就是为了让自己能够比别人早一点做好准备，等到机会来临的时候，能抓住机遇，获得成功。比别人快一步，虽差在毫厘，结果相距千里。

第十五章　自觉：让优秀成为习惯

◆ 另辟蹊径，就和别人不一样

人们对于习以为常的事总是习惯遵循别人的想法，跟着别人的脚步走，如此怎么能做到比他人快一步呢？成功人士的经验告诉我们：想不寻常的问题，走不寻常的路，凡事快人一步，是获得成功的保证。所以，青少年们要想为成功扬帆起航，就要善于观察、勤于思考、敢于创新，只有这样才能抓住机遇。

◆ 敢做第一个吃螃蟹的人

鲁迅先生曾称赞：第一次吃螃蟹的人是很可佩服的，不是勇士谁敢去吃它呢？随着信息时代的到来，当今社会的竞争也越来越激烈，善辟蹊径，思维创新已成为引领时尚、引领潮流、引领各行各业发展的力量。你或许没有显赫的门庭，也没有聪明的大脑，只是众多人中一个普通平凡的人，但创新并不需要天才，只要你有独到的眼光，找到其他人所没有看到的，只要你敢想敢做，抓住脑海中灵光的一闪，抓住难得的机遇，敢做第一个吃螃蟹的人，你就已经成功了一半。

【互动空间】

你的创新能力如何？

突破常规，开拓创新。你的创新能力又会如何呢？如果你基本同意下面某项的见解，或者认为下面某项中所讲的态度正是你对待生活和处理问题的态度，就在这一项的题号前打"√"。

1. 你喜欢处理问题。
2. 当一种解决问题的方法不能奏效时，你能轻易放弃这种方法。
3. 你在正常工作时间以后还继续坚持处理问题。
4. 你认为本能的预感是处理问题的可靠向导。
5. 你经常感到自己富有灵感和创作力。
6. 你不在乎去问那些显得无知的问题。
7. 在你做自己特别喜欢的工作时，如果有人打断你，你会很恼火。
8. 你经常感到自己的思想，好像不受自己意志的影响，而是由思想自身的根基生长出来一样。
9. 你经常在没有专门做什么事情时得到最佳见解。
10. 经常有思想萦绕在脑海中使你不能入睡。
11. 在估价情报时，对于你来说，情报的内容要比它的来源重要。
12. 在着手解决一个重要问题以前，你会先把所有你能得到的关于这个问题的情况收集起来，装在脑子里。
13. 在着手研究一个新思想时，你会忘记周围的一切，完全进入另一个世界。
14. 遇到难题时，你会去尝试别人根本想不到去试的办法。
15. 在得到灵感时，你可以比别人想出更多的主意。
16. 你的头脑中可以浮现出生动逼真的形象。

17. 你比其他人更喜好新奇的事物。
18. 不论情绪和身体状况怎样，你都能工作好。
19. 你能像个小孩一样思想。
20. 你已经认定是旧的和熟悉的事物，有时也会显得陌生、琢磨不透。
21. 这些即使你认为不会有什么实际价值的思想，也能使你兴奋。
22. 灵感与问题的成功解决有很大关系。
23. 幻想为你的许多较为重要的设想提供了动力。

评分方法：

记分办法及判断：每一个打"√"的题可得分。第4、5、11、12、23题每题2分，其余每题1分。满分为28分。

结果分析：

每一项都表示了处理问题的一种创造性态度。分数越高，表明你越具有较强的创新能力。

第六节　全力以赴做到极致

前美国总统威尔逊说，有自信，然后全力以赴——假如具有这种观念，任何事情十之八九都能成功。

全力以赴，就是为了达成某目标，投入自己的全部力量和智慧。

全力以赴的力量来自于哪里？来自于内心的渴望，一种对理想的执着，一种对美好的追求。由于有了远方目标的召唤，所以可以忍受很多别人不能忍的东西，排除一切干扰，集中精力向前。

在日常生活和工作中，我们经常看到这样一些人：做人吊儿郎当，浑浑噩噩，缺乏目标、志向、勇气、力量；做事漫不经心，遇难而止，缺乏信心、毅力、智慧、创新。久而久之，则精神萎靡，百无聊赖，生活难以充实。人，每天都在做人做事。平平庸庸地做人做事并不难，难的是全力以赴地做人做事。做人做事肯于全力以赴的人，必定是一个志情高远、努力学习、矢志进取的人，必定是一个知难而进、拼搏不止、敢于创新的人。

【行思探理】

全力以赴是一种精神，是专心致志、精益求精的精神，是胜不骄败不馁的精神，是不断创新、拼搏向前的精神。全力以赴，是人们自身进步的动力和催化剂，是人们实现理想的阶梯和途径。

◆ 精益求精，尽最大努力

全力以赴，就是尽自己最大的努力去做好一件事情。人们对于完成一件事情，一般会分为两个标准：100分标准和60分标准。一部分抱着"60分万岁"的想法，认为做到能凑合

第十五章 自觉：让优秀成为习惯

就行了，就算完成了任务；另一部分人则会精益求精，追求卓越。如果有精力，我们为什么不去做好一点呢？

◆ 自觉主动，积极创造价值

全力以赴，就是要求我们以主人翁的心态，勇担责任，积极主动地工作。我们老是等待领导的安排，是因为我们缺乏主人翁的意识。实际上，我们每个人都是一个项目、一件工作的"老总"，接受了这个任务，我们就要全权负责。在具体的工作中，精雕细琢，精益求精，做有工匠精神的追梦人。

◆ 敢于突破，每次多做一点点

有两个算式：

$50\% \times 50\% \times 50\% = 12.5\%$

$60\% \times 60\% \times 60\% = 21.6\%$

在第二个算式中，虽然每个乘项比前面的算式只增加了0.1，而结果却将近第一个算式的2倍。它启示我们：每天多做一点点，成功就会成倍地增加。每天多做一点点，时间一长，我们就会进步一大步，面貌肯定不一样。

很多人都认为成功者与失败者之间的距离就像天与地。其实，成功的人与失败的人只差在一些小事情上，比如，每天多阅读一份资料，多拨打一个销售电话，多花一点心思，多做一些研究。每天多做一点点，每天就会进步一点点，也就会离成功近一点点。

【互动空间】

如何有效克服三分钟热度心理？

◆ 对比考虑

心理学研究发现，对未来的幻想在你想要改变生活现状时会产生消极影响。

在一项心理学研究中，研究者将136名参与研究者划分为三组，让每一组的成员在解决问题时以下列三种思考方式中的一种来进行思考。积极组对问题的解决仅从积极的方面来设想；消极组解决问题时只考虑现实的困难；对比考虑组首先对问题解决抱有积极的设想，然后从现实出发考虑现实的困难。这组参与者被要求"认清现实"——同时考虑解决问题所面临的积极和消极方面，而不是对现实抱有不切实际的幻想。

研究发现，全面考虑的思考方式在促使人们形成计划和按照计划达成目标上，比其他两组更有效，不过这还有一个前提，那就是达成目标的愿望要强烈，在心理上更容易为达成目标采取实际的行动。

我们讨厌内心冲突所带来的矛盾感觉，当我们的想法与行动不能达成一致时，在心理上会引起不舒适、不愉快的情绪，这在心理学上被称为"认知失调"。这种不愉快的情绪，影响了我们全力以赴地做一件事情，可能使我们丧失了行动的兴趣。

◆ 理智选择

我们不喜欢作出决定，喜欢停留在对未来的幻想中，因为这样我们就不用顾虑失败的可能和考虑失败之后的事情。而正确地认清现实的步骤就是强迫自己作出决定的过程。

心理对比的技术能让我们在制定目标的时候，问问自己这个目标是否真的是自己想追求的。如果得到的答案是否定的，那么我们就能转移注意力，考虑其他目标。如果我们确定了这个目标而且渴望达到它，那么我们就会在思想和行为上保持一致，专注于目标并付诸行动。

如果不能全力以赴地去达成目标，最后你可能什么也得不到。运用心理对比技术就是让你在众多选择面前确定自己的心意。作出选择——你愿意为之全力以赴的选择，这是实现你目标的第一步，也是关键性的一步。

第十六章 宽容：和为贵，成就自己

第一节 宽容是一种力量

宇宙之所以宽阔，是因为它能包容璀璨繁星。

地球之所以神奇，是因为它能包容寄居在它身上的物种。

人类之所以能成功，是因为有一颗包容的心。

宽容，是我们自己的一幅健康的心电图，是这个世界的一张美好的通行证。

宽容是一种美德，超然于狭隘、自私、固执之上，昂然的姿态让个性有缺陷的人望尘莫及。

宽容是一份接纳，海纳百川，不计前嫌，以博大的胸怀包容一切，只有能接纳世界的人才能得到世界。

宽容是一缕东风，真诚宽容别人的过错，无须用折磨自己来惩罚别人。坦然应对生命小舟中的每一个险滩，就会融化冷漠的冰雪，迎来生机盎然的春天。

宽容是一坛醉人的芳香美酒，只有当你不断积蓄、不断储存时，它才会随着岁月的流逝而释放出沁人心脾的醇香。

蔺相如宽容了廉颇，于是赢得了一段真挚的友谊。

齐王小白宽容了管仲曾经的一箭之仇，从而赢得了国家大治。

大地宽容了种子的躁动，于是赢得一片生机勃勃。

蓝天宽容了雄鹰的不羁，从而赢得了那一丝灵动。

美国文学家欧文说，宽容精神是一切事物中最伟大的。宽容是做人的一种境界，是一种仁爱的光芒、上天的福分，是对别人的释怀，也是对自己的善待。

【行思探理】

莎士比亚曾说过，有时，宽容比惩罚更有力量。

◆ 宽容可以带来快乐的心情

宽容是一种博大的情怀，它能包容人世间的喜怒哀乐。在激烈竞争的现代社会，人们之间有磕碰是在所难免的，我们在社会交往中，吃亏、被误解、受委屈一类的事也经常发生。对个人来说，没有人愿意这样的事情发生在自己身上，但一旦发生了，最明智的选择就是宽容。宽容不仅仅包含着理解和原谅，更显示出气度和胸襟。宽容的是别人，带给自己的却是快乐。

◆ 宽容可以温暖彼此的心灵

纪伯伦说，一个伟大的人有两颗心：一颗心流血，一颗心宽容。只有胸怀宽广的人，才懂得去爱别人。这正如著名心理学家雅力逊指出的，人要先爱自己才懂得去爱别人。因为只有视自己为有价值的人，才可以有安全感、有胆量开放自己，去爱别人。用宽容所付出的爱，在以后的日子里总有一天会得到回报，也许来自你的朋友，也许来自你的对手，也许来自你的上司，也许来自时间的检验。

◆ 宽容可以增加成功的可能

我们常说，智者能容人，越是睿智的人，越是胸怀宽广，大肚能容。因为他洞察生活的真善美丑，他对人情世故，看得深、想得开、放得下。所以，要使人信服，请以友善的方式开始。《伊索寓言》里"太阳和风的故事"让我们深知：只有给予别人宽容才会获得别人的尊敬，人生的路才会更好走。宽容是一种智慧，只有那些胸襟开阔的人才会自然而然地运用宽容，让这种无声的力量浸透每一个人的心灵，达到战胜一切的境界。

◆ 宽容可以升华人生的领悟

一位哲学家说：当你学会宽容时，你便领悟了生命的内涵，便能站到比别人更高的位置；当你站到这个位置上的时候，在你看问题和处理事情时，就会比别人更加透彻、更加有效；当你学会宽容时，你就会很容易地得到别人的宽容。当你原谅别人，别人也会原谅你。不原谅别人，等于是不给自己留一份余地、留一条后路。掐住对手脖子不放的人，也很难从敌人的手中脱身。宽容是一种集合了修养、气度、德行的处世学问。它能够使我们得到意想不到的收获。在当代社会中，如果我们每个人都能做到宽容，那么，我们的社会就会变得更加友善和美好。所以，我们在与他人相处的过程中，应该记住一位哲人所讲的话：航行中有一条规律可循，操作灵敏的船应该给不太灵敏的船让道。

【互动空间】

测试你是否具有宽容的精神

对下列问题作出"是"或"否"的选择。
1. 有很多人总是故意跟我过不去。
2. 碰到熟人，当我向他打招呼而他视若无睹时，最令我难堪。
3. 我讨厌和整天沉默寡言的人一起生活、工作。
4. 有的人哗众取宠，说些浅薄无聊的笑话，居然能博得很多人的喝彩。
5. 生活中低级趣味的人比比皆是。
6. 和目中无人的人一起共事真是一种痛苦。
7. 有很多人自己不怎么样却总是喜欢嘲讽他人。
8. 我不能理解为什么自以为是的人总能得到领导的重用。
9. 有的人笨头笨脑，反应迟钝，真让人窝火。
10. 我不能忍受上课时老师为迁就差生而把讲课的速度放慢。

11. 有不少人明明方法不对，还非要别人按照他的意志行事。
12. 和事事争强好胜的人待在一起使我感到紧张。
13. 我不喜欢独断专行的领导。
14. 有的人成天牢骚满腹，而我觉得他们这种处境全是他们自己造成的。
15. 和怨天尤人的人打交道使自己的生活也变得灰暗。
16. 有不少人总喜欢对别人的工作百般挑剔，而不顾及别人的情趣。
17. 当我辛辛苦苦做完一项工作却得不到别人的认可和赞赏时，我会大发雷霆。
18. 有些蛮横无理的人常常事事畅通无阻，这真令我看不惯。

评分方法：
每题答"是"记1分，答"否"记0分。各题得分相加，得出总分。

结果分析：
13～18分，说明你需要在生活中加强自己的灵活性，培养宽容精神。

7～12分，表明你具有常人的心态，尽管时时碰到难相处的人，有时也会被他们的态度所激怒，但总体来说尚能宽容。

0～6分，说明外界的纷繁复杂很难左右你平和的心态。

第二节　像宽恕自己一样宽恕别人

俗语说，责人之心责己，恕己之心恕人。

新西兰恒天然集团首席执行官西奥多·凯勒·斯皮尔斯说，如何宽恕他人，这是我们需要学习的一种能力；我们不能将宽恕视作一种责任，或视作一种义务，而要把它当作类似于爱的体验，它应自发地到来。

宽容是一种仁爱的光芒，无上的福分，是对别人的释怀，也是对自己的善意。一个宽容的人，能赢得更多人的心。

【行思探理】

美国著名作家马克·吐温说，紫罗兰把香气留在踩它的人的脚上，这就是宽容。在现代社会，有许多优秀的企业管理者能够广纳贤言，听取不同的意见，甚至是对立的观点。一个人只有具备宽容别人的气度，才能得到别人的尊重，才能团结众人的力量，最大限度地发挥人才的效能，更好地服务于工作。

◆ **严格要求自己**

宽容别人，首先要严格要求自己，只有严格要求自己，才会去爱更多的人，才会去帮助更多的人。一个人要想得到大家的支持，成为一个具有大海般宽阔胸襟的人，就必须学会先让自己成为一条自认为还算是合格的小溪。当我们严格要求自己的时候，也就无形之中宽容了别人，同时成就了自己。

◆ 学会宽容别人

渡尽劫波兄弟在，相逢一笑泯恩仇。宽容是解决问题的最好途径，即使是别人在感情上背叛了自己，也并非不可容忍，能够承受背叛的人才是最坚强的人。

◆ 考虑别人的感受

自私是一种较为普遍的病态心理现象。在生活中，自私的人往往刻薄冷漠，他们为了达到自己的目的完全不顾别人的感受。纵使别人竭力地爱他，也不会使他满足。这样的人，从不考虑他人的感受，自然也不受他人欢迎。凡事都要以己度人，己所不欲，勿施于人。

◆ 宽容不是纵容

宽容是需要技巧的。给犯错的人一次机会是宽容，无限的宽容只会让有错的人感觉不到自己的过错，你的宽容就变成了纵容。宽容是建立在助人和有益于社会基础上的适度宽大，必须遵循法制和道德规范。从这一意义上说"大事讲原则，小事讲风格"乃是应取的态度。

【互动空间】

容人究竟要容什么？

古今中外，那些成大功、建大业、享大名者，大都懂得宽容之道。与此相反，那些坏大功、败大业、恶大名者，大都违背了宽容之道。那么容人究竟容什么？

1. 容人之长。取人之长，补己之短，才能相互促进，事业才能发展。这也从另一个侧面告诉我们生活中为什么要有合作。相反，有的人却十分嫉妒别人的长处，生怕同事和部属超过自己而想方设法进行压制，其实这种做法是很愚蠢的。

2. 容人之短。金无足赤，人无完人。人的短处是客观存在的，容不得别人短处的人难以共事。因此，既要容人之长，更要容人之短。能够宽容不足，定能迎来天空无边的蔚蓝。

3. 容人之功。心胸狭窄者，总怕他人业绩超过自己。这更说明容人之功不易。只有那些以大局为重、胸怀开阔的人才能做到容人之功。

4. 容人之过。须知"水至清则无鱼，人至察则无友"。在与人相处的时候不要用放大镜看人的缺点，如果过分地追求完美，不断指责他人的过错，就会失去朋友和合作伙伴。"人非圣贤，孰能无过。"我们自己会犯错，为什么容不得别人犯错呢？

5. 容人个性。由于人们的社会出身、经历、文化程度和思想修养各不相同，所以人的性格各异。因此容人就是要能够接纳各种不同性格的人，这不仅是一种修养，更是一种艺术。

第三节 海纳百川，有容乃大

天空包容每一片云彩，无论其美丑，所以天空广阔无边。

高山包容每一块岩石，无论其大小，所以高山雄伟无比。

第十六章　宽容：和为贵，成就自己

大海包容每一朵浪花，无论其清浊，所以大海浩瀚无涯。
不要评价别人的容貌，因为他不靠你吃饭。
不要评价别人的德行，因为你不比他高尚。
不要评价别人的学问，因为世上最不缺的就是学问。
不要炫耀财富，因为明天你就可能破产。
不要趾高气扬，因为明天你就可能失势。
不要太过张扬，因为要明白没有一个人会比你弱小。

法国大文豪雨果曾说，世界上最广阔的东西是海洋，比海洋更广阔的是天空，比天空更广阔的东西是人的心灵。

宽以待人，是一种品格，一种姿态，一种风度，一种修养，一种胸襟，一种智慧，一种谋略，是做人的最佳姿态。

欲成事者必要宽容于人，进而为人们所悦纳、所赞赏、所钦佩，这正是人能立世的根基。

【行思探理】

"海纳百川，有容乃大"，说的是宽容的因果、宽容的伟大。

◆ 宽容是一种智慧

一个人有什么样的心胸，就会有什么样的人生。凡能成大事者，无一不是胸怀宽广的。思想家、文学家罗曼·罗兰说，生活中，多数不快乐的事情，多半都是由于我们自己情绪消极，和对别人不信任所引起；假如我们有办法使自己在单调的事物中看出乐趣，在平凡的人群里找出他们可爱可敬之处，我们就自然乐意和别人相处，也自然会使自己觉得前途光明；面对一切纷争攘夺的烦恼，也自然会看淡了。所以，人与人之间多一些宽容，彼此之间的摩擦就会减少。懂得宽容，人生道路就会越走越宽广。

◆ 宽容能赢得一切

马云曾经说过这样一句话：心中无敌则天下无敌，这是企业家胸怀的一个体现。在现实社会里，企业家的胸怀在很多时候很大程度上决定着一个企业的命运和企业家自己的命运。心胸宽则能容，能容则众归，众归则才聚，才聚则企业强，这是企业制胜的基本之道，也是企业健康成长的基本原则。正所谓"人至察则无徒"，宽容能赢得一切。只要大家少一点心浮气躁，多一点包容之心，任何不快都可以避免。对我们的朋友宽容，可以获得珍贵的友谊；对我们的亲人宽容，可以获得宝贵的亲情；对我们的同事宽容，可以获得良好的人际关系；对那些对我们造成伤害的人宽容，可以收获一份安然、宁静与快乐。

【互动空间】

宽容度自检

本测试选编自宽容网（2011年），共40题，每题如果答"是"，记1分；如果答否，记

0分；如果认为在某种程度上有，记0.5分。最后统计总分。

1. 你是否经常急于纠正别人的错误？
2. 你是否理智上知道怎样做更好，但内心就是不情愿？
3. 你是否喜欢抢话，越热烈的氛围越如此？
4. 你是否经常在没完全搞清情况时，就匆忙下结论或做决定？
5. 事情没解决，你是否心就放不下？
6. 你是否看到从容不迫、心平气和的人很羡慕或嫉妒？
7. 周围的人一生气，你是否就很紧张？
8. 所在单位出了盗窃案，明明不是你，但你也会不安？
9. 如果有人故意忽视你或当众损你面子，你是否就会很难受或耿耿于怀？
10. 你是否经常看不惯别人的言行？
11. 你是否觉得你的看法基本上一贯正确？
12. 你的想法如果在实施中受到阻碍，你是否会非常生气？
13. 你是否这样想："我只帮听我话的人，如果不听我的，我就再也不想理他"？
14. 你是否经常觉得有人故意跟自己过不去？
15. 你是否遇事喜欢往不好的方面想？
16. 你是否觉得，经常有令你不满意的人或事出现？
17. 当你可以不管人的时候，是否很反感别人管你？
18. 你是否受不了处处要高人一等的人？
19. 你是否看到别人说悄悄话，就怀疑是在说自己？
20. 你是否为了别人的错误，经常睡不好觉？
21. 你是否不喜欢热闹？
22. 全神贯注做事的时候，如果有人来打扰，你是否会冒火？
23. 你是否不喜欢和闷葫芦性格的人一起生活、工作？
24. 你是否对下属、晚辈的迟钝、笨拙，上火着急，恨铁不成钢？
25. 不如你的人能当领导或者被领导重用，你是否想不通？
26. 一个人当你的面佩服或喜欢其他人，你是否不舒服？
27. 你是否难以接受昨日不如你或与你平等的人超过你？
28. 你是否没有几个佩服的人？
29. 你是否心里经常阴沉，不怎么会笑？
30. 你是否觉得所有的领导都很难接触？
31. 你是否经常觉得好人没有好报？
32. 你是否喜欢抬杠？
33. 是否别人觉得，什么话经过你一说，味道就不一样？
34. 你是否对别人对你的看法和评价非常在意？
35. 你是否喜欢较劲？
36. 你是否一做事就起烦恼，而要保持没烦恼就无法做事？
37. 你是否经常发牢骚？
38. 你是否花钱不太大方？

39. 你是否经常顶撞领导或长辈，并以为有理就可以这样做？
40. 你是否觉得谁都比自己强？

结果分析：

21～40分，说明你经常在苦恼之中，是时候学习宽容了。

11～20分，表明你具有平常人的心态，尽管有时会被一些人和事激怒，但总体来说尚能容忍。

0～10分，说明你很少或基本不受外界的影响，你可以成为亲友的心灵依靠，可以做他们的宽容指导师。

第四节　懂得宽容，做事从容

古语云，天地万物皆始于从容。

水从容，河流才一路逶迤，永不停息。

云从容，雨才自九天抖落，汇入浩渺的海洋。

山从容，才以悍然的风度作岁月的见证。

为人处事也须从容。

从容的人，做事不急不慢、不躁不乱、不慌不忙。

从容的人，做事不愠不怒，不惊不惧，不暴不弃。

从容的人，自如而不窘迫，审慎而不犹躁，恬淡而不凡庸，坚韧而不浮华，义无反顾而举重若轻。

从容的基础是充分的准备和谨慎的心态。

【行思探理】

"退一步海阔天空，让三分心平气和"，成事者要有"退"与"让"的胸怀。凡事不要冲动，妥善处理好日常生活和工作中的一些问题，我们才会处理好人际关系，才能在生活、学习与工作中收获更多乐趣。

◆ 以做人带动做事

做事是要讲本领的，也是要讲技巧的。聪明人善于以做人带动做事，以做事扩大成果，并把二者视为人生牢不可破的定律。德国作家歌德说，人不能孤立的生活，他需要社会。良好的人际关系，不仅能给人生带来快乐，而且能助人走向成功。宽容的品质是建立良好人际关系的基石，只有具备了宽容的品质，才会懂得理解和尊重他人，才会赢得自己成功的人生。

◆ 学会忍耐，切忌急于求成

大家都知道，两点之间直线最短。但我从此点走向彼点时，大多数须绕行。做事也是此理，欲速则不达。"伏久者飞必高，开先者谢独早，知此，可以免蹭蹬之忧，可以消躁急之念。"如果能了解这个道理，就会明白做事焦躁是无用的，只要能储备精力，大展身手的机会一定会来临。在生活中，人与人之间应该相互尊重，相互谅解，同时更应相互忍耐，平时不要因鸡毛蒜皮的小事而斤斤计较，常记得"忍一时之气，免百日之忧"。生活需要弹性，而我们也要学会有退有进。退不是放弃，是韬光养晦；退不是懦弱，是勇者的一种智慧。所以，忍耐不是逃避的托词，忍耐是意志的升华。忍耐与逃避的区别是：忍耐在心灵上是从容的，逃避在心灵上是仓皇的；忍耐从不忘记责任和使命，逃避早已不知责任和使命为何物。善于利用忍耐有助事态向好的一面发展，反之就会恶化。就像美国前总统伍罗德·威尔逊说的那样：让我们坐下一起商量，如果我们之间意见不同，我们不妨想想看原因到底何在，主要的症结是什么？我们不久就可以看出，彼此的意见相距并不很远，不同的地方很少，而相同的地方却很多；也就是说只要忍耐，加上彼此的诚意，我们就可以更接近了。

◆ 遇事冷静，切忌惊慌失措

一个人无论做什么事都要三思而后行。科学研究表明，因为过度紧张、兴奋，会引起脑细胞机能紊乱，人就会处于惊慌失措、心烦意乱的状态，这时就会缺乏理性思考，虚构的想象会乘隙而入，使人无法根据实际情况作出正确的判断。可当人平静下来，会觉得所有的恐怖和烦恼只是人的感觉和想象，并不一定是事实，实际情形往往总比人冲动时的想象要好得多。人陷于困境往往缘于自身，是因为对自己和现实没有一个全面正确的认识，所以在突变面前不能保持情绪稳定。因此，当人处于困境，被暴怒、恐惧、嫉妒、怨恨等失常情绪包围时，一定要冷静，切不可随意做出决定。冷静使人清醒，冷静使人沉着，冷静使人理智稳健，冷静使人宽厚豁达，冷静使人有条不紊，冷静使人高瞻远瞩。冷静处事才会更理智，才会增加成功的概率。

◆ 学会克制，切忌心烦意乱

古语有云："从容者气初也，急促者气尽也""人从容则有余年，事从容则有余味""处事从容日月长"。从容的境界，要求人们学会自制，只有能控制自己，才能控制事物。当一个愤怒的人辱骂及嘲笑你时，不管是不是公正，必须记住，如果你也以相同的态度报复，那么愤怒的人实际上已心智，使你成为被动的跟随者。反之，你能控制自己的情绪，保持冷静与沉着，那么，你就会成为控制局面的主导者。

【互动空间】

"职场匆忙症"自检

患者经常感到压力、焦虑，觉得时间永远不够用，任务永远做不完，甚至因此而导致心脏病、高血压、胃溃疡、神经衰弱等器质性疾病。根据中华会计网校"职场里的匆忙症你有吗"整理以下测试内容。

1. 每天早上听到闹钟响的那一刻，一个鲤鱼打挺坐起身来，猛然间感觉自己心跳都加快了。

2. 赶着去上班，遇上写字楼电梯爆满挤不上去，心情顿时变得很糟糕，在等待的时候不停地左右脚踩来踩去。

3. 检查邮箱，一封电子邮件因为附件过大而打不开，看着进度条像蜗牛一样爬，越来

第十六章　宽容：和为贵，成就自己

越不耐烦，唯有起身上厕所才能避免大声抱怨。

4. 文档写到一半，电脑死机，顿时勃然大怒，咒骂不已，需要相当一段时间才能平复下来，从头再来。

5. 在领导交代一项任务的时候，第一反应是：之前交给我的任务还没有完成呢，你以为我是超人啊。

6. 在需要和同事配合完成的任务上，永远觉得同事的理解能力较弱，执行能力较差，工作节奏较慢，跟不上你。

7. 一旦工作中出现突发状况，导致了一些错误、过失，或者打破了原先的计划，立刻会感到不满，无法忍受。

8. 每过几分钟就需要看一下手机，长时间没有短信或电话声会怀疑手机死机了，又或者产生幻听，以为手机响了。

9. 一天都离不开网络，MSN、QQ、飞信总要开着，邮件及各种人际关系网络中的动态一天要查好几遍。

10. 如果第二天因为出差、赶飞机、参加会议而需要比正常时间早起，那么即便开了闹钟，前一晚也无法入睡，并且总是会比闹钟设定的时间醒来得更早。

结果分析：

如果你符合五条以上的情况，那么很遗憾地告诉你，你得了"职场匆忙症"。

第五节　宽容是在荆棘中长出来的谷粒

英国文艺复兴时期伟大的剧作家、诗人莎士比亚说，聪明的人永远不会坐在那里为他们的损失而悲伤，却会很高兴地去找出办法来弥补他们的创伤。

现代法国小说之父奥诺雷·德·巴尔扎克说，世界上的事情永远不是绝对的，结果因人而异，苦难对于天才是一块垫脚石，对能干的人是一笔财富，对于弱者是一个万丈深渊。

现代管理之父彼得·德鲁克说，无论是谁，做什么工作，都是在尝试错误中学会的，错误越多，人越能进步，这是因为他能从中学到许多经验。

微软总裁比尔·盖茨认为，习惯于失败是成功的基础。因此，他常常雇用在其他公司有失败经验的人做其助手，借用他们的经验避免重蹈覆辙。

苹果电脑公司创始人斯蒂芬·约伯在谈到经营成功的诀窍时说，我们雇用了一些真正能干的人，并且创造了一个允许人犯错误，并从错误和失败中不断成长的环境。

美国硅谷之所以取得传奇般的成功，就在于那里的失败者不但不会受到歧视，反而常常会得到善待，有机会反败为胜，走向成功。

【行思探理】

生活中到处充满了荆棘和不幸，而宽容就是"从荆棘中长出来的谷粒"。宽容是一种心态，一种宠辱不惊、万事淡然的心态；宽容更是一种境界，一种笑对困难、乐观忘我的境界。

◆ 以良好的心态对待工作

天才和伟人之所以与众不同，其决定因素不是智商，不是技能，也不是自身条件，而是人的心态。据专家研究：人在智力上的差别是很小的，智力超常和智力低下者为数极少，不到3%，成功取决于心态的好坏。做事难免会遇到一些挫折和坎坷，身处逆境是经常发生的事，就看你以什么心态去面对。逆境是一种机遇，一个等待你去挑战的机遇。

◆ 不因打翻牛奶而哭泣

美国天文学家帕西瓦尔·罗威尔说，幸运与不幸像把小刀，根据抓它的刀刃或刀柄，使我们受伤或得益。也就是说，进步有一个准则，那就是不要为打翻牛奶而哭泣。进步意味着允许犯错误，在错误中成长。20世纪最伟大的心灵导师戴尔·卡耐基经常教育他的学生：是的，牛奶被打翻了，漏光了，怎么办？是看着被打翻的牛奶伤心哭泣，还是去做点别的；记住，牛奶打翻已成事实，不可能重新装回瓶中，我们唯一能做的，就是找出教训，然后忘掉这些不愉快。切记，不必把时间浪费在后悔中。

◆ 宽容别人的批评

一个人不可能只得到别人的赞美，即使你非常出色，也避免不了遭遇一些批评。生活中，谁都会遭到批评，可以说这是我们生活的一部分，越深刻的批评就越能使我们认识到自己的不足之处，它是促进我们成长最好的帮手。然而，很多人因为受到恶意的批评便失去了原有的自信，甚至怀疑自己做事的正确性，并质疑自己的能力。任何一个成功者都不会因为受到别人的批评而放弃自己的追求，更不会被一些讽刺和批评所左右，而是用行动证明自己是正确的。

◆ 坦然面对困难

美国思想家、文学家爱默生说过，伟大人物都有一个明显的标志，就是不论环境如何变化，他的目标仍然不会有丝毫的改变。一个人跌倒了并不算失败，那些跌倒后爬起来的人，都是把挫折与困难踩在脚下的巨人。美国百货大王梅西就是在无数次的失败中一点点成长起来的。其实，有时候失败是对我们人格的一种考验。没有勇气继续奋斗的人，跌倒了就再也站不起来了。而那些不畏惧困难与挫折、永不放弃人生目标的人，永远把困难踩在脚下，最终站在了成功的顶端。

◆ 拥抱不幸

幸与不幸是同一问题的两个方面，关键是你如何看待。如果把它看成压力，那你就真的很不幸；如果把它看成财富，你其实也很幸运。松下电器创始人松下幸之助曾经根据自己艰苦的学徒生涯有感而发：人生没有百分之百的不幸。此一方面有不幸，彼一方面却可能有弥补；天虽不予二物，但予一物；人们不必去强求二物，只要把一物发展好，人生就相当幸福美满了。所以说，幸与不幸是个辩证的统一体。如果我们始终能够以这种辩证的观点来看待顺境和逆境，那么在遭遇一切大大小小的风雨时，便可以坦然面对。

【互动空间】

如何修复负面情绪?

可以用以下方法修复负面情绪。

1. 别抑制坏情绪,任其发泄 3~5 分钟。如趁无人时哭上几声,或拍打一下桌椅,或跺一跺脚。
2. 故作好心情。有时伪装好心情也会让你的坏情绪在不觉间悄悄溜走,伸一下懒腰,做几次深呼吸,去打一个短暂的电话,试着强制自己微笑 3 分钟。
3. 试着让自己忙起来,烦心事很快会被你的忙乱冲掉。
4. 回忆美好时光。回忆美好时光是释放坏心情的一剂良药。
5. 暂时置身事外。干脆暂时放下手上的一切,让自己放松。
6. 保持充足水分。紧张得不知所措时,先泡上一杯茶,慢慢地一小口一小口地啜饮,在品味茶香的过程中,紧张顿消。
7. 哼一首自己喜欢的曲子,无人在时,可大胆地高声唱出来。

第六节 宽容失去的只是过去,刻薄失去的却是将来

宽容与刻薄相比,我选择宽容。

因为宽容失去的只是过去,刻薄失去的却是将来。

一个不懂宽容的人,将失去别人的尊重;而一味地宽容他人,将失去自己的尊严。

对待别人的宽容,我们应该知道自惭;我们宽容地对待别人,应该知道自律。

宽容者让别人愉悦,自己也快乐;刻薄者让别人痛苦,自己也难受。

如果别人已不宽容,就不要去乞求宽容,乞求得来的宽容,从来不是真正的宽容。

如果你还要想宽容别人,就不要等到别人来乞求,记住一句老话:"给"永远比"要"令人愉快。

汪国真的《宽容与刻薄》告诉我们:宽容不仅是一种美德,更是一种理解、一种信任、一种胸襟、一种境界,是一个人成就美好未来的基石。

【行思探理】

宽容者可敬,刻薄者可畏,但都不失为一种性格。有一种人说:我可以宽容所有的人,唯独不宽容你;另有一种人说:我只宽容你,其余所有人都不宽容。实际上真的发生了什么,前者并不能宽容"所有的人",后者连"你"也不宽容。一个心胸开阔的人,一个宽容的人,一个深刻的人,一个善于克制忍让的人,凡事都会从大处着眼。

◆ 宽容就是忘却

"大肚能容,容天下难容之事。"宽容是坦然释怀,放下一切,把所有杂念俗事置之度

外。人们总是对自己的痛苦念念不忘，目的是防止同样的事再度发生，但如果一直将过去的伤痛累加起来回味，那就永远走不出阴影，久而久之，人就会生活在眼泪淹没的日子里，心理也会日益狭隘起来。而一旦放下那些不愉快的往事，和过去"干杯"，打开心灵这扇大门，人的生活就会焕发出新的生机。

◆ 不必斤斤计较

斤斤计较往往是我们评价一个人的心态和价值观的一项标准，遇到事情不肯作出一点让步、分毫必争的人，在与人交往中就会令人反感。因为计较往往使事情复杂化和矛盾化，甚至斗争化，凡不愉快的事情大都由斤斤计较而来。所以，凡事从大的方面把握，这应当是人们为人处事的基本原则。正所谓大行不拘小节，大礼不辞小让。人生应当宽宏大度，不应该为了区区小事而斤斤计较，苛求绝对的公平。

◆ 正确看待得失

如果没有得到，那就是失去。这是一种先入为主的观点，即把想得到的东西已经看成是自己的，在得不到的时候，就会有一种心理落差，认为失去了自己的东西。其实，在生活中，即使我们失去了已得到（应得到）的东西，那也将意味着新的获得。君子爱财，取之有道。

◆ 宽容成就美好未来

古人云："地之秽者多生物，水之清者常无鱼。故君子当存含污纳垢之量。"宽宏大量、光明磊落可使人的精神达到一个新的境界。所以，以一种大度之心去宽容他人的过失，对万事都能淡然处之，一定能够成就我们美好的未来。

【互动空间】

向刻薄的人学习宽容

巴尔扎克说，世上所有品德高尚的圣人，都能忍受凡人的刻薄和侮辱。泰戈尔说，越是有人责备，我就越坚强，越是面对刻薄的人，我就越懂得宽容。因为刻薄的人，有时候是一面自我省思的镜子，我们可以看到自己曾经刻薄的面孔，进而体会到被刻薄的人那份渴望被宽容的心情。有时刻薄的人比那些表面迎合你的人更有用处，因为他们的话语虽然尖酸，行为虽然刻薄，但却可以让你因此而学到宽容，越是有人责备你的时候，你就要越坚强，越是面对刻薄的人，你就越要懂得宽容。

美国前总统林肯就把那些对自己刻薄恶意的批评写成一段话，这段话被后来的英国首相丘吉尔裱挂在了自己的书房里。林肯的这段话是这样说的：对于所有恶意批评的言论，如果我对它们回答的时间远远超过我研究它的时间，我们恐怕要关门大吉了。我将尽自己最大的努力，做自己认为是最好的，而且一直坚持到终点。如果结果证明我是对的，那些恶意的批评便可不去计较；反之，我是错的，即使有10个天使为我辩护也是枉然。

第十七章　胆略：用智慧选择成功

第一节　具备胆略才能成功

胆略一词最早出现在《三国志·吴志·吕蒙传》："公瑾雄烈，胆略兼人。"胆略就是胆识与谋略。人们常说的多谋善断、远见卓识、敢作敢为、智勇双全，就是对胆略的最好注释。胆略是胆量、气魄、智慧、思想和阅历的总和，也是一个人聪明才智、气度魄力等素质的体现。而对于具有财经素养的高素质技能型人才来说，胆略就是敢于冒险、敢为人先、敢于决断、敢于探索、敢于创新。

黑格尔曾经一针见血地指出：世间最可怜的，就是那些遇事举棋不定、犹豫不决、彷徨歧路、莫知所趋的人；就是那些没有自己的主张、不能抉择，唯人言是听的人。这种主意不定，自信不坚的人，缺乏的就是敢想敢干的胆略。

【行思探理】

胆略意味着风险，战略的前瞻性往往意味着风险的性质。所以，战略的执行往往是强者的胆略所产生的结果。要想成为一个强者，成为一个成功者，不止需要有良好的战略判断，更是需要有超人的胆略。

◆ **胆略能够推动你的伟大跨越**

世界首富比尔·盖茨是一个具有极高天分、争强好胜、喜欢冒险、自信心很强的人。他在大学期间果断地放弃了学业，走上了自己的创业之路。从一个普通的学生逐渐成为了今天财富的象征。我们要学习和借鉴的是比尔·盖茨做人做事的魄力，倘若当初他不是这样的果断与大胆怎能实现这宏伟的转变呢？

◆ **胆略助你博取好运走向成功**

韩国著名企业家金宇中说，不冒险怎么会有机会？如果我做了9件事，其中6件成功，3件失败，我也是赚到了。这就像我们平常说的那样"有些事做了不一定成功，但不做一定不会成功。"有胆略的人勇于抉择与尝试，因而他们往往幸运地抓住了机遇，取得了成功；胆怯的人只有畏首畏尾，错失良机。

【互动空间】

你是一个勇敢的人吗？

你是一个勇敢的人吗？可以做一个小测试。请你根据自己的实际情况打分，回答"是"积1分，"不是"0分。最后累加分数。

1. 现在，我是在以自己喜欢的方式生活。
2. 我认为人烦恼的根源，是来自外界，而不是内心。
3. 无论是亲子关系还是上下级关系，我相信所有的人际关系都可以是平等的。
4. 我认为"现在吃苦，未来享福"没有道理。
5. 我不担心人际关系中的背叛，以及附带的伤害。
6. 我觉得人的秉性能够改变。
7. 我的生活并没有被干涉，哪怕是关心我的人也没有这么做。
8. 我觉得亲人、朋友、同事对我的认可不重要。
9. 对周围的人，我既不会赞扬也不会批评。
10. 我不害怕人际关系破裂。

结果分析：

8~10分，你是一个有勇气的人，拥有自由的、不在乎他人眼光的生活方式。同时也要注意，这种生活方式并不代表要与他人隔绝开来，你有机会在人际圈子里发挥强大的积极的作用。

4~7分，你是一个向往自由生活的人，挣扎着不被世俗的观念所束缚。你认为周围的人不应该成为你生活的阻碍，但是人在江湖身不由己，家庭、朋友和事业是你躲不开的责任。你不止一次地想知道，真正的自由是什么样子的。

0~3分，你非常在乎他人对你的看法，为了寻求认同而活着，活在别人的期待之中。这仿佛会让你受到所有人的喜欢，但是实际上在你的内心深处则是压抑和迷茫。我是谁？我为什么而活着？这些问题的答案离你还有一些距离。

第二节 成功者要有冒险精神

诺贝尔奖创始人诺贝尔说，人的心中有一种追求无限和永恒的倾向，这种倾向在理性中的最直观表现就是冒险。

弗雷德里克、兰布里奇说，如果一生只求平稳，从不放弃自己去追求更高的目标，从不展翅高飞，那么人生便失去了意义。

被誉为"20世纪世界奇人"的美国盲聋作家、教育家海伦·凯勒，就信奉这样的座右铭：人生要是不能大胆地冒险，便一无所获。

【行思探理】

人类的历史就是一次次大胆冒险的历程。在婴儿期，没有人逼着走路，可我们尝试着不断站立，不断前行，跌倒又站起，终于从爬行阶段进入步行时代。然后，我们对于走还不满足，开始奔跑。再后来，我们发现两条腿奔跑的效率很低，于是，我们开始发明和借用自行车、摩托车、汽车、飞机等交通工具，这都是跨越性的冒险。

◆ **冒险是一种勇气**

西班牙作家塞万提斯说，失去财产的人损失很大，失去朋友的人损失更多，失去勇气的人则失去一切。风险伴随着我们一生，没有风险的人生是不存在的。一个害怕风险的人，什么事情都不可能做成，可以说风险无处不在。近者，初涉社会的淘金者都要有勇气；远者，人类在探索太空开发的历程中，没有一代又一代的宇航员——包括在哥伦比亚号上牺牲的七位悲壮英雄的奉献精神，人类探索未知世界的步伐能持续多久？正是这些勇于冒险、敢于奉献的冒险者存在，才使人类变得文明而强大。

◆ **冒险是一种精神**

"明知山有虎，偏向虎山行"。这就是一种敢于冒险的精神，敢作敢为的行为。冒险是成功者的利器，是文明群体不可缺乏的活力资源。因此，我们要倡导大学生以挑战者的姿态，在即将创业、创新的路上敢于冒险，善于应变。

◆ **冒险是一种态度**

冒险在现代社会中，同时包含着一种道德观念和生活态度。在50亿人口共存的地球上，充斥着各种意识形态和生活需求的竞争。敢不敢去冒险，敢不敢于风险中从容应对，险中取胜，已成为现代人的必答题。这种态度，宏观上反映的是中国的传统文化与现代文明的融合；微观上反映的是个人积极进取，勇于探索的精神。

【互动空间】

你具有冒险精神吗？

1. 你会跟异性进行盲目的约会吗？
A. 不会。B. 有可能会。C. 会。
2. 假如提供给你一份在国外报酬优厚的工作，你会去吗？
A. 不去。B. 如果是短期合同就愿去。C. 去。
3. 一位朋友以在闹鬼的房子里过夜向你挑战，你怎么办？
A. 拒绝。B. 只有当其他人跟你在一起时才接受。C. 不假思索便答应了。
4. 当你去餐馆用餐时，你会：
A. 点你以前吃过的菜。B. 试着点一些略微不同的菜。C. 点一盘你以往从未品尝过的菜。
5. 在选择去度假的地点时，你将：
A. 选择你往年去过的同一个地方。B. 选择旅游者们趋之若鹜的地点。
C. 故意挑选一般人通常不去的地方。
6. 你会就原则性的问题去监狱走一趟吗？
A. 不去。B. 也许会去。C. 去。

7. 跟5年前相比，如今你：
A. 在生活中不那么喜欢赌博。B. 冒险更多。C. 善于抓住更多的机会。
8. 你会在什么情况下跳降落伞？
A. 只有在紧急关头。B. 为慈善事业募捐。C. 纯粹是为了好玩。
9. 在没看到房子的情况下，你会不会购买住房？
A. 无论如何也不会买。B. 只有当你别无选择时才买。C. 如果这桩买卖挺合算就买。
10. 当你心头产生某种预感时，你抱什么态度？
A. 不理会它。B. 苦苦思索是否重视它。C. 就此采取行动。

评分方法：

题号	分 值		
	A	B	C
1	1	2	3
2	1	2	3
3	1	2	3
4	1	2	3
5	1	2	3
6	1	2	3
7	1	2	3
8	1	2	3
9	1	2	3
10	1	2	3

结果分析：

10~17分，基本上不会冒什么险，在做出任何决定之前，你更喜欢按兵不动。你办事小心谨慎，并对自己的生活从未失控而感到满意。

18~24分，你对所做的每一件新鲜事，总要反复酌量所有可能出现的问题，在仔细考虑涉及的风险后才作出决定。虽然如此，你并不反对偶尔冒点成败参半的风险，这样即使出现了失败，你也不至于损失太大。

25~30分，你是一个不折不扣的冒险家。你认为任何值得去做的事情，都有不得不冒的风险。你的生活进程可能极其迅速，摇曳多姿。当你孤注一掷未能成功时，偶尔也会打退堂鼓。

第三节　有先必争，敢为人先

人民的好公仆，党的优秀干部焦裕禄说，吃别人嚼过的馍没味。其意就是告诫人们要敢为先，走别人没有走过的路。

鲁迅先生说，其实地上本没有路，走的人多了，也变成了路。

第十七章 胆略：用智慧选择成功

【行思探理】

要想干出一番大的事业，如果没有一点精神那是绝对不行的。大到一个国家和地区，小到一个人，不断进取、敢为天下先都是必须的精神。只有凭着这样一股精神，我们才能"泰山压顶不弯腰"；我们才能敢字当头打开思路，扑下身子带头大干；我们才能抓住机遇，乘势而上，取得成功。敢为人先，勇于创新，是成功的不二选择。

◆ **有先必争，敢为人先——开创历史的源泉**

自古以来，优秀而又勤劳的华夏儿女就一直继承和发扬着有先必争、敢为人先的有为精神。

詹天佑出生于南海，是中国铁道之父，在多重阻力和压力下，毅然设计、主持修建了中国第一条铁路——北京到张家口铁路，结束了中国无铁路的历史。其敢为人先的事迹，载入了中国史册。

◆ **有先必争，敢为人先——未来世界的奠基**

严修——锐意革新，敢为人先的"私学"先驱。在封建王朝摇摇欲坠的时候，他提出过很多教育改革的措施和建议，力图通过国民教育水平的提高来挽救中国，但是由于顽固派的阻挠，他的计划都最后夭折了。中华民国成立后，他又投入私立学校的创建和经营活动中，成为中国近代新式"私学"的探路者和奠基人。直到人生的最后时刻，他还坚持着教育救国的理想信念，为南开学校的生存和发展献计献策。他认定只有通过改变中国科举教育制度，同时建立一套新的人才选拔体制的方式，才能让处在风雨飘摇中的国家重获生机。严修敢为人先的行为，为中国教育制度的完善奠定了基础。

◆ **有先必争，敢为人先——做时代的弄潮儿**

天行健，君子以自强不息。敢为人先的开拓精神，是中华民族的优良性格，从人类始祖黄帝的跋涉到辛亥革命的首义精神，再到改革开放，建设有中国特色的社会主义，正是因为敢为人先，开拓进取，中华民族才能立于时代的浪潮中，走向伟大复兴。三峡大坝的修建、青藏铁路的竣工、宜万铁路的修建，以及奥运会、世博会的举行，航空事业的摸索发展，都是一种"敢为人先"的开拓品质。

【互动空间】

说出我们敢为人先的故事

国家发展需要有敢为人先的民族精神；敢为人先的民族精神需要有敢为人先的集体；敢为人先的集体需要有敢为人先的个人；敢为人先的个人需要具有敢为人先的学识和胆略；敢为人先的学识和胆略则需要不断地学习和积累。

敢为人先不需要都是惊天动地的壮举，而是每个普通人都具有并可以强化的品质。比如，习近平作为一名普通的知青在梁家河村劳动的时候，办成了陕西第一口沼气池，这就是敢为人先的品质。仔细思索，我们每个人都有一段"敢为人先"的经历。让我们模仿下面的例子，回想一下我们"敢为人先"的故事吧。

取得的成就	办成陕西第一口沼气池
开展的动机	解决梁家河村做饭、照明、取暖用煤困难问题
遇到的困难1	对沼气池技术不熟悉
应对的方法	到四川实地考察，学习沼气池建造技术
遇到的困难2	……
应对的方法	……

第四节　成功大小，在于选择

人的一生，只有一件事不能选择——就是自己的出身，其他一切命运，都是自己选择的结果。

人的一生就是一个选择的过程。这句话道出了人生最朴素、最简单，也是最重要的哲理。因为每个人无论是对生活、爱情与婚姻、友谊，还是对职业、工作、事业等，都有着自己的想法，当他们为了实现心中所想而采取行动的时候，无论是成功了还是失败了，都有一种选择。

那么，什么是选择呢？简单地说，选择就是给自己定位；选择就是给自己寻找前进的方向；选择就是为自己把握人生命运；选择就是为自己的生命重新注入激情；选择就是实现自己人生的目标。只有选择，人生才有主题；只有选择，人生的坎坷才会被踏平；只有选择，人生才能冲破世俗的藩篱；只有选择，人生才能演奏出生命的华彩乐章。

林肯说，所谓聪明的人，就在于他知道什么是选择。

比尔·盖茨在谈到他的成功经验时说，我的成功在于我的选择，如果说有什么秘密的话，那么还是两个字——选择。

【行思探理】

在这个很精彩也很复杂的世界里，无论是强者还是弱者，无论是成功者还是失败者，无论是大人物还是小人物，他们之间最重要的区别就是对人生之路选择的差别。

◆ 不同的选择，不一样的结果

伟人们之所以伟大，首先是因为他们选择了伟大的事业，如果伟人们选择的不是伟大的事业，那么，每个伟人，在今天的历史书上都不会有他们的名字。是伟大的事业才使那些伟人们变得伟大。当年的鲁迅选择弃医从文，因此成为文学巨匠；毛泽东选择为中国人民的解放而斗争，才成为共和国领袖；霍金选择天文物理，才孕育出《时间简史》这一伟大著作；

贝多芬选择音乐创作，后世才能听到那么多不朽的旋律。

◆ 成功在于正确的选择

每个人的选择不一样，结果也不同。但只有选择了正确的路，才能获得成功。选择——是把握人生命运的最伟大的力量。谁掌握了选择，谁就掌握了人生的命运。通往成功的道路无数，只有自由选择才能踏上适合自己的道路，才能更加轻松地登上高峰。攀登高峰虽然很孤独，可是由于是自己的选择才能有动力，才能有登山的毅力，才能获得成功。

【互动空间】

测试你是哪一种人才？

不同的选择，不同的成功。选择就是根据自己的特点给自己定位，那么你是哪一种类型的人才呢？试着做几道测试题吧。

1. 阿拉伯数字3、4、5、6任意排列，要加上什么样的运算符号才能等于24。

A. 马上说出答案，如果不是事先算过，那你是天才。

B. 1分钟之内说出答案，你有数学天赋。

C. 3分钟之内说出答案，别伤心，这还在正常范围之内。

D. 没算出来，放弃。别伤心得太厉害，反正不是你一个人放弃。

2. 马路红绿灯坏了，结果有人因为没看到红灯，被车给撞倒，送医院去了。哪一种行为方式更像你？

A. 无所谓，回家就忘了。

B. 在博客上写下一篇长文，论一下红绿灯的坏掉。

C. 上网查查资料，结果发现现在用的红绿灯科技含量太低，很容易坏，而有一种新技术可以造出新型的红绿灯，寿命长，而且更省电。

3. 未婚的你遇到有个美女向你问路，而她正是你喜欢的类型，但她要去的方向跟你的目的地恰好相反，你会如何？

A. 告诉她方向相同，可以一起走。

B. 很详细地告诉她，希望能给她留下好印象。

C. 告诉她走法，然后转身离去。

4. 有人用60美元买了一匹马，又以70美元的价钱卖了出去；然后，他又用80美元把它买回来，最后以90美元的价值卖出。在这桩交易中，他：

A. 赔了10美元。B. 收支平衡。C. 赚了10美元。D. 赚了20美元。

测试结果：

静默片刻，出现在你脑海里的是哪一道题？

如果你记住的是第1道题，并且你选择了A，那么你可能是爱因斯坦型人才。

如果你记住的是第2道题，并且你选择了C，那么你可能属于比尔·盖茨型的技术加商业型的人才。

如果你记住的是第3道题，并且本题选择的是答案A，第2题的答案是B，那么你可能是杜甫型的艺术类人才。

如果你记住的是第4道题，并且选择了答案D，那么你可能属于任天堂型商业人才。

第五节 远见卓识，成就未来

英国作家凯瑟琳-罗甘说，远见告诉我们可能会得到什么，远见召唤我们去行动；心中有了一幅宏图，我们就从一个成就走向另一个成就，以身边的物质条件作为跳板，跳向更高、更好、更令人快慰的境界。这样我们就能拥有不可衡量的永恒价值。

圣经上说："没有远见，人民就放肆"。

新东方教育科技集团董事长兼总裁俞敏洪说，每条河流都有一个梦想：奔向大海；长江、黄河都奔向了大海，方式不一样；长江劈山开路，黄河迂回曲折，轨迹不一样，但都有一种水的精神；水在奔流的过程中，如果沉淀于泥沙，就永远见不到阳光了。

【行思探理】

在人生事业的岔路口，只有具有卓识远见的人，才能选对方向并获得成功。远见就是在一个机会还没有显示出它价值的时候，在别人都不以为然的时候，你能够发现它潜在的趋势。就像做生意一样，大家都去做同样的生意你可能挣不到钱，甚至会被套住，原因是你到了大家都发现它价值的时候才发现它。只有当所有的人都没有发现它有投资价值的时候，才会有机会来临。这就需要卓识和远见。

◆ **高瞻远瞩，运筹帷幄，决胜千里**

在人生的旅途中，只有脚踏实地，经历磨难，认清现实，才能走向成功，最终到达理想之彼岸。勾践卧薪尝胆，每日策勉自己不忘耻辱。他胸有大志却从小事做起，一点一滴地积蓄力量，终得雪耻，大败吴国。一国之君，在复仇大业之前，并不是展望复国之后的兴旺之景，而是记住国耻，发愤图强，经历磨难，以点滴之为而筑宏伟之业。

沙漠非一日形成，大海是点滴之水汇成……这一切的一切都说明，要成大事，必从小事做起，积累而成。宝剑锋从磨砺出，梅花香自苦寒来。如果没有高瞻远瞩的远见之明，又何来成功后的精彩呢？千里之行始于足下，高瞻远瞩，运筹帷幄，方能决胜于千里之外。

◆ **远见赢得主动，赢得未来**

在竞争的道路上，即使有雄厚的实力，也要依赖于明智的战略指导。可以说，战略决定胜负。拿一般的高中学校来说，从一定意义上讲，今天的学校已进入战略竞争年代，学校之间的竞争，在相当程度上表现为学校战略思维、战略定位竞争。凡是有成就的名校，都无一例外地具备高瞻远瞩、远见未来的胆识和能力。任何学校，要想在业内站稳脚跟并脱颖而出，必须具有独特的办学模式和创新的战略性教研，唯有这样，才能走得更远。

◆ **远见卓识，彰显人生价值**

天公人异，成事不同。立大志，成大业，只有具备了远见卓识的高贵品质，人生价值才

第十七章 胆略：用智慧选择成功

能尽得彰显。唯有以高瞻远瞩、超越自我的行动，方可描绘绮丽的未来蓝图。不要因为昨天取得的成功而沾沾自喜，昨天已是历史，一切又将归零，时间的列车已经把我们带到一个新的起点，永远保持在路上的状态，敢于打破常规，勇于创新，这样我们才可以彰显自己人生的价值。

【互动空间】

你具有远见吗？

一个人要成就事业，必须具有远见卓识。你有吗？

1. 你常能理解别人不理解的事吗？
   A. 不，我不能说有过这种事。B. 总是这样。C. 有时有这种经历。
2. 你会因为人们跟不上你的推理而不耐烦吗？
   A. 不，我没有过这种情况。B. 有过，但不经常。C. 会，我就是这样。
3. 你有别人根本不理解的想法吗？
   A. 从来没有。B. 经常有。C. 偶尔有。
4. 你认为自己考虑问题有远见吗？
   A. 肯定有。B. 不，我不能这样说。C. 我有得意的时候。
5. 你能从大局中看到他人忽视的微妙情况吗？
   A. 不能。B. 能，我就是这样。C. 有时能看到。
6. 你认为自己超前你的时代吗？
   A. 真的不是。B. 在一定程度上。C. 毫无疑问。
7. 好点子不断在你的脑海里涌现吗？
   A. 经常。B. 很少。C. 有时。
8. 你常常发现自己在创造新概念吗？
   A. 真的没有。B. 有，始终不断。C. 相当经常。
9. 有人认为你常会说出新鲜而有独到见解的观点吗？
   A. 我认为是这样。B. 不，我怀疑。C. 我说的是别人知道的东西。
10. 人们普遍认为你是发明家吗？
    A. 不，我不能这样说。B. 当然。C. 有时可能是。
11. 你以某种形式发表过你的思想？
    A. 经常。B. 有一两次。C. 从来没有。
12. 你会因为思想超越常人反被误解而沮丧吗？
    A. 我没有出现过这种情况。B. 是的，它令我非常烦恼。C. 我有时肯定有这个问题。
13. 你的思想会使我们的生活方式发生根本性变化吗？
    A. 我希望这样。B. 我怀疑。C. 如果不是这样，我会感到奇怪。
14. 你提出过具有全球性影响的思想吗？
    A. 一两个。B. 没有。C. 当然，我的工作就与世界有重大关系。
15. 你有信心向你那个领域的高级专家讲你的思想吗？
    A. 我经常讲。B. 不，我宁愿没有。C. 我可能鼓起勇气讲。

16. 你能以大家都懂的简单的语言解释你的思想吗?
 A. 我想我能。B. 我的思想极其复杂,不是一般人能懂的。
 C. 我或许能解释,但是很难。
17. 你估计100年后还会有人知道你吗?
 A. 不,我想不会。B. 他们可能听说过。C. 会,如果他们不是生活在与世隔绝的寺庙里。
18. 国外知道你的思想吗?
 A. 根本不知道。B. 知道,我是国际知名人士。
 C. 国外有人知道我,但只是少数人。
19. 人们因为不能理解你的思维而嘲笑过你吗?
 A. 有过,不过谁在乎呢? B. 这有时是个问题。C. 真的没有。
20. 你认为你的思想会使世界发生好的变化吗?
 A. 我希望这样。B. 没有把握。C. 我没有任何怀疑。
21. 你的思想在你有生之年会得到承认吗?
 A. 也许不会。B. 也许会。C. 他们最好是承认。
22. 你是那种能以自己的观点改变人们对艺术的看法的艺术家吗?
 A. 是的,这是我一生的使命。B. 不,我不是这种人。C. 我希望这样,但不能肯定。
23. 你得到你应得的承认了吗?
 A. 不完全。B. 我认为得到了。C. 得到了,但是将来我会得到更多。
24. 你能提出某些概念,使现代科学、数学或者哲学发生根本性变化?
 A. 当然。B. 可能。C. 我想不会。
25. 你认为你具备天才的种子吗?
 A. 我怀疑。B. 我想可能有。C. 我每天都对自己这样说。

评分方法:

题号	1分	2分	3分
1	A	C	B
2	A	B	C
3	A	C	B
4	B	C	A
5	A	C	B
6	A	B	C
7	B	C	A
8	A	C	B
9	B	C	A
10	A	C	B
11	C	B	A

续表

题号	1分	2分	3分
12	A	C	B
13	B	A	C
14	B	A	C
15	B	C	A
16	A	C	B
17	A	B	C
18	A	C	B
19	C	B	A
20	B	A	C
21	A	B	C
22	B	C	A
23	A	B	C
24	C	B	A
25	A	B	C

结果分析：

70~75分，好！你是真正具有远见卓识的思想家，你完全相信你的眼光，这对天才是重要的。

65~74分，你非常肯定自己作为远见卓识者的地位，但对自己总还有一些怀疑。

45~64分，你的见识真的不足以使你成为天才。你有不错的想法，但最终你知道你不是一个某些方面的人才。

44分以下，不要放弃日常工作。

第六节 锲而不舍，金石可镂

美国前总统安德鲁·约翰逊说，完成伟大的事业不在于体力，而在于坚忍不拔的毅力。

诺贝尔文学奖获得者，爱尔兰著名剧作家萧伯纳说，在这个世界上取得成就的人，都努力去寻找他们想要的机会，如果找不到机会，他们便自己创造机会。

法国著名作家罗切福考尔德说，事情很少有根本做不成的，其所以做不成，与其说是条件不够，不如说是由于毅力不够。

德国著名钢琴家贝多芬说，涓滴之水终可以磨损大石，不是由于它力量强大，而是由于昼夜不舍的滴坠。

也许，我们的人生旅途上沼泽遍布，荆棘丛生；也许我们追求的风景总是山重水复，不见柳暗花明；也许，我们前行的步履总是沉重、蹒跚；也许，我们需要在黑暗中摸索很长时间，才能找寻到光明；也许，我们虔诚的信念会被世俗的尘雾缠绕，而不能自由翱翔；也许，我们高贵的灵魂暂时在现实中找不到寄放的净土……那么，我们为什么不可以以勇敢者的气魄，坚定而自信地对自己说一声"再试一次！"

【行思探理】

坚持就会胜利

我们不能登上顶峰，但可以爬上半山腰，这总比待在平地上要好得多。

◆ **善于坚持好的做法**

在教育教学方面，有些学校形成了好的做法并坚持得较好，不断完善、发展；有些学校则是眉毛胡子一把抓，打一枪换一个地方，今天抓这个，明天抓那个，最终不能形成一个好的做法。行之有效的做法，就是要对既定的规范坚持下来，锲而不舍，"不变镜头"，最终形成好的经验。就像做人一样，正如毛泽东同志说的，一个人做一件好事并不难，难的是几十年如一日地做好事。同样，学校管理中一些好的做法能否长久，关键在于坚持。

◆ **善于联系实际进行创新**

好的做法要善于坚持，同时，还要善于联系实际进行创新。二者并不矛盾，是为与时俱进。这就要求我们深入基层，以把握实情。同时，要善于借鉴好的经验、做法，他山之石，可以攻玉。与时俱进，开拓创新，知己知彼，百战不殆。

【互动空间】

测测你的学习坚持性

试着做以下30道题，答"是"积1分，"不是"不计分。
1. 不明白的地方我不喜欢钻研。
2. 不喜欢的学科我不能坚持学习。
3. 如若旁边有别人干扰，我无法专心学习。
4. 有点累的时候，我会先休息，然后才将该完成的作业做完。
5. 学习时间稍长一点我就感到厌烦。
6. 好不容易才解完一道题，我再也不想解这难的题了。
7. 我所订的学习计划经常是半途而废。
8. 别人做不出来的题目，我也不想试。
9. 有不顺心的事时，会影响我上课注意力的集中。
10. 遇到难题我恨不得马上把它解答出来。
11. 上课时，一有听不懂的地方我就不想学了。

第十七章　胆略：用智慧选择成功

12. 只要有好看的电视，我会不由自主地想到电视节目内容，而无法静心看书学习。
13. 问题不好解答时，我很快就灰心。
14. 当老师讲解过程中我有听不懂的地方时，我就会心烦意乱，听不下去。
15. 当我发现有些东西没学好时，我也没心思去理会它，总想等将来用得着时再去学。
16. 我无法长时间看书学习，我觉得那样辛苦，而且也提不起学习兴趣，如能不学习是最好的。
17. 周末本该外出休闲，可是有许多作业没做完，这时我会先出去玩，然后再做作业，即使做不完也不管。
18. 当老师安排一项重要而又枯燥的学习任务时，我常常是不能坚持到底的。
19. 学习中感到有困难，我马上就泄气。
20. 当同学讨论难题时，我一般不参与，即使参加了也不会坚持到底。
21. 有朋友来找我玩时，我会放下手中的作业同他出去玩。
22. 我学习时总是没有耐心。
23. 碰到简单易做的题我就很快做完，但是一遇到稍微有难度的题我就想放弃。
24. 考试中，碰到较难的题我从不耐心地去思考。
25. 做作业时遇到较难的题，我常请教老师和同学，而不想认真思考独立完成。
26. 学习中遇到难理解的地方，我总是忽略不看。
27. 一碰到我不喜欢的学科，我常找理由不去上课。
28. 别人说我学习只有"三分钟的热度"，我也是这么认为的。
29. 读课外辅导材料，我很少能从头读到尾。
30. 当我去听讲座时，如果不是我感兴趣的，我就无法专心听讲。

结果分析：

0～9分，你的学习比较有坚持性，能够对难题耐心解答，希望能够保持。

10～19分，你在学习中坚持性一般。这有时会让你后悔，可是发过誓之后仍有坚持不下去的时候，你应该加强意志力的锻炼。

20～30分，你在学习中坚持性很差。你的"三分钟心血来潮"会让你一事无成，这应引起你的注意。你应设法改进这种状况，否则会影响到你的成功，你会变得慵懒，终日无所事事，对什么都失去兴趣。所以为了让自己改变这种"无耐心"的现象，你应该磨炼意志，从学习中体味成功的喜悦，只有向困难挑战，才能让自己一往无前。

第十八章 创业：让世界为你让路

第一节 做自己喜欢做的事

创业最佳方式：做自己喜欢的事。

英特尔公司前总裁格鲁夫说，人生最奢侈的事就是做你想做的事。

微软总裁比尔·盖茨说，做自己喜欢和善于做的事，上帝也会助你走向成功。

19岁就读北京大学信息管理专业，23岁去美国攻读计算机硕士，31岁创建百度，37岁带领公司上市……百度董事长兼首席执行官李彦宏的创业秘诀是：要做自己擅长的事情，要做自己喜欢的事情。只有这样，无论创业还是就业，终会有成功的一天。

在人生的所有幸福中，有一种幸福被人们所津津乐道并被人所羡慕，这种幸福并不是大多数人能拥有的，只有少部分人才能很幸运地拥有：自己所从事的工作和自己的爱好相一致。

找准你的特长吧，特长是你最大潜能的标志，是达到你目标的桥梁。只有最大限度地尽情发挥你的特长，你才可能最终实现辉煌的理想！做自己最拿手最喜欢的事吧！这也许是一条最朴素却最闪光的人生箴言。请试着罗列一下自己的特长与爱好。

你可能贫穷也可能富有，你可能平凡也可能伟大，你可能失败也可能成功，而所有这些都不是幸福的真正源泉。换句话说，不管你是腰缠万贯还是勉强糊口，不管你是达官显贵还是一介草民，只要你找准了自己的位置，只要你所做的是你所喜欢的，你就会全身心地投入，你就会体悟到其中的乐趣，从而不仅会使你走向成功，还会使你获得幸福。

【行思探理】

工作的最高境界就是快乐工作，现代上班族最流行的生存方式就是把爱好与工作结合起来。一项对全美成功人士调查得出的结果令世人羡慕：美国成功人士的94%以上都做着他们最喜欢的工作！他们工作着，快乐着，快乐工作的人没有理由不出成果。

◆ 做自己喜欢做的事——做到专注而持续

历史上最年轻的"白手起家"亿万富翁、27岁的社交网站"脸谱"创始人、CEO马克·扎克伯格并不是怪胎型的天才儿童，他和不少孩子一样，讨厌写作业，他的牙医爸爸认为，如果讨厌写作业，那么可以写代码。于是他给儿子买了一台电脑，并且教他编程。很快，12岁的扎克伯格为父亲开发了一款网络通信软件，以改变传统的接待员通报病人的方式。大学二年级，扎克伯格和室友在哈佛大学的宿舍里研究"脸谱"，之后，干脆退学全职运营网站。扎克伯格在一次演讲中说，如果你爱你所做的事，就能穿越逆境；如果你真的喜欢做，就更容易集中精力去挑战。

由此可见，青年人创业时考虑的因素有很多——是否对这个行业感兴趣，是否了解这个行业以及这个行业是否热门等因素。相比之下尤以投身自己感兴趣的行业最为关键。上班族每天有8个小时在工作，而创业者则每天至少要花费10个小时在工作上。如果加入了自己不喜欢的行业，那工作对人来说简直就是一种折磨，在未来的几十年里伴随着折磨过日子，没有哪个人愿意。

◆ 做自己喜欢做的事——意味着成功与幸福

倘有人问：你想当银行家还是当厨师？恐怕大多数人都会选择当银行家。然而，也有人宁愿当厨师，而不愿当银行家。

在纽约华尔街一家餐馆，一位打工的中国留学生和餐馆的厨师聊天。留学生说，希望自己日后能当一名银行家，那样就可以出人头地，一切也都有了保证。没想到那位厨师却说："我先前就在华尔街的银行上班，每天午夜才下班回家，早就烦透了这种工作。我年轻时就喜欢烹饪，听着人们津津乐道我的厨艺，我便开心极了。有一次午夜过后，当我结束了银行公务，在办公室里吞咽着令人厌恶的汉堡时，终于下决心辞去银行工作，当上了专业美食家，这样不仅可以满足自己的胃口，更能够为众人奉献厨艺。从那时起，我一直生活在快乐之中。"留学生以当银行家为荣，而厨师却避之犹恐不及，这完全是志趣不同使然。

由此可见，真正令人感到快乐和幸福的，并非高薪高职、出人头地，而是做自己有兴趣、愿意做的事。兴趣的力量是巨大的，兴趣爱好可以丰富人的精神生活，从中寻求到精神寄托，进而获得无穷乐趣。人生最不后悔的活法：第一是做自己喜欢做的事；第二是想办法从中赚钱。

【互动空间】

测试你适合做什么

工作的种类有很多，不同的人做着不同的工作，那么你知道自己适合做什么样的工作吗？

问题：这里有一对男女，正在交谈着，女孩正在微笑，那么在你眼中这位男士到底对这女士说了什么？

A. 你真是面面俱到而且真聪明。
B. 你真是活泼大方。
C. 你的品位很高，总是打扮得漂漂亮亮的。
D. 你真是温柔呀！

结果分析：

选A：你真是面面俱到而且真聪明——热情、感动型。

你是一个能明明白白表示自己好恶的人，因你从不忌讳谈论自己的情感，所以在别人眼中是个热情的人。对于自己渴望的事物会积极去努力争取，知难而进，不喜欢因循老套的生活方式，若从事自营事业或是自由业，定能如鱼得水般快乐。

选 B：你真是活泼大方——谨慎、安全型。

你是一个常有不切实际发言的人，可是当事情发生须作决定却又表现得相当保守的人，但会忠实努力地完成被交代的任务，在公司及家中会得长辈喜爱，绝不会为了自己的意见去反抗长辈。

选 C：你的品位很高，你总是打扮得漂漂亮亮的——反抗、叛逆型。

当你被人指使去做事时，决不会好好去完成。非常讨厌一般大众化，在创造上非常有才华，对于自己认为对的事，决不轻易放弃，会战斗到底。

选 D：你真是温柔呀——合理、知性型。

你可能会被朋友认为是一个非常冷酷、无情的人，因为你对任何事都很少有反应过度的表现，如大哭大叫。因为当你遇到事情时，通常都会从各种角度去分析、整理，再做决定，也不会被感情左右判断，很适合从事教职工作或与司法行政相关之工作。

第二节　为成功创业做好准备

机会总是留给有准备的人。

韩国三星集团董事长兼总裁李秉认为，创业有四大原则：第一，必须敏锐地洞察时代的动向；第二，必须抑制贪心，不能超越自己的能力去经营；第三，必须绝对避免投机心理；第四，办企业要有多种准备，当上策受挫或失败时，你要果断地放弃上策，毅然采取中策或下策，做到有备无患。

如今的世界，是一个充满机会的世界。比尔·盖茨、史蒂夫·乔布斯、马克·扎克伯格等创造一个又一个商业奇迹，各自打造出属于自己的财富王国，集万千光环于一身，成为当今世界无愧于世的英雄人物。如今的中国也已不再是百年前的中国，神州大地生机勃勃，社会万象日新月异，马云、史玉柱、李彦宏等人投身商海，创业成名，成为中国新时代的英雄，吸引万千有志青年走上创业之路。这是一个创业的时代，这是一个英雄辈出的时代！

【行思探理】

成功创业，需要具备一定的创业素质。

◆ 强烈的创业意识

强烈的创业意识对创业型人才具有决定性作用，因为意识不仅一般地决定行动，而且意识还决定行动的方向和力度。只有强烈的创业意识，才能对创业产生无限的好奇心和巨大的心理冲动，才能满怀美好的憧憬去发现新领域和提出新问题，并以健康的心态探索、开拓。在强烈的创业意识下，人会精神激昂、追求执着、意志顽强。所以，强烈的创业意识既是一种执着、健康的心态，又是一种聪明的远见。

◆ 健康的心理素质

创业的过程是一个探索未知领域的过程，是一个充满风险的过程，也是一个不断收获喜悦的过程。在这个过程中，创业者的心理和行为会不断地受到挑战——不仅要一次次面对竞争，还要一次次面对抉择；不仅要一次次面对成功，还要一次次面对失败。要以超凡的心理调控能力，始终保持一种积极、沉稳的心态和执着的追求，保持迎战困难和追寻成功的激情。

◆ 科学的冒险精神

创业型人才必须具有承担并挑战风险的勇气，敢于突破思维定式和传统经验的束缚，向着未知地带、向着风险领域迈进。因为风险常常与效益相伴，巨大的风险常常是巨大的机遇。因此，在一定程度上说，冒险是一种动力，是一种勇敢，甚至是一种高尚。在创业的道路上，必须注入一种义无反顾、知难而进、无所畏惧的冒险精神。

◆ 出色的管理能力

在创业过程中，始终离不开的是人才管理、质量管理、技术管理、文化管理。面对设定的发展目标，管理能力不仅体现在计划和决策中，体现在对单位的组织结构进行设计、对人员进行合理配置中，还体现在对员工的组织、指挥、引导、鼓励的过程中，体现在对内对外的协调和非人力资源的分配、调度和使用中。

◆ 博采众长的学习意识

创业是一个需要合谋、合力和合作的事业，是一个需要不断注入动力和活力的事业，是一个必须不断开创、不断引领潮流的事业。如此的事业，没有远见卓识和丰厚的知识底蕴、文化底蕴做支撑是不可想象的。创业者必须明白：一个人有希望，不在于他的基础，而在于不断学习；一个集体有希望，不在于它的起点高低，而在于这个集体善于学习。创业型人才必须让知识的"增量"成为永续的智慧，成为超群的资历，成为成功的动力之源。

资源来源：摘编自郑其绪、常璐《论高校创业型人才的培养》一文。

【互动空间】

创业公司的面试题，你能答出几个？

一家创业公司设计出下面九个问题，这些问题不仅可以给创业公司面试应聘者时提供参考，而且可以给准备创业的人提供启示。

1. 你能说出一些新鲜的、不太无聊的应用程序吗？
2. 你对经常使用的应用程序有何不满的地方？
3. 如果给你足够的资金，你会做什么样的公司？
4. 纽约市有多少人口？
5. 你听到的技术行业最新的消息是什么？
6. 互联网是如何运作的？

7. 你听什么音乐？看什么书？喜爱什么电影？
8. 你打乒乓球的技术有多高？
9. 你周末一般做什么？

结果分析（排序对应上述提问）：

1. 我们都希望自己开发的应用程序能够引领潮流。但是，如果你最爱的应用程序是游戏 Flappy Bird 和照片分享服务 Instagram，那么这就有问题了。你要跟我说说我没有听过的应用程序。

如果应聘者知道我不了解的应用程序，我就感到很高兴，只要它不是太差劲。然后，我会用这个问题来考他或她：说说你如何改进这款应用程序。如果应聘者说"这是一款很酷的应用程序"，那么他的观点就显得平淡无奇。

2. 最好的项目经理往往是最喜欢抱怨的人。如果你对一款应用程序没有任何不满的地方，那么你又如何帮助 Fueled 公司打造出市场上最棒的应用程序呢？要做一个完美主义者。要做一个改进者。

3. 我不想看你的商业计划，我只想听听你的想法。我们买卖的是创意——人们总是不断地向我们抛来各种概念和想法。

而且，如果你的创业梦是开一家餐馆或鞋店，那么你可能不该到技术公司来应聘。

4. 我们喜欢知识面宽广的人，因为你永远不知道哪些知识会派上用场。说到估计城市人口，你相差几百万都没关系。但是，如果你说纽约市有 10 万人或 1 亿人，那么这就令人感到很忧虑了。

如果我们准备开发一款针对纽约人的应用程序，而你都不知道纽约到底有多少人，我们如何能够指望你打造出一种有效的业务模式呢？

5. 你应该能够谈谈创业公司和技术行业的大致情况，技术公司如何融资，谁刚刚获得了投资以及你对此有何看法。我们喜欢具有企业家精神的人。

6. 给我解释一下。如果你想获得技术职位，你可以详细解释一下。至于其他职位，如果我们发现应聘者对互联网的理解很透彻，那么这也可以给你加分。

7. 这没有标准的答案，你也不必非得对这些东西感兴趣。但是，你必须喜欢什么东西，而且我想知道你为什么喜欢。我想借此深入了解一个人。

8. 身边有些打乒乓球的高手是一件美事。当然了，这并不是一种要求。

9. 我们并不想干涉你做什么，或者对你指手画脚。我对你做的具体事情也不感兴趣，我只是关心你如何讲述你做的事情。

有创意的人往往也是善于讲故事的人。口头有效传达信息的能力是很重要的。如果你周末什么也没做，那么你仍然度过了什么都没做的 48 个小时。甚至睡懒觉也可以是一个很有趣的故事。

第三节 撑起一片属于自己的天空

机遇 + 智慧 + 坚持 = 成功。

创业点亮人生，奋斗成就梦想。

第十八章　创业：让世界为你让路

创业是相伴一生永远的痛和快乐。

创业的起步是艰辛的，创业的道路是曲折的，创业的成功却是甜美的。

创业成功要诀：选择一个行业，确定一个战略，创立一个品牌，培养一支团队，营造一种文化，制定一套制度。追求这"六个一"的过程也就是艰辛和快乐并存的创业过程。

青年人的创业除了对物质的追逐外，更深层次的原因是满足生命前行中的一切愿望：实现自我的最大价值；触摸心中神圣的理想；测试弱小生命挑战未知和巨大恐惧的勇气，让自己的青春在创业奋斗中闪耀光芒。

星巴克创始人、总裁霍华德·舒尔茨说，不仅要赢，而且要赢得体面。这就是舒尔茨的领导哲学。他希望给读者传达的终极思想——也是他每时每刻都在努力践行的——要怀有希望：无论世事多么艰难，未来总会变得比往昔更美好，不论这种"美好"将如何定义。

《西游记》中唐僧师徒四人经过千辛万苦取得真经。唐僧的成功，不是因为唐僧的水平有多高，更多的是因为他拥有坚定的理想和信念，拥有作为创业者最不可或缺的面对失败和挫折永不退缩的斗志，更有作为团队领袖所必须具备的宽容、鼓励和体恤之情。有这样的事业心，有这样的团队，有这样的领袖，不成功都难。

众多创业者中，失败的比例太大，成功的人数太少。所以，只要是创业者，都应该获得属于他们的掌声，不论是成功还是失败，他们都值得你用掌声去欢迎，去赞赏，去给予你的激情。就如同你明天也许就成为享受掌声的创业者一样，今天的失败者明天也许就成为了成功者。我们都生活在一个精彩的世界里，我们彼此都怀着一份深深的感激之情。

【行思探理】

创业可分为科技引领型、网络实体型、创意驱动型、团队合作型、导师帮带型、市场拓展型、大赛孵化型等类型。

◆ 科技引领型

该模式是指掌握核心技术、专利或其他智力成果的大学生，通过创业活动将科技成果产品化、市场化。由于产品科技含量高，市场前景好，比较容易获得创业投资和风险投资机构的青睐，得到资金支持。

◆ 网络实体型

该模式是指大学生充分利用杭州"中国电子商务之都"的比较优势，依托电子商务平台，通过"线上+线下"相结合的商业运营模式进行创业活动的创业组织模式。

◆ 创意驱动型

该模式是指大学生利用个人的智慧、创造力、技能和天分获取发展动力，以及通过对知识产权的开发创造潜在财富和就业机会的创业组织模式，集中于广告、艺术、设计、动漫、软件及计算机服务等行业。

◆ 团队合作型

该模式主要是大学生通过组建团队，发挥团队的集体智慧来实现共同创业目标而从事创业活动。

◆ 导师帮带型

该模式是指由创业导师利用自己的经验、技术、资金、专利和社会关系等各种资源直接或者间接参与大学生创业活动。

◆ 市场拓展型

该模式是指大学生通过分析市场潜力，深入挖掘市场以扩大市场份额为目标的创业组织模式。

◆ 大赛孵化型

大学生创业大赛已成为吸引海内外优秀大学生创业团队和项目来中国创业的重要载体和平台，并在全国打响品牌。

◆ "村官"创业型

该模式充分发挥大学生"村官"的积极性，通过制定优惠政策，提供帮扶措施，营造良好环境，推进大学生"村官"扎根基层、创业富民。

【互动空间】

创业品质，你具备了吗？

创业品质是成功的保证，这是创业专家对投资创业者的提醒。三个简单的品质让我们拭目观之，准备好才能让企业家快速成功。

1. 诚信——创业立足之本。作为一种特殊的资本形态，诚信日益成为企业的立足之本与发展源泉。创业品质是成功保证。

创业者品质决定着企业的市场声誉和发展空间。不守"诚信"，或可"赢一时之利"，但必然"失长久之利"。反之，则能以良好口碑带来滚滚财源，使创业渐入佳境。

2. 勇气——视挫败为成功之基石。创业品质是成功的保证，成功需要经验积累，创业的过程就是在不断的失败中跌打滚爬，只有在失败中不断积累经验，不断前行，才有可能到达成功彼岸。美国3m公司有一句关于创业的"至理名言"：为了发现王子，你必须与无数只青蛙接吻。对于创业家来说，必须有勇气直面困境，敢于与困难"接吻"。

3. 创新精神——创业成功的维生素。金利来领带的创始人曾宪梓说，做生意要靠创意而不是靠本钱。在竞争激烈的市场中，缺乏创新的企业很难站稳脚跟，改革和创新永远是企业活力与竞争力的源泉。

万科集团在1988年发行了大陆第一份《招商通函》，目前该公司已成为全国房地产知名企业和中国最具发展潜力的上市公司；上海复兴高科积极推进与数十家国有企业合资合作，用民营企业机制同国有企业资产实行有效嫁接……这些企业的成功，都离不开创业家挑战成绩、自我加压、勇于创新的精神。

创业品质是成功的保证，如果你想进入某个行业，就要对这个行业熟练掌握，不能光靠着想象、冲劲、理念做事。真正想创业的朋友，只有选择好行业，这样才能让成功离你更近。

第四节　非凡来自专业

科技——永远的第一生产力。

阳光照亮世界，知识照亮人生。

"创新力"和"创新意识"是技术企业赖以生存的根本。

要在技术上引领时代潮流，只能不断创新、不断推出新产品、不断超越自己的竞争对手，这样才能够生存下去。

创业是不断摸索的过程，也是不断学习的过程，不要只顾疾步奔跑在创业的路上而忘了修炼自己。虽然，读书只是修炼的一种手段，但不可否认的是，这仍是很重要的手段之一。

乔布斯说，成功没有捷径，你必须把卓越转变成你身上的一个特质；最大限度地发挥你的天赋、才能、技巧，把其他所有人甩在你后面；高标准严格要求自己，把注意力集中在那些将会改变一切的细节上；变得卓越并不难，从现在开始尽自己最大能力去做，你会发现生活将给你惊人的回报。

在创业的过程中，激情与务实是创业成功的法宝。人不能没有激情，不能没有梦想，激情能让你战胜困难，勇往直前；同时，要让梦想变成现实，你还必须具备务实的态度和实干的精神，一步一步向目标前进。创业不是简单的乌托邦式的理想，不是仅凭一腔热血加美好梦想就能顺利地到达胜利的彼岸。个人创业更多的是要依靠前期科学的规划、多角度的观察、理性的分析、有效的资源分析与整合、成熟高效的运作技能、良好的商业心态等。

"科学技术是第一生产力"，既是现代科学技术发展的重要特点，也是科学技术发展必然结果。社会生产力是人们改造自然的能力。作为人类认识自然、改造自然能力的自然科学，必然包括在社会生产力之中。科学技术一旦渗透和作用于生产过程中，便成为现实的、直接的生产力。现代科学技术发展的特点和现状告诉我们，科学技术特别是高技术，正以越来越快的速度向生产力诸要素全面渗透，同它们融合。

【行思探理】

从改革开放开始至今，中国的创业浪潮一波接着一波。

第一波浪潮的主要创业者是社会相对边缘的人，创业者基本没有任何技术。那个时候，只有找不到工作的，甚至是无处生存的人，才考虑以"倒爷"作为职业。在这批"倒爷"中，后来只有少数人得到成功，慢慢地成为企业家，如联想集团总裁柳传志、海尔集团总裁张瑞敏……他们在20世纪80年代，也许放弃了优厚的机会，也许因为找不到更好的机会，在社会边缘挣扎努力，直到今天才得到社会的尊重。这就是当时中国的创业情况，"倒爷"

扮演着开拓者的角色。

第二波创业浪潮发生在20世纪90年代，主要是从体制内"下海"的人，基本上没有什么技术。当时的中国，全民"下海"。这些人员的素质和所受的教育程度都比较高，他们创业的企业经营业务范围很广泛，赢得巨大利益的集中在房地产和外贸领域。代表人物是潘石屹、史玉柱……这批创业者得到了很大的价值回报。他们与第一批的创业者不同，拥有较高的教育水平和知识层次，并且他们渐渐地开始学习西方先进的企业管理模式。

第三波创业浪潮发生在21世纪初期，创业者中草根居多，技术含量较多，他们选择了互联网。当时，美国验证了互联网在未来有着很大的潜在价值，这批中国创业者看到了机会，他们认为，美国人能做到的，我们中国人也能做到。代表人物是百度的李彦宏、腾讯的马化腾……无论是百度还是腾讯，最初的投入可能只是百万或千万元，而今天的企业价值却是1 000亿美元！投资少，回报多，风险投资逐渐参与，创业者和他的伙伴拥有大量的股权，并被股权激励，这就是第三轮的创业模式。

今天的第四波创业浪潮，不但拥有技术，而且往往是IT精英。比较典型的有许朝军，他在创新工场获得投资，是点点网的创始人，并得到巨大的成功。第四波创业浪潮四个创业机遇：中国移动互联网正在非常快速地成长；一个SOLOMO机会，即social（社交）、local（位置）、mobile（移动）；创业成本降至史上最低，回报是一部分，成本是另外一部分；天使投资变成了非常大的新的趋势。但共同的特征是技术含量高。

每一波创业浪潮都充满了挑战和艰辛，但也会成为明天的传奇。

【互动空间】

你够不够自主创业的火候

创业充满了诱惑，但并非每个人都适合走这条路。美国创业协会设计了一份测试题，假如你正想着自己"单挑"，不妨做做下面的题。

选项：A. 经常；B. 有时；C. 很少；D. 从不。

1. 在急需决策时，你是否在想"再让我考虑一下吧"？
2. 你是否为自己的优柔寡断找借口说"得慎重，怎能轻易下结论呢"？
3. 你是否为避免冒犯某个有实力的客户而有意回避一些关键性的问题，甚至有意迎合客户？
4. 你是否无论遇到什么紧急任务都先处理日常的琐碎事务？
5. 你是否非得在巨大压力下才肯承担重任？
6. 你是否无力抵御妨碍你完成重要任务的干扰和危机？
7. 你在决策重要的行动和计划时，常忽视其后果吗？
8. 当你需要作出很可能不得人心的决策时，是否找借口逃避而不敢面对？
9. 你是否总是在晚上才发现有要紧的事没办？
10. 你是否因不愿承担艰苦任务而寻找各种借口？
11. 你是否常来不及躲避或预防困难情形的发生？
12. 你总是拐弯抹角地宣布可能得罪他人的决定吗？

13. 你喜欢让别人替你做你自己不愿做而又不得不做的事吗？

评分标准：

计分：选 A 得 4 分，选 B 得 3 分，选 C 得 2 分，选 D 得 1 分。

请看分析：

结果分析：

50 分以上，说明你的个人素质与创业者相去甚远。

40～49 分，说明你不算勤勉，应彻底改变拖沓、低效率的缺点，否则创业只是一句空话。

30～39 分，说明你在大多数情况下充满自信，但有时犹豫不决，不过没关系，这也是稳重和深思熟虑的表现。

13～29 分，说明你是一个高效率的决策者和管理者，有望成为成功的创业者，你还等什么？

第五节　彩虹总在风雨后

创业是就业的最高形式。

阳光下绚丽的彩虹总是出现在风雨之后。

有梦想就可以创业，没有梦想就不要创业。

不经历风雨，怎么见彩虹，不经过历练，怎么会成功。

坦然是一种对生活的巨大热忱和信心，是一种高格调的真诚与豁达，也是一种直面人生的智慧与勇气。

人的一生有成功的喜悦，也有无尽的烦恼；有波澜不惊的坦途，更有布满荆棘的坎坷与险阻。当苦难的浪潮向我们涌来时，我们唯有与命运进行不懈的抗争，才有希望看见成功女神高擎着的橄榄枝。

"咬定青山不放松，立根原在破岩中，千磨万击还坚劲，任尔东西南北风。"

"不经历巨大的困难，怎么能成就伟大的事业。"

人生的历程犹如一条抛物线，不可能总是停留在一个高度上，在经过一个高度后，终归回到地面。没有谁的一生总是风平浪静。大海如果失去了波浪，便失去了辉煌；人生如果失去了挫折，便失去色彩。不经历风雨怎能见彩虹，既然一切都是不可避免的，那么我们就应该学会面对，面对人生的挫折。

【行思探理】

"阳光总在风雨后"这个富有诗意的人生哲理告诉我们，经历过程往往比获得结果更加可贵，哪怕这个过程是错误的，但有时却能给人留下铭记终生的印象。

◆ **失败之后仍有梦想**

目前，中国是全球经济发展最快、创业热情最高的国家之一。《2017 年中国大学生就业报告》数据显示，大学生毕业即创业比例连续 5 年上升，从 2011 届的 1.6% 上升到 2015 届的3.0%。但是在浩浩荡荡的创业大军中，成功率却比较低。毕业半年后自主创业的应届本科毕业生，3年后超过半数的人退出创业。即便在创业环境较好的省份如浙江，大学生创业的成功率也只有5%左右。中国大学生创业如此高的失败率，为什么还有近六成的大学生的前仆后继，这说明一时的失败或者挫折并一重要，重要的是失败之后还有梦想，还有激情。比如马云创业时被认为是疯子，但今天谁不知道电子商务是个金矿。只要梦想不死，总有一天会成功。

◆ 犯错误不等于错误

乔布斯说，犯错误不等于错误，从来没有哪个成功的人没有失败过或者犯过错误，相反，成功的人都是犯了错误之后，作出改正，然后下次就不会再错了，他们把错误当成一个警告而不是万劫不复的失败。从不犯错意味着从来没有真正活过。

每个人的创业经历都不会一帆风顺的，总会经历一番风雨的磨难，关键是成功了不要骄傲，失败了不要气馁，要坚信在风雨过后，肯定有胜利的彩虹。通过风雨的磨炼，你定会更加成熟，意志更加坚定，品格更加顽强，一定会重新找到自我。

◆ 吸取教训继续出发

创业失败后，需要努力反思创业失败的原因，发现并弥补创业项目的短板和缺陷，促进自己的思考更加成熟。借鉴同行成功企业的创业经验，学习他们先进的商业理念和商业模式。继续提升专业能力和专业精神，完成创业积累，等思考成熟了继续尝试。

总之，创业成功的因素很多，环境很重要，政策也很重要，但最重要的机会还得靠自己去争取：风雨过后，漫天彩虹。

【互动空间】

看看你将如何面对创业之路？

在过生日那天，你最想得到什么礼物？
A. 一大束鲜花。B. 一辆豪车。C. 一座别墅。D. 一本好书。E. 以上都不是。
结果分析：

A：你乐观、积极向上，浪漫、充满活力，创业路上的酸楚不会使你颓唐，虽然没有十足的信心却能激励合伙人前行，不太适合独立创业。

B：你较前卫，个性鲜明，有主见，是创业路上的主要核心力。通过努力能够打拼出一条成功之路，但过度的自我意识往往造成共同创业者的不满，建议单独创业为佳。

C：你是个志向远大的人，能够不畏创业路上的艰辛，点点滴滴耕耘自己的事业，面对成败能屈能伸，并且具有超强凝聚力，使员工能够与之同舟共济、开创事业。

D：你沉着稳重、有勇有谋，创业中的你能够具体问题具体分析，面对风险会思虑再三，达到稳妥后才会投资，善于接受新事物的你却不能把握住最好时机。

E：你开拓性较强，是个很不错的实务者，开创事业能独辟蹊径，抢占市场先机，但创业路上易布满荆棘。忠告：遇到挫折千万不要灰心，坚持下去终会成功。

第六节　创业永远在路上

创业没有终点，永远在路上。

只有不懈追求，永不放弃的尝试才能创造完美，生命会因不懈追求而精彩。

马云说，创业，今天很残酷，明天更残酷，后天会很美好，但绝大多数人都死在明天晚上，却见不到后天的太阳。所以我们干什么都要坚持！

成功永远在路上，哪里跌倒哪里爬起来，屡败屡战，只要身躯尚存、灵魂尚在、精神不死、理想不灭，任何人不管失利多少次，只要你最后挺住了，人们还会当你是英雄！中国人讲究"不以成败论英雄"，应该就是对"成功永远在路上"观点的最好诠释。

创业的路上能否持之以恒地坚持下去，就需要"永不放弃"的精神。只有这样，你才会在成功的路上比平常人领先一步；只有这样，你才能把苦和泪都看作是人生路上的插曲，才能一步一步向成功的阶梯迈进；只有这样，才是一个能成功创业的人所具备的优秀品质。如果缺少这种素质，即使你有再美好的创业计划，再好的创业条件，也只是空想，也会与成功无缘。

创业不是一劳永逸的事，选择创业也就是选择一种生活方式。自主创业是开疆拓土的行动，守土戍边是另一种形式的创业。不同的创业者可能有不同的创业历程，但每一个创业者的路程都不可能是一马平川。所以，只有理解创业，创业者才能创业，而且，只有真正的创业者才适合创业。

【行思探理】

上路：领略远方的风景；行走：经受风浪的洗礼；远眺：人生没有终点。

◆ 完整的创业计划

创业必须制订一个完整的、可执行的创业计划书，即可行性报告，主要回答你所选的项目能否赚钱、赚多少钱、何时赚钱、如何赚钱以及所需条件等。回答这些问题必须建立在现实、有效的市场调查基础上，不能凭空想象，主观判断。根据计划书的分析，我们再制订企业目标并将目标分解成各阶段的分目标，同时订出详细的工作步骤。

◆ 周密的资金运作计划

资金如同企业的粮食，要保证企业每天有饭吃，不能饿肚子，就要制订周密的资金运作计划。在企业刚启动时，一定要做好3个月以上或到预测盈利期之前的资金准备。但开业后由于各种情况会发生变化，比如销售不畅、人员增加、费用增加等等，因此要随时调整资金运作计划。而且，由于企业资金运作中有收入和支出，始终处于动态之中，创业者还要懂得一些必要的财务知识。

◆ 良好的创业氛围营造

创业由于缺少社会经验和商业经验，如果把自己独立放到整体商业社会，往往会难以把握。这时可以先给自己营造一个小的商业氛围，进入行业协会是比较有效的一条途径。创业者可以借助行业协会了解行业信息，结识行业伙伴，建立广泛合作，促成自己在行业中的地位和影响。同时，创业者可选择一个能提供有效配套服务的创业工业园区落户，借助其提供的优惠政策、财务管理、营销支持等服务，使企业稳定发展。另外，还可以找一个经验丰富的企业管理咨询师做企业顾问，并学会借助各种资源，学会和各方面的人合作，给自己营造一个好的商业氛围，这对创业者的起步十分重要。

◆ 亲力亲为到建立团队

企业不是想出来的，是干出来的。创业者有文化、头脑灵、点子多，但在创业的初期，受资金的限制，在没有形成运作团队之前，方方面面的事情必须自己去做。只有明确目标不断行动，才能最终实现目标。在做事的过程中，要分清主次轻重，抓住关键重要的事情先做。每天解决一件关键的事情，比做十件次要的事情会更有效。当企业立了足，并有了资金后，就应该建立一个团队。创业者应从自己亲力亲为，转变为发挥团队中每一个人的作用，把合适的工作交给合适的人去做。一旦形成了一个高效稳定的团队，企业就会跨上一个台阶，进入一个相对稳定的发展阶段。

◆ 盈利是做企业最终的目标

做企业的最终目的就是盈利，因此无论是制订可行性报告、工作计划还是活动方案，都应该明确如何去盈利。创业者思维活跃，会有许多好的点子，但这些好的点子要使它有商业价值，必须找到盈利点。企业的盈利来源于找准你的用户，因此，企业要时刻了解你的最终使用客户是谁，他们有什么需求和想法，并尽量使之得到满足。

【互动空间】

你是否进入即将创业的状态？

熟睡的时候忽然被手机铃声吵醒，你会做如何反应呢？
A. 立即接电话。B. 关机拒接。C. 看电话号码后再决定。D. 不去理睬继续睡。
结果分析：

A：敏感的反应验证了你"求机若渴"的心态，开创事业的机遇也随之而来了，抓住时机迎接挑战吧，但切记要具体问题具体分析，适时而动。

B：你个人不追逐名利，对自己的生活现状比较满意，对未来的憧憬是"过了今天再说"的心态，忙碌的你不会因此而失去发财的机会，但真正自己的事业还需待时日。

C：你是位处事不惊的潜在生意人，能够相时而动，把握有利时机，沉稳的你往往会在失意中出现佳遇，并且此时还会有人大力扶持。记住：失败不要气馁，成功就要到来！

D：看来你确实太累啦，一直在为事业奔波劳累的你遭遇过多失败致使对未来失去了信心，休整心态，重新开始吧，在你重整旗鼓后不久真正适合自己的创业时机就会到来。

参考文献

[1] 刘玉瑛. 诚信决定存亡[M]. 北京：新华出版社，2019.
[2] 王海山. 做人有格局，做事顾大局[M]. 南京：江苏凤凰文艺出版社，2019.
[3] 蔡鲲鹏. 责任比能力更重要[M]. 2版. 广州：广东旅游出版社，2019.
[4] 王宝华. 细节决定成败[M]. 汕头：汕头大学出版社，2019.
[5] 王媛. 把细节做到极致[M]. 北京：中华工商联合出版社，2019.
[6] [美] 彼得·德鲁克. 管理：使命 责任 实践三部曲[M]. 北京：机械工业出版社，2019.
[7] 李浩天. 收获在于勤奋[M]. 北京：煤炭工业出版社，2019.
[8] 吴维库. 阳光心态[M]. 北京：机械工业出版社，2019.
[9] 万特特. 所谓命运，大多是我们自己的选择[M]. 北京：现代出版社，2019.
[10] [美] 马修·金卡德，道格·克兰德尔. 畅所欲言：优秀领导者如何打造坦诚文化[M]. 北京：中信出版社，2019.
[11] 初心和使命（图解版）[M]. 北京：人民出版社，2018.
[12] [美] 丹尼尔·戈尔曼. 情商：为什么情商比智商更重要[M]. 北京：中信出版社，2018.
[13] 何帆. 大局观：真实世界中的经济学思维[M]. 北京：民主与建设出版社，2018.
[14] 吕晓燕. 态度的力量：工作态度决定人生高度[M]. 成都：四川大学出版社，2018.
[15] 王世民. 学习力：颠覆职场学习的高效方法[M]. 北京：电子工业出版社，2018.
[16] 王萍萍. 你的思路决定你的未来[M]. 北京：团结出版社，2018.
[17] 吴军. 态度[M]. 北京：中信出版社，2018.
[18] 张涛. 敬业乐群[M]. 北京：人民文学出版社，2018.
[19] 西武. 你的眼界，决定你的全世界[M]. 北京：百花文艺出版社，2018.
[20] [美] 史蒂芬·柯维. 高效能人士的七个习惯[M]. 北京：中国青年出版社，2018.
[21] 陈万辉. 事事领先一步[M]. 北京：煤炭工业出版社，2018.
[22] 张继辰. 任正非：天道酬勤[M]. 深圳：海天出版社，2018.
[23] 穆臣刚. 哈佛人生规划课[M]. 北京：中国法制出版社，2018.
[24] 董振华. 奋斗：新时代是奋斗者的时代[M]. 北京：中共中央党校出版社，2018.

[25] 胡永青. 诚信：职场新人必修课 [M]. 北京：北京理工大学出版社，2017.

[26] 贺海峰. 领导变革 [M]. 北京：研究出版社，2017.

[27] 滕龙江. 学会选择懂得放弃 [M]. 哈尔滨：黑龙江教育出版社，2017.

[28] 刘荔. 从容做事，淡定做人 [M]. 北京：中华工商联合出版社，2017.

[29] 王为. 诚信营销 [M]. 北京：电子工业出版社，2017.

[30] 李世平. 诚信故事100例 [M]. 上海：立信会计出版社，2017.

[31] 胡赛阳，黄丽清. 团队合作与个人管理 [M]. 广州：广东高等教育出版社，2016.

[32] 袁小球. 所有的梦想都需要全力以赴 [M]. 青岛：青岛出版社，2016.

[33] 陈南. 不会倾听你就输定了 [M]. 北京：台海出版社，2016.

[34] 查旭东. 诚信心自安——南怀瑾先生与文化七都 [M]. 上海：上海书店出版社，2016.

[35] 高晓静. 心态比黄金重要 [M]. 北京：天地出版社，2016.

[36] 余小元. 正面思考的力量 [M]. 哈尔滨：哈尔滨出版社，2016.

[37] 姚美海. 拿得起靠胆量，放得下看肚量 [M]. 长春：吉林出版集团有限责任公司，2016.

[38] 孟智罡. 宽容获得精彩人生 [M]. 哈尔滨：黑龙江美术出版社，2016.

[39] 王聪. 敢为天下先 [M]. 北京：中国法制出版社，2016.

[40] 史瑞杰. 诚信导论新编 [M]. 北京：北京大学出版社，2015.

[41] [法] 卡丽娜·蒂尔. 谎言与命运 [M]. 上海：上海人民出版社，2015.

[42] [美] 拉斯洛·博克，重新定义团队：谷歌如何工作 [M]. 宋伟译. 北京：中信出版社，2015.

[43] 李志远，邵小波. 让责任成为一种习惯 [M]. 北京：企业管理出版社，2015.

[44] 齐欣. 做好自己的本职工作 [M]. 北京：中国言实出版社，2015.

[45] 刘静. 职业道德与成就自我 [M]. 北京：商务印书馆，2015.

[46] 泓露，沛霖. 热情成就你一生 [M]. 北京：中国商业出版社，2014.

[47] [日] 稻盛和夫. 坚守底线（新版）[M]. 北京：中信出版社，2013.

[48] 薛晋蓉. 轻松理财一点通 [M]. 上海：上海科学普及出版社，2012.

[49] 邱金花. 宽容背后的秘密 [M]. 北京：中国商业出版社，2012.

[50] [美] 沃尔特·艾萨克森，史蒂夫·乔布斯传 [M]. 管延圻译. 北京：中信出版社，2011.

[51] [美] 卡耐基，淡定的人生不抱怨 [M]. 林山译. 武汉：武汉出版社，2011.

[52] 予思. 机遇只给有准备的人 [M]. 北京：金城出版社，2011.

[53] 李晟. 幸福就是一种好心态 [M]. 北京：北京工业大学出版社，2011.

[54] 张红镝. 聪明的人会说，智慧的人会听，高明的人会问 [M]. 北京：中国华侨出版社，2011.

[55] [美] 约翰·D.洛克菲勒，一生的忠告 [M]. 范毅然译. 北京：中国华侨出版社，2011.

[56] 张鹤. 从零开始学理财 [M]. 北京：中国铁道出版社，2011.

[57] 艾馨. 心灵鸡汤：有一种态度叫宽容 [M]. 哈尔滨：哈尔滨出版社，2011.

[58] [英] 斯迈尔斯，节俭决定幸福 [M]. 邢源源译. 上海：上海科学技术文献出版社，2010.

[59] 严家明，吕国荣. 赢在节俭：微利时代的胜利策略 [M]. 北京：新华出版社，2010.

[60] 金虎. 从推销员到华人首富：解读李嘉诚管理智慧 [M]. 北京：金城出版社，2010.